Consciência e Linguagem

John R. Searle, nascido em 1932, no Colorado, Estados Unidos, é professor de filosofia na Universidade de Berkeley, na Califórnia. Recebeu diversos prêmios e distinções. Entre eles, a National Humanities Medal de 2004 (Estados Unidos), o Jovellanos 2000 (Espanha) e o Jean-Nicod 2000 (França). Participou de conferências e atuou como professor visitante em universidades de diversos países da América do Sul, Europa e Ásia. Entre outros livros, escreveu *A redescoberta da mente* e *Intencionalidade*, publicados por esta editora.

John R. Searle
Consciência e Linguagem
Universidade da Califórnia, Berkeley

Tradução
PLÍNIO JUNQUEIRA SMITH

Revisão de tradução
MARCELO BRANDÃO CIPOLLA E VADIM NIKITIN

Revisão técnica
EUNICE OSTRENSKY

wmf **martinsfontes**

Esta obra foi publicada originalmente em inglês com o título
CONSCIOUSNESS AND LANGUAGE
por The Syndicate of the Press of the University of Cambridge, Inglaterra, em 2002
Copyright © John R. Searle 2002
Todos os direitos reservados. Este livro não pode ser reproduzido, no todo ou em parte, armazenado em sistemas eletrônicos recuperáveis nem transmitido por nenhuma forma ou meio eletrônico, mecânico ou outros, sem a prévia autorização por escrito do Editor.
Copyright © 2010, Editora WMF Martins Fontes Ltda.,
São Paulo, para a presente edição.

1ª edição *2010*
2ª edição *2021*

Tradução PLÍNIO JUNQUEIRA SMITH

Revisão da tradução Marcelo Brandão Cipolla / Vadim Nikitin
Revisão técnica Eunice Ostrensky
Acompanhamento editorial Márcia Leme
Revisões Maria Luiza Favret / Letícia Braun
Edição de arte Katia Harumi Terasaka Aniya
Produção gráfica Geraldo Alves
Paginação Studio 3 Desenvolvimento Editorial
Capa Katia Harumi Terasaka Aniya

Dados Internacionais de Catalogação na Publicação (CIP)
(Câmara Brasileira do Livro, SP, Brasil)

Searle, John R.
  Consciência e linguagem / John R. Searle ; tradução Plínio Junqueira Smith ; revisão de tradução Marcelo Brandão Cipolla, Vadim Nikitin. – 2ª. ed. – São Paulo : Editora WMF Martins Fontes, 2021. – (Biblioteca do pensamento moderno)

  Título original: Consciousness and language.
  ISBN 978-65-86016-44-4

  1. Consciência 2. Intencionalidade (Filosofia) 3. Linguagem e línguas – Filosofia I. Título. II. Série.

20-53198   CDD-126

Índices para catálogo sistemático:
1. Consciência e linguagem : Filosofia   126

Cibele Maria Dias - Bibliotecária - CRB-8/9427

Todos os direitos desta edição reservados à
Editora WMF Martins Fontes Ltda.
Rua Prof. Laerte Ramos de Carvalho, 133 01325-030 São Paulo SP Brasil
Tel. (11) 3293-8150 e-mail: info@wmfmartinsfontes.com.br
http://www.wmfmartinsfontes.com.br

ÍNDICE

Introdução IX

1. O problema da consciência 1
2. Como estudar cientificamente a consciência 21
3. A consciência 51
4. As mentes dos animais 93
5. A intencionalidade e seu lugar na natureza 121
6. Intenções e ações coletivas 143
7. A explicação da cognição 171
8. Explicações intencionais nas ciências sociais..... 211
9. A intencionalidade individual e os fenômenos sociais na teoria dos atos de fala 231
10. Como funcionam os performativos 255
11. A conversação 295
12. A filosofia analítica e os fenômenos mentais 335
13. Indeterminação, empirismo e primeira pessoa 375
14. O ceticismo acerca das regras e a intencionalidade 417

Índice onomástico 441
Índice remissivo 445

Para Grace

INTRODUÇÃO

Os ensaios reunidos neste volume, escritos ao longo de vinte anos, abordam uma ampla gama de assuntos e se dirigem a um público diversificado. Apesar dessa variedade, a coletânea obedece a certos princípios unificadores. O que procurei fazer, na verdade, foi uma seleção que retratasse uma progressão natural, com tópicos que tratam, sucessivamente, da consciência, da intencionalidade, da sociedade, da linguagem e finalizam com uma série de debates sobre essas questões. Nesta introdução, pretendo formular alguns desses princípios unificadores e apresentar uma breve descrição dos ensaios (note-se que digo "descrição" em vez de "resumo" ou "*abstract*").

Desde que comecei a trabalhar com filosofia, quase cinquenta anos atrás, um único problema me preocupa: como obter uma explicação unificada e teoricamente satisfatória de nós mesmos e de nossas relações uns com os outros e com o mundo natural? Como conciliar a concepção de senso comum que temos de nós mesmos como agentes mentais conscientes, livres, racionais e capazes de realizar atos de fala, num mundo que acreditamos ser inteiramente composto de partículas físicas em campos de força, cuja natureza é bruta, inconsciente, amental, muda e sem significado? Como podemos, enfim, tornar aquela concepção inteiramente compatível e coerente com a explicação do mundo que as ciências naturais, especialmente a física, a química e a biologia, nos transmitiram? As questões que mais me preocupavam – O que é ato de fala? O que é consciência? O que é intencionalidade? O que é sociedade? O que é racionalidade? – referem-se, de uma maneira ou de outra, a essa problemática maior. Considero esse problema – ou conjunto de problemas – o mais importante da filosofia; e hoje, de certo modo, ele é o único grande problema da filosofia.

Se essa caracterização de meu projeto filosófico for aceita, ficarão mais claros alguns aspectos de minha abordagem a esses problemas, aspectos que não são universalmente compartilhados na profissão. Em primeiro lugar, é preciso que problemas filosóficos como esses tenham soluções bem delineadas e claramente formuladas. É preciso que haja uma resposta definida para questões como: "O que é a consciência e como ela se enquadra no resto do mundo?" Caso contrário, nossa tarefa não poderá avançar. Embora os problemas filosóficos tenham soluções definidas, raras vezes é possível fornecer respostas diretas como soluções para as questões filosóficas. Meu modo de proceder consiste, primeiro, em analisar a questão. Na verdade, esta é a grande lição da filosofia linguística do século XX: não aceitar as questões como dados incontestes. É preciso analisá-las antes de tentar respondê-las. Gosto de analisar a questão para ver se está fundada numa pressuposição falsa, se incorpora o problema em foco a um conjunto inadequado de paradigmas ou se os termos nela empregados são sistematicamente ambíguos. Acredito que, de um modo ou de outro, são inerentes aos problemas filosóficos sua própria demolição e sua própria reconstrução antes que possam ser resolvidos. Quando definimos exatamente quais perguntas estão sendo formuladas, as respostas, ou pelo menos a parte filosófica das respostas, são com frequência muito claras e simples.

Ilustrarei esses pontos com alguns exemplos. Consideremos o famoso "problema mente-corpo". Qual é a relação entre a consciência e os processos cerebrais? Para abordar essa questão, precisamos ir além do modo como o problema foi proposto e perguntar: que pressuposições sustentam essa formulação do problema? O problema continuará recusando sua própria solução enquanto insistirmos em aceitar o vocabulário tradicional do século XVII, que pressupõe que os fenômenos mentais, ingenuamente interpretados, pertencem a um domínio ontológico completamente distinto e separado do domínio dos fenômenos físicos ingenuamente interpretados. Quando abandonamos esse vocabulário e os pressupostos nos quais se baseia, o problema filosófico admite uma solução bastante simples. Ao percebermos que a consciência, com todas as suas qualidades inerentes, qualitativas, subjetivas e sensíveis, é apenas uma propriedade comum do cérebro, do mesmo modo que a digestão é uma propriedade do estômago, fica muito fácil resolver a parte filosófica do problema. Mas saber como a consciência realmente funciona no cérebro continua a ser um problema científico muito complexo. Voltarei a essas questões, a filosófica e a neurobiológica, no decorrer destes ensaios.

Este é um modo de abordar os problemas filosóficos. Esclarecê-los deixará questões residuais, mas passíveis de solução por meios científicos, matemáticos ou outros já comprovados. O que acabei de dizer sobre o "problema mente-corpo" também se aplica, por exemplo, ao problema do livre-arbítrio.

Se pensarmos que a tarefa primordial da análise filosófica consiste em fornecer uma explicação verdadeira, completa e unificadora das relações entre os seres humanos e a natureza, logo surge outra diferença entre essa abordagem e a de muitas filosofias em voga. Pessoalmente, constatei que não consigo levar muito a sério as preocupações céticas tradicionais. A meu ver, cometemos um erro ao levar tão a sério, por todo o século XX, a linha cética de argumentação e resposta que começou com Descartes. No século XVII, era legítimo, na minha opinião, considerar problemática a existência do conhecimento e sentir que esse conhecimento exigia uma base segura. Agora me parece absurdo julgar problemática a existência do conhecimento. Se há alguma certeza sobre a situação intelectual de hoje, é que o conhecimento se desenvolve diariamente. Já não se questiona a existência do conhecimento. Mas é surpreendente como a persistência de preocupações céticas e a consequente atitude epistêmica continuam a ter efeitos deletérios na filosofia. Assim, por exemplo, o famoso argumento da indeterminação de Quine, e na verdade todo o projeto de analisar o significado por meio do método da tradução radical, baseia-se na noção de adotar uma atitude epistêmica num contexto em que isso me parece inadequado.

Os primeiros cinco ensaios – "O problema da consciência", "Como estudar cientificamente a consciência", "A consciência", "As mentes dos animais" e "A intencionalidade e seu lugar na natureza" – pretendem, de um modo ou de outro, situar particularmente a consciência e de modo geral os fenômenos intencionais numa concepção científica sobre como o mundo funciona. Considero a consciência e a intencionalidade fenômenos biológicos idênticos à digestão ou à fotossíntese. Se concebermos os fenômenos mentais dessa maneira, não seremos levados a pensar, por exemplo, que uma simulação computacional desses fenômenos é de certa forma um fenômeno mental. As simulações computacionais da mente estão para a mente real como as simulações computacionais do estômago estão para o estômago real. É possível fazer uma simulação da digestão, mas nem por isso a simulação é capaz de digerir. É possível fazer uma simulação do pensamento, mas nem por isso a simulação é capaz de pensar.

Quando afirmo que a consciência é um fenômeno biológico, para muitos está subentendida a impossibilidade de criar artificialmente a consciência por meio de uma máquina. Mas isso é exatamente o oposto do que quero dizer. O cérebro é uma máquina, e não há nada, em princípio, que nos impeça de construir um cérebro artificial que pense e apresente outros processos mentais semelhantes aos do nosso cérebro. Na verdade, não há nada, em princípio, que nos impeça de construir um cérebro artificial inteiramente a partir de materiais não biológicos. Se somos capazes de construir um coração artificial que bombeia sangue, por que não seríamos capazes de construir um cérebro artificial consciente? Note-se contudo que, para realmente produzir a consciência, seria necessário reproduzir os poderes causais limiares dos quais o cérebro dispõe para produzi-la. Isso equivale a dizer que, se quisermos construir uma aeronave capaz de voar, não teremos necessariamente de utilizar penas e asas, mas sim reproduzir os poderes causais limiares que os pássaros possuem para superar a força da gravidade na atmosfera terrestre. Essas proposições são óbvias, mas qualquer um ficaria surpreso com o grau de dificuldade que venho encontrando, nos últimos vinte anos, para torná-las aceitáveis em meio à comunidade filosófica e das ciências da cognição.

Os três primeiros ensaios dedicam-se explicitamente ao problema da consciência. Estão organizados em ordem cronológica e revelam certo desenvolvimento em minhas ideias sobre a consciência, junto com uma crescente sofisticação da neurobiologia, que estuda o problema da consciência. O primeiro ensaio procura formular de modo exato o problema da consciência, enumerando os principais aspectos que uma teoria da consciência teria de explicar. O segundo ensaio enumera vários equívocos que precisamos evitar se quisermos obter uma explicação científica da consciência, enquanto o terceiro passa em revista algumas características do atual projeto de explicação da consciência na neurobiologia. Neste último e mais recente ensaio, procuro identificar as perspectivas e as limitações das atuais pesquisas sobre a consciência. Estabeleço uma distinção entre o que chamo de "modelo de blocos de construção" e a concepção de "campo unificado" da consciência, argumentando que a segunda tem mais probabilidade de êxito como projeto de pesquisa neurobiológica.

Essa abordagem da mente apresenta importantes implicações para o aparato explicativo a ser empregado na explicação dos fenômenos cognitivos. Essas questões são discutidas nos três ensaios seguintes. O primeiro deles, "As mentes dos animais", defende a concepção de senso comum segundo a qual os animais possuem mente como nós – com consciência, crenças e desejos, bem como dores e prazeres –, mas seus conteúdos mentais são restritos porque eles não possuem linguagem. "Intenções e ações coletivas" amplia a descrição da intencionalidade, passando dos casos individuais "penso", "creio" e "tenho a intenção de" para os casos coletivos "pensamos", "cremos" e "temos a intenção de". Formular as condições de satisfação próprias da intencionalidade coletiva não é um problema trivial, e a maior parte do ensaio é dedicada a essa questão. De que modo podemos representar o conteúdo da minha intenção de fazer alguma coisa quando essa minha intenção individual faz parte da *nossa* intenção de fazer alguma coisa como corpo coletivo? Quando toco violino na Nona Sinfonia de Beethoven, estou contribuindo para nossa atividade coletiva de tocar a Nona Sinfonia de Beethoven. A pessoa que canta a parte do soprano, por exemplo, também estará contribuindo para nossa atividade coletiva. Com que grau de exatidão representamos as condições de satisfação das intenções individuais e das coletivas e suas relações entre si? Não sei se mais alguém se preocupa com essa questão, só sei que ela me deu muita dor de cabeça. E esse ensaio é, assim, uma tentativa de caracterizar essas relações reconhecendo tanto a irredutibilidade da intencionalidade coletiva como o fato de que a intencionalidade individual é necessária para movimentar meu corpo, mesmo quando o movimento como parte de uma atividade coletiva. Não estou, de forma nenhuma, tentando reduzir a intencionalidade coletiva à intencionalidade individual, muito embora reconheça que toda intencionalidade humana está no cérebro de indivíduos humanos.

Os dois ensaios seguintes, 7 e 8, discutem as implicações de minha abordagem global da mente para a psicologia e outras ciências sociais. Em "A explicação da cognição" exploro detalhadamente aquele que julgo ser o correto aparato explicativo para uso de uma ciência cognitiva sofisticada, e em "Explicações intencionais nas ciências sociais" discuto as implicações de minha descrição global da mente para as disputas tradicionais entre abordagens empiristas e interpretacionistas do problema da explicação nas ciências sociais.

Os ensaios 9 e 10 procuram ampliar meu trabalho anterior sobre atos de fala à luz das minhas pesquisas em filosofia da mente. Uma discussão que resulta sempre aborrecida na teoria dos atos de fala é a que se dá entre autores como Grice, para quem a intencionalidade individual do falante é o esquema analítico essencial, e como Austin e Wittgenstein, que enfatizam o papel da convenção e da prática social. Essas abordagens parecem incompatíveis, mas em "A intencionalidade individual e os fenômenos sociais na teoria dos atos de fala" defendo que é possível conciliá-las. Interpretadas adequadamente, elas não são respostas concorrentes à mesma questão, mas respostas não concorrentes a duas questões diferentes e relacionadas. O ensaio 10, "Como funcionam os performativos", procura explicar o fenômeno que originalmente suscitou todo o tema dos atos de fala, mas que, por algum motivo, não parece ter recebido uma explicação satisfatória, a saber: como é possível realizar o ato de prometer ou ordenar, batizar ou abençoar, e assim por diante, apenas dizendo que estamos fazendo isso? O paradoxo aqui é que todo o tema dos atos de fala surgiu a partir da descoberta de Austin sobre os enunciados performativos e sua rejeição, por fim, da distinção entre constativos e performativos. Mesmo que rejeitemos tal distinção, como eu e Austin rejeitamos – e sem tal rejeição não há uma teoria dos atos de fala –, ainda restará um problema. Como explicar a existência original dos enunciados performativos? O ensaio 10 tenta responder a essa questão.

"A conversação" trata da possibilidade de aplicar minha explicação dos atos de fala a extensões mais amplas do discurso, envolvendo duas ou mais pessoas, ou seja, à conversação. Mas chego a uma conclusão bastante pessimista: não será possível obter uma explicação da conversação que seja comparável, em capacidade explicativa, à teoria dos atos de fala.

Os últimos três ensaios são mais controversos. "A filosofia analítica e os fenômenos mentais" procura explicar e superar a enigmática tendência de muitos filósofos analíticos a rejeitar os fenômenos mentais ingenuamente interpretados. Na filosofia analítica, sempre houve a tradição de tentar se desvencilhar da consciência e da intencionalidade em favor do behaviorismo, do funcionalismo, do computacionalismo ou de outra versão qualquer do "materialismo". Faço um diagnóstico daquelas que, a meu ver, constituem algumas das versões mais flagrantes desse equívoco e ofereço-lhes respostas.

Por fim, os últimos dois ensaios. Em minha obra, tanto na teoria dos atos de fala como na teoria da intencionalidade, pressuponho uma forma de realismo mental. Admito que realmente temos crenças e desejos e outros estados intencionais e que realmente queremos dizer algo com as palavras que proferimos. Nossos estados mentais têm um conteúdo mais ou menos definido e nossos enunciados têm um significado também mais ou menos definido. Quando comecei a trabalhar com a intencionalidade, havia duas formas de ceticismo que pareciam desafiar esses pressupostos: o ceticismo de Quine sobre a indeterminação da tradução e do significado, e a versão oferecida por Kripke do argumento de Wittgenstein sobre a linguagem privada. Se fosse correto, o argumento de Quine não se aplicaria apenas ao significado linguístico, mas também à intencionalidade em geral. O mesmo aconteceria com a interpretação cética que Kripke faz do famoso argumento de Wittgenstein: se não há um fato objetivo definido e determinável que me permita dizer se estou usando certa palavra de modo correto ou incorreto, parece então que uma teoria do significado e da intencionalidade não tem nada com que se ocupar. Eu não poderia continuar meu trabalho sobre significado e intencionalidade antes de dar uma resposta a esses dois argumentos céticos, pelo menos uma resposta que me contentasse. Procuro responder ao argumento da indeterminação de Quine e mostro que é melhor interpretá-lo como uma *reductio ad absurdum* das premissas behavioristas das quais procede. Ao responder à forma kripkiana do ceticismo, faço distinção entre duas de suas linhas de argumentação e sustento que Wittgenstein emprega somente a segunda delas. Por via das dúvidas, procuro tratar de ambas. Esse último capítulo, aliás, nem chegou a ser publicado anteriormente porque, para ser franco, achei que muita coisa sobre o assunto já havia sido publicada. Redigi-o na mesma época em que Kripke publicou sua interpretação, mas não me esforcei para publicá-lo. Agora, porém, ele parece adequar-se perfeitamente ao contexto deste livro, e por isso o incluí, embora seja o único artigo inédito da coletânea.

1. O PROBLEMA DA CONSCIÊNCIA[1]

I. O que é consciência?

Como a maioria das palavras, "consciência" não admite definição em razão de gênero e diferença ou condições necessárias e suficientes. Entretanto, é importante esclarecer exatamente do que estamos falando, uma vez que é preciso distinguir entre o fenômeno da consciência que nos interessa e fenômenos como a atenção, o conhecimento e a autoconsciência. Para mim, "consciência" são simplesmente os estados subjetivos de sensibilidade (*sentience*) ou ciência (*awareness*) que começam quando uma pessoa acorda de manhã, depois de um sono sem sonhos, e se estendem por todo o dia até que ela vá

---

1. Este ensaio foi originalmente publicado em *Experimental and Theoretical Studies of Consciousness*, CIBA Foundation Symposium 174 (Wiley, Chichester, 1993), pp. 61-80, copyright © 1993 John Wiley & Sons Limited. Está sendo publicado nesta edição com a gentil permissão da CIBA Foundation e da John Wiley & Sons Limited. As teses defendidas aqui são apresentadas com mais detalhes e mais argumentos em John Searle (1992).

dormir à noite, entre em coma, morra ou de algum outro modo se torne, digamos, "inconsciente".

Acima de tudo, a consciência é um fenômeno biológico. Devemos concebê-la como parte de nossa história biológica comum, junto com a digestão, o crescimento, a mitose e a meiose. Porém, embora seja um fenômeno biológico, ela tem algumas particularidades que não são observadas em outros fenômenos biológicos. Entre elas, a mais importante é a que chamo de "subjetividade". Em certo sentido, a consciência de cada pessoa lhe é privativa; uma pessoa se relaciona com suas dores, cócegas, coceiras, pensamentos e sensações de maneira completamente diferente da maneira como outras pessoas o fazem. É possível descrever esse fenômeno de vários modos. Às vezes, ele é descrito como a característica da consciência por meio da qual existe algo que está ou dá a sensação de estar em certo estado consciente. Se me perguntam qual a sensação de apresentar uma conferência diante de uma grande plateia, consigo elaborar uma resposta. Mas se me perguntam qual a sensação de ser uma telha ou uma pedra, não há como responder, porque as telhas e as pedras não possuem consciência. Também é possível defender a ideia de que os estados conscientes têm certo caráter qualitativo. Estes estados são às vezes chamados de *qualia*.

Apesar da etimologia da palavra, não se deve confundir a consciência com o conhecimento nem com a atenção nem com a autoconsciência. Considerarei cada um desses equívocos a seguir.

Muitos estados de consciência têm pouco ou nada que ver com o conhecimento. Os estados conscientes de nervosismo ou ansiedade difusa, por exemplo, não são essencialmente ligados ao conhecimento.

Não se deve confundir consciência com atenção. No campo da consciência de uma pessoa, há elementos que estão em seu foco de atenção e outros que estão na periferia da consciência. É importante enfatizar essa distinção porque "estar consciente de" é usado, às vezes, com o sentido de "prestar atenção a". Mas o sentido de "consciência" que estamos discutindo leva em conta a possibilidade de haver muitas coisas na periferia da consciência – por exemplo, uma leve dor de cabeça que sinto agora ou a sensação da gola da camisa no meu pescoço – que não estão no centro de atenção de uma pessoa. Terei mais a dizer sobre a distinção entre o centro e a periferia da consciência na Seção III.

Finalmente, não se deve confundir consciência com autoconsciência. Há, de fato, certos tipos de animais, como os seres humanos, capazes de formas extremamente complexas de consciência autorreferencial, que normalmente seriam descritas como autoconsciência. Considero, por exemplo, que o sentimento consciente de vergonha exige que o agente esteja consciente de si mesmo. Mas ver um objeto ou ouvir um som, por exemplo, não exige autoconsciência. E, em geral, nem sempre é verdade que todos os estados conscientes são também autoconscientes.

II. Quais são as relações entre a consciência e o cérebro?

Essa pergunta se refere ao ilustre "problema mente-corpo". Embora a história dessa questão na filosofia e na ciência seja longa e infame, creio que, pelo menos em linhas gerais, sua solução é muito simples. Vejamos: os estados conscientes são causados por processos neurobiológicos de nível inferior no cérebro e são, por sua vez, características de nível superior do cérebro. As noções-chave aqui são as de *causa* e *característica*. De acordo com o que sabemos sobre como o mundo funciona, taxas variáveis de disparos neurônicos* em arquiteturas neurônicas diferentes causam toda a enorme variedade de nossa vida consciente. Todos os estímulos que recebemos do mundo externo são convertidos pelo sistema nervoso num único meio de comunicação, qual seja, taxas variáveis de disparos neurônicos nas sinapses. E é igualmente notável que essas taxas variáveis de disparos neurônicos causem toda a cor e a variedade de nossa vida consciente. O cheiro da flor, o som da sinfonia, os pensamentos sobre os postulados da geometria euclidiana – tudo é causado por processos biológicos de nível inferior no cérebro, e, até onde sabemos, os elementos funcionais cruciais são os neurônios e as sinapses.

Como toda hipótese causal, essa hipótese é, sem dúvida, experimental. Talvez tenhamos superestimado a importância do neurônio e da sinapse. Talvez a unidade funcional seja uma coluna ou toda uma série de neurônios, mas agora o ponto crucial é que estamos à procura de relações causais. E esse é o primeiro passo para solucionar o problema mente-corpo: os processos cerebrais *causam* processos conscientes.

Isso levanta a seguinte questão: qual a ontologia, qual a forma de existência desses processos conscientes? Ou, mais precisamente, a afirmação de que existe uma rela-

---

* Normalmente emprega-se o adjetivo "neuronal", forma oral nem sempre aceita pelos dicionários. Neste caso, recomenda-se o emprego do adjetivo "neurônico". (N. do T.)

ção causal entre o cérebro e a consciência nos obrigaria a aceitar um dualismo de coisas "físicas" e coisas "mentais"? A resposta é definitivamente não. Os processos cerebrais causam a consciência, mas esta consciência não é uma substância ou uma entidade a mais. É apenas uma característica de nível superior de todo o sistema. Assim, é possível resumir da seguinte maneira as duas relações cruciais entre consciência e cérebro: os processos neurônicos de nível inferior no cérebro causam a consciência, e a consciência é apenas uma característica de nível superior de um sistema composto de elementos neurônicos de nível inferior.

Na natureza, há muitos exemplos em que a característica de nível superior de um sistema é causada por elementos de nível inferior desse sistema, ainda que essa característica seja do sistema composto por esses elementos. Pensemos na liquidez da água, na transparência do vidro ou na solidez de uma mesa, por exemplo. É evidente que essas analogias, como todas as outras, são imperfeitas e inadequadas em vários aspectos. Mas o que quero deixar bem claro é o seguinte: não há obstáculo metafísico, não há obstáculo lógico para afirmar que a relação entre o cérebro e a consciência é de causação e, ao mesmo tempo, que a consciência é apenas uma característica do cérebro. Elementos de nível inferior de um sistema podem causar características de nível superior desse sistema, muito embora essas características sejam as de um sistema composto por aqueles elementos de nível inferior. Note-se por exemplo que, assim como não é possível retirar de um copo de água uma molécula e dizer "esta molécula está molhada", também não é possível apontar para uma única sinapse ou um único neurônio no cérebro e dizer "este neurônio está pensando na minha avó". Até onde sabemos, pensamentos como esse ocorrem num nível muito superior em relação ao de um único neurônio ou uma única sinapse, assim como a liquidez ocorre num nível muito superior em relação ao das moléculas isoladas.

De todas as teses que proponho neste artigo, essa é a que mais suscita oposição. Confesso que toda essa resistência me deixa perplexo, e por isso gostaria de esclarecer um pouco mais esses problemas. Em primeiro lugar, quero dizer que, na verdade, sabemos apenas que os processos cerebrais causam os estados de consciência. Não conhecemos os detalhes desse funcionamento, e é bem provável que demoremos muito para compreendê-los. Além disso, talvez seja preciso uma revolução na neurobiologia para compreendermos como os processos cerebrais causam os estados conscientes. Com o aparato explicativo de que dispomos, não temos como explicar o caráter causal da relação entre disparos neurônicos e estados conscientes. Mas, no momento, o fato de não sabermos *como* isso acontece não significa que não saibamos *que* isso acontece. Muitos dos que se opõem à minha solução (ou dissolução) do problema mente-corpo baseiam-se no fato de não sabermos como os processos neurobiológicos causariam fenômenos conscientes. Mas esse não me parece ser um problema conceitual ou lógico. Trata-se de uma questão empírica e teórica a ser resolvida pelas ciências biológicas. O problema consiste em conceber exatamente como o sistema trabalha para produzir a consciência e, por sabermos que ele de fato produz a consciência, temos uma boa razão para supor que há mecanismos neurobiológicos específicos que possibilitam seu funcionamento.

Um desânimo filosófico nos abate quando pensamos que um dia, por mais terrível que pareça, a consciência possa ser produzida por processos eletrobioquímicos e quando pensamos ser quase impossível explicar isso em termos neurobiológicos. Sempre que sentirmos esse desânimo, contudo, é importante lembrar que já houve mistérios semelhantes na ciência. Um século atrás, parecia extremamente misterioso, enigmático e, para alguns, metafisicamente impossível a vida ser explicada por meio de processos mecânicos, biológicos e químicos. Mas hoje sabemos que somos capazes de dar essa explicação, e o problema de como a vida surge da bioquímica foi solucionado de tal modo que temos dificuldade em resgatar e compreender a razão pela qual isso pareceu tão impossível em dado momento. Antes ainda, o eletromagnetismo também era algo misterioso. Na concepção newtoniana do universo, parecia não haver lugar para o fenômeno do eletromagnetismo. Porém, com o desenvolvimento da teoria do eletromagnetismo, a preocupação metafísica perdeu o sentido. Creio que agora temos um problema semelhante com relação à consciência. Mas, assim que reconhecermos que os estados conscientes são causados por processos neurobiológicos, a questão passará a ser automaticamente um assunto de investigação científica teórica. É desse modo que a retiramos do reino da impossibilidade filosófica ou metafísica.

III. Algumas características da consciência

O próximo passo da nossa discussão será enumerar algumas das características essenciais da consciência, que devem ser explicadas por uma teoria empírica do cérebro.

A subjetividade

Como já mencionei, essa é a característica mais importante. Uma teoria da consciência precisa explicar como um conjunto de processos neurobiológicos pode levar um sistema a um estado subjetivo de sensibilidade ou ciência. Esse fenômeno é diferente de tudo o mais em biologia e, em certo sentido, é uma das características mais surpreendentes da natureza. Relutamos em aceitar a subjetividade como um fenômeno básico e irredutível da natureza porque, desde o século XVII, acreditamos que a ciência tem de ser objetiva. Mas isso envolve um jogo de palavras com a noção de objetividade: estamos confundindo a objetividade *epistêmica* da investigação científica com a objetividade *ontológica* do objeto da ciência em disciplinas como física e química. Como a ciência visa à objetividade – no sentido epistêmico de buscarmos verdades independentemente do ponto de vista deste ou daquele pesquisador –, é muito fácil concluir que a realidade pesquisada pela ciência tem de ser objetiva no sentido de ser independente das experiências do indivíduo humano. Mas essa última característica, a objetividade ontológica, não é um traço essencial da ciência. Se a ciência deve, supostamente, fornecer uma explicação sobre como o mundo funciona, e se os estados subjetivos da consciência fazem parte do mundo, devemos buscar uma explicação (epistemicamente) objetiva de uma realidade (ontologicamente) subjetiva, ou seja, a realidade dos estados subjetivos da consciência. O que sustento aqui é que podemos ter uma ciência epistemicamente objetiva que trate de um domínio ontologicamente subjetivo.

A unidade

É importante reconhecer que, em formas não patológicas de consciência, nunca temos apenas, por exemplo, uma dor no cotovelo, uma sensação de calor ou a experiência de ver alguma coisa vermelha. Ao contrário, tudo isso ocorre simultaneamente como parte de uma experiência consciente unificada. Kant designou essa característica "unidade transcendental da apercepção". Recentemente, na neurobiologia, ela foi designada "problema da integração". Há pelo menos dois aspectos dessa unidade que merecem atenção. Primeiro, em qualquer instante dado, todas as nossas experiências se unificam num único campo consciente. Segundo, a organização de nossa consciência se estende para além de simples instantes. Assim, por exemplo, se começo a dizer uma frase, tenho de conservar, pelo menos em algum sentido, uma memória icônica do início da frase a fim de saber o que estou dizendo quando chegar ao fim dela.

A intencionalidade

"Intencionalidade" é o nome que filósofos e psicólogos dão à propriedade de muitos de nossos estados mentais de "dirigirem-se a" ou "dizerem respeito a" estados de coisas no mundo. Se tenho uma crença, um desejo ou um medo, essa crença, esse desejo ou esse medo sempre terão algum conteúdo. Sempre dizem respeito a alguma coisa, ainda que essa coisa não exista ou seja uma alucinação. Mesmo quando o indivíduo está completamente equivocado, deve existir um conteúdo mental que ao menos pareça fazer referência ao mundo. Nem todos os estados conscientes têm intencionalidade nesse sentido. Há estados de ansiedade ou depressão, por exemplo, nos quais não há uma razão específica para uma pessoa estar ansiosa ou deprimida; pode ser apenas um mau humor. Não se trata, portanto, de um estado intencional. Mas, se a pessoa estiver deprimida por causa de um acontecimento iminente, esse sim é um estado intencional, porque se dirige a algo que está além de si mesmo.

Há uma relação conceitual entre consciência e intencionalidade no seguinte aspecto: embora muitos de nossos estados intencionais – na verdade, a maioria – sejam inconscientes em dado momento, é necessário que um estado intencional inconsciente seja, em princípio, acessível à consciência para que possa ser considerado um estado intencional genuíno. Tem de ser o tipo de coisa que poderia ser consciente, mesmo que na prática seja bloqueada pela repressão, por lesão cerebral ou por simples esquecimento.

Distinção entre o centro e a periferia da consciência

Na consciência não patológica, em qualquer momento dado temos o que se poderia chamar de campo de consciência. Nesse campo, normalmente prestamos atenção a algumas coisas e a outras, não. Assim, exatamente neste momento, por exemplo, estou prestando atenção ao problema de descrever a consciência, mas presto muito pouca atenção à sensação da camisa nas minhas costas ou de meus sapatos me apertando. Alguns dizem que não temos consciência disso, o que na verdade é um equívoco. Prova de que isso faz parte do meu campo consciente é o fato de que posso, a qualquer momento, voltar minha atenção para essas sensações. Mas, para que eu dirija minha atenção a elas, é preciso que exista nesse campo alguma coisa à qual eu não estava prestando atenção e à qual agora passo a prestar atenção.

Estrutura gestáltica da experiência consciente

No campo da consciência, nossas experiências se estruturam de maneira peculiar porque vão além da estrutura do estímulo externo. Essa foi uma das mais profundas descobertas dos psicólogos da Gestalt. Esse processo é mais óbvio no caso da visão, mas o fenômeno é bastante generalizado e vai além disso. As linhas traçadas na figura 1, por exemplo, não se assemelham fisicamente a um rosto humano.

Figura 1

Se realmente víssemos na rua um sujeito como o da figura, seria o caso de chamar uma ambulância. A disposição do cérebro para estruturar estímulos degenerados em certas formas estruturadas é tão poderosa que vemos naturalmente a figura como um rosto humano. E não só. Além de termos nossas experiências conscientes com certas estruturas, normalmente as organizamos também como figuras contrapostas a um pano de fundo. Mais uma vez, isso é mais óbvio no caso da visão. Assim, quando olho a figura, vejo-a contra o pano de fundo da página. Vejo a página contra o pano de fundo da mesa, a mesa contra o pano de fundo do chão, o chão contra o pano de fundo do quarto, até que, no final, alcanço o horizonte de minha consciência visual.

O aspecto da familiaridade

Os estados não patológicos da consciência têm a peculiaridade de chegar até nós acompanhados do que chamarei de "aspecto da familiaridade". Para ver os objetos na minha frente – casas, cadeiras, pessoas e mesas, por exemplo –, preciso ter a posse prévia das categorias de casas, cadeiras, pessoas e mesas. Ora, isso significa que assimilarei minhas experiências a um conjunto de categorias que me são mais ou menos familiares. Mesmo quando estou num ambiente extremamente estranho, um vilarejo no meio da selva, por exemplo, e as casas, as pessoas e a vegetação me parecem muito diferentes, continuo a percebê-las como casa, pessoa, roupa, árvore ou arbusto. O aspecto da familiaridade é, portanto, um fenômeno escalar, com graus maiores ou menores de familiaridade. Mas é importante notar que as formas não patológicas de consciência chegam até nós do ponto de vista da familiaridade. Mais uma vez, um modo de considerar isso consiste em observar os casos patológicos. Os pacientes com síndrome de Capgras, por exemplo, são incapazes de reconhecer indivíduos familiares em seu próprio ambiente: pensam que a esposa não é realmente a esposa, mas um impostor etc. É caso de ruptura de um aspecto da familiaridade. Em casos não patológicos, é extremamente difícil romper com o aspecto da familiaridade. Os pintores surrealistas tentam fazer isso. Mas, mesmo na pintura surrealista, a mulher de três cabeças ainda é uma mulher e o relógio derretido ainda é um relógio.

O humor

Parte de toda experiência consciente normal é o humor que a permeia. Não precisa ser um humor com nome determinado, como depressão ou euforia. Mas sempre existe o que se poderia designar sabor ou tom de um conjunto normal de estados conscientes. Assim, neste momento, por exemplo, não estou propriamente deprimido nem propriamente eufórico, como também não estou, para falar a verdade, o que se chamaria de entediado. Apesar disso, há certo humor em minhas experiências presentes. Entre todas as características que mencionei, talvez o humor seja a mais facilmente explicável em termos bioquímicos. É possível controlar, por exemplo, formas patológicas da depressão com medicamentos que alteram o humor.

As condições limitantes

Todos os meus estados não patológicos de consciência chegam a mim acompanhados de certa sensação do que se poderia chamar de "posicionamento"*. Mesmo que não esteja pensando nisso e mesmo que isso não faça parte do campo de minha consciência, sei o ano em que estamos, o lugar em que me encontro, que horas são, qual é a estação do ano e, geralmente, até o mês do ano em que estamos. Tudo isso são as condições limitantes ou o posicionamento dos estados conscientes não patológicos. Mais uma vez, é a ausência desse fenômeno que nos possibilita tomar ciência de sua capacidade de penetração. Assim, quando uma pessoa idosa perde a noção do mês ou da época do ano em que está, ela pode ser acometida de uma sensação de vertigem. O que quero dizer é que os estados conscientes se posicionam e são experimentados como posicionados, ainda que os detalhes da posição não façam parte do conteúdo atual dos estados conscientes.

IV. Alguns equívocos comuns sobre a consciência

Gostaria de acreditar que tudo o que eu disse até aqui é apenas senso comum. No entanto, como conheço o campo de batalha, posso dizer que a abordagem que defendo para o estudo da consciência não é universalmente aceita nem na ciência cognitiva nem mesmo na neurobiologia. Até bem recentemente, na verdade, muitos

---

* No original, *situatedness*: componente narrativo dos dados que explica as várias perspectivas do contexto no qual acontecem. (N. do T.)

dos que militam na ciência cognitiva e na neurobiologia acreditavam que o estudo da consciência estivesse, de algum modo, fora do âmbito de suas disciplinas. Para eles, estaria além do alcance da ciência explicar por que as coisas quentes nos parecem quentes ou por que as coisas vermelhas nos parecem vermelhas. Para mim, ao contrário, a tarefa da neurobiologia consiste precisamente em aclarar essas e outras questões sobre a consciência. Por que alguém pensaria de outra maneira? Pois bem, razões históricas complexas, que remontam pelo menos ao século XVII, explicam por que se pensava que a consciência não fazia parte do mundo material. Uma espécie de dualismo residual evitou que ela fosse tratada como um fenômeno biológico qualquer. Mas prefiro não traçar agora esse histórico. Em vez disso, indicarei alguns equívocos que ocorrem quando há uma recusa em abordar a consciência em seus próprios termos.

O equívoco mais comum no estudo da consciência consiste em ignorar sua subjetividade essencial e tentar abordá-la, por assim dizer, como um fenômeno objetivo de terceira pessoa. Em vez de reconhecer que a consciência é essencialmente um fenômeno subjetivo e qualitativo, muitos supõem erroneamente que sua essência seja a de um mecanismo de controle, uma espécie de conjunto de disposições para o comportamento ou um programa de computador. Os dois equívocos mais característicos sobre a consciência consistem em supor que é possível analisá-la segundo os modelos behaviorista ou computacional. O teste de Turing nos predispõe a cometer exatamente esses dois equívocos, o do behaviorismo e o do computacionalismo. Esse teste nos leva a supor que um sistema será consciente se tiver, como condição necessária e suficiente, o programa correto ou o conjunto correto de programas de computador com os *inputs* e *outputs* corretos. A meu ver, basta formular essa posição com clareza para perceber que ela está necessariamente errada. Uma crítica tradicional que se faz ao behaviorismo é que ele estaria equivocado porque é bem possível um sistema comportar-se como consciente sem ser realmente consciente. Não há conexão lógica nem necessária entre estados mentais internos, subjetivos e qualitativos e um comportamento externo observável por todos. Sem dúvida, o fato objetivo é que os estados conscientes causam certos comportamentos característicos. Mas é preciso distinguir o comportamento que os estados causam e os próprios estados em si. O equívoco se repete nas explicações computacionais da consciência. Por si sós, os modelos computacionais não são suficientes para a consciência, assim como o comportamento em si também não é. O modelo computacional da consciência está para a consciência como o modelo computacional de uma coisa qualquer está para o domínio que lhe serve de modelo. Ninguém supõe que o modelo computacional das tempestades em Londres provocará chuvas de verdade. Mas comete-se o erro de supor que o modelo computacional da consciência é, de alguma maneira, consciente. Nos dois casos, trata-se do mesmo equívoco.

É simples demonstrar que o modelo computacional da consciência não é suficiente para a consciência. Já fiz essa demonstração várias vezes, e por isso não me alongarei aqui. O que importa é apenas isto: *a computação é definida sintaticamente*, como manipulação de símbolos. Mas a sintaxe em si jamais poderá ser suficiente para a espécie de conteúdos que normalmente acompanham os pensamentos conscientes. Para garantir o conteúdo mental, consciente ou inconsciente, não bastam apenas zeros e uns. Esse argumento costuma ser chamado de "argumento do quarto chinês", porque a primeira vez em que ilustrei a questão usei o exemplo da pessoa que se submete a etapas computacionais para responder a perguntas em chinês, mas não adquire com isso nenhuma compreensão do chinês (Searle, 1980). O objetivo da parábola é óbvio mas comumente desconsiderado: *a sintaxe em si não é suficiente para o conteúdo semântico*. Entre todas as críticas ao argumento do quarto chinês, nunca vi ninguém ousar afirmar que a sintaxe é suficiente para o conteúdo semântico.

Agora, no entanto, vou mais longe e afirmo que fiz concessões demais em minhas formulações anteriores desse argumento. Cheguei a aceitar que a teoria computacional da mente pelo menos era falsa. Mas agora me parece que ela nem sequer atinge o nível da falsidade, porque não possui um sentido claro. Eis a razão disso.

As ciências naturais descrevem características da realidade intrínsecas ao mundo tal como ele é, independentemente de quaisquer observadores. Assim, a atração gravitacional, a fotossíntese e o eletromagnetismo constituem temas das ciências naturais porque descrevem características intrínsecas da realidade. Mas características como as de ser uma banheira, um dia ideal para fazer um piquenique, uma nota de cinco dólares ou uma cadeira não constituem temas das ciências naturais porque não são características intrínsecas da realidade. Todos os fenômenos que mencionei – banheiras etc. – são objetos físicos e, na qualidade de objetos físicos, têm características intrinsecamente reais. Mas a característica de ser uma banheira ou uma nota de cinco dólares existe somente em relação a observadores e usuários.

A distinção entre características intrínsecas à realidade e características relativas ao observador é absolutamente essencial ao entendimento da natureza das ciências naturais. A atração gravitacional é intrínseca; a particularidade de ser uma nota de cinco dólares é relativa ao observador. Com isso é possível formular de maneira muito clara a objeção realmente profunda que se faz às teorias computacionais da mente. A computação não designa um aspecto intrínseco da realidade; ela é relativa a um observador. Isso acontece porque ela se define como manipulação de símbolos, e a noção de "símbolo" não é objeto da física ou da química. Só será símbolo algo que for usado, tratado ou considerado símbolo. O argumento do quarto chinês demonstrou que a semântica não é intrínseca à sintaxe. No entanto, o que esse outro argumento demonstra é que a sintaxe não é intrínseca à física. Zeros, uns ou símbolos em geral não possuem nenhuma propriedade puramente física que nos permita classificá-los como símbolos. Algo só será símbolo em relação a um observador, usuário ou agente que lhe atribua uma interpretação simbólica. Assim, falta um sentido claro à questão: "A consciência é um programa de computador?" Se isso significa perguntar: "É possível atribuir uma interpretação computacional aos processos cerebrais característicos da consciência?", a resposta será: pode-se atribuir uma interpretação computacional a qualquer coisa. Mas, se a pergunta significa: "A consciência é intrinsecamente computacional?", a resposta será: nada é intrinsecamente computacional. A computação existe somente em relação a um agente ou um observador que impõe uma interpretação computacional a um fenômeno. Trata-se de uma questão óbvia, com a qual eu devia ter atinado dez anos atrás.

Referências bibliográficas

Searle, J. R. 1980. Minds, Brains and Programs. *Behavioral and Brain Sciences*, 3, 417-57.
Searle, J. R. 1992. *The Rediscovery of the Mind*. Cambridge, MA: MIT Press. [Trad. bras.: *A redescoberta da mente*. São Paulo: Martins Fontes, 2006.]

2. COMO ESTUDAR CIENTIFICAMENTE A CONSCIÊNCIA[1]

1. Introdução

Os avanços nas neurociências já nos permitem tratar – e talvez até mesmo resolver a longo prazo – a questão da consciência como um problema científico qualquer. No entanto, existem inúmeros obstáculos filosóficos a esse projeto. O objetivo deste artigo é abordar e tentar superar alguns desses obstáculos. Como o problema de formular uma explicação adequada da consciência é uma derivação moderna do tradicional "problema mente-corpo", começarei com uma breve discussão sobre esse tema.

O "problema mente-corpo" pode ser dividido em dois. O primeiro é fácil de resolver; o segundo, bem mais difícil. O primeiro consiste em saber qual o caráter geral das relações entre a consciência e outros fenômenos

---

1. Publicado nesta edição com a permissão da Royal Society. Publicado originalmente em *Philosophical Transactions of the Royal Society*, ser. B, 353, n. 1377 (29 de novembro de 1998), pp. 1935-42.

mentais, por um lado, e das relações entre ambos e o cérebro, por outro. A solução para o problema fácil pode partir de dois princípios: primeiro, a consciência e de fato todos os fenômenos mentais *são causados por processos neurobiológicos de nível inferior no cérebro*; segundo, a consciência e outros fenômenos mentais são *características cerebrais de nível superior*. Já tratei dessa solução para o problema mente-corpo em vários escritos, e por isso não a retomarei aqui (v. Searle, 1984, 1992).

O segundo problema, bem mais difícil, consiste em esmiuçar como a consciência efetivamente funciona no cérebro. Não tenho dúvida de que uma solução para esse problema seria a mais importante descoberta científica da atualidade. Se e quando isso acontecer, teremos uma resposta à questão: "como os processos neurobiológicos no cérebro causam a consciência?" Considerando nossos modelos atuais sobre o funcionamento do cérebro, isso representaria uma resposta à questão: "como os disparos neurônicos de nível inferior nas sinapses causam toda a enorme variedade de nossas experiências conscientes (subjetivas, sensíveis, cientes)?" Talvez seja engano considerar que neurônios e sinapses constituam as unidades anatômicas adequadas para explicar a consciência, mas sabemos que alguns elementos da anatomia do cérebro representam o nível exato de descrição para responder à nossa questão. Afirmamos isso porque sabemos que, diferentemente do cotovelo, do fígado, dos aparelhos de televisão e dos computadores comerciais, o cérebro causa a consciência. Portanto, sabemos que as características específicas do cérebro – que não as compartilha com o cotovelo, o fígado etc. – são essenciais para a explicação causal da consciência.

A explicação da consciência é essencial para entender a maior parte das características de nossa vida mental porque, de um modo ou de outro, elas envolvem a consciência. Como funcionam nossas percepções visuais e outros tipos de percepção? Qual é a base neurobiológica da memória e do aprendizado? Quais mecanismos fazem o sistema nervoso produzir sensações de dor? O que são os sonhos, do ponto de vista neurobiológico, e por que os temos? Ou ainda: por que o álcool nos deixa bêbados e as más notícias nos deprimem? Na verdade, não creio que chegaremos a um entendimento adequado nem sequer dos estados mentais *inconscientes* antes de sabermos mais sobre a neurobiologia da consciência.

Como disse no início, uma série de confusões filosóficas inibe nossa capacidade de formular uma explicação da consciência – uma neurobiologia da consciência que seja realmente precisa. Essa é uma daquelas áreas da ciência (na verdade, mais comuns do que se imagina) nas quais o equívoco filosófico bloqueia o progresso científico. Como muitos cientistas e filósofos cometem esses equívocos, dedicarei este artigo à tentativa de eliminar os obstáculos filosóficos que, a meu ver, são os que mais obstruem o entendimento da relação entre a consciência e o cérebro.

Pode parecer pretensioso um filósofo tentar aconselhar os cientistas em âmbito alheio à sua competência específica. Para evitar isso, gostaria de começar com algumas observações sobre a relação entre a filosofia e a ciência e sobre a natureza do problema que estamos discutindo. Diferentemente da "biologia molecular", da "geologia" e da "história da pintura renascentista", a "filosofia" e a "ciência" não constituem assuntos distintos. Ao contrário, no nível abstrato em que agora considero essas questões, não há distinção de tema porque, ao menos em princípio, ambas são universais. Ambas visam ao conhecimento das várias partes dessa temática universal. Quando o conhecimento se torna sistemático, passamos a chamá-lo de conhecimento científico, mas o conhecimento enquanto tal não contém restrição nenhuma quanto a seu assunto. Em grande medida, a "filosofia" é o nome de todas aquelas questões a que não conseguimos responder da maneira sistemática que caracteriza a ciência. Essas questões integram – embora não se restrinjam a ela – a grande família das questões conceituais que preocupam tradicionalmente os filósofos: o que é a verdade, a justiça, o conhecimento, o significado e assim por diante. Para os propósitos desta discussão, a única distinção importante entre filosofia e ciência é a seguinte: a ciência é um conhecimento sistemático; a filosofia é, em parte, um esforço para alcançar aquele ponto a partir do qual podemos haurir conhecimento sistemático. Eis a razão pela qual a ciência está sempre "certa" e a filosofia está sempre "errada": no momento em que acreditamos saber alguma coisa, paramos de chamar esse saber de filosofia e passamos a identificá-lo como ciência. A partir do século XVII, a área do conhecimento sistemático, ou melhor, o conhecimento científico, desenvolveu-se com o aumento de métodos sistemáticos de aquisição de conhecimento. Infelizmente, boa parte das questões que mais nos intrigam ainda não se mostrou muito afável aos métodos de investigação científica. Mas não sabemos até onde é possível chegar com esses métodos; não devemos afirmar *a priori* que certas questões estão além do alcance da ciência. Ainda voltarei a isso, pois sei que muitos cientistas e filósofos acreditam que o tema da consciência encontra-se absolutamente fora do alcance da ciência.

Uma das consequências disso é que, na filosofia, não existem "especialistas" como nas ciências. Há especialistas em história da filosofia e em certas ramificações da filosofia, como a lógica matemática, mas na maioria das questões filosóficas centrais não existe nada que se assemelhe a um núcleo constituído pela opinião dos especialistas. Digo isso porque com frequência encontro cientistas que querem saber o que os filósofos pensam sobre determinado assunto. O modo como fazem essas perguntas sugere que acreditam existir um conjunto de opiniões de especialistas à disposição para consulta. É possível responder à questão: "O que os neurobiólogos pensam hoje sobre a LTP (*long term potentiation**)?", mas não há resposta comparável à questão: "O que os filósofos pensam hoje sobre a consciência?" Outra consequência é que cabe a cada um julgar se o que digo neste artigo é verdade ou não. Não posso contar com o respaldo das opiniões de um corpo de especialistas. Se tenho razão, o que afirmarei deverá afigurar-se uma verdade óbvia quando eu o tiver afirmado e você tiver pensado sobre o assunto.

O método que usarei para rechaçar os vários obstáculos filosóficos à análise da questão de como os processos cerebrais causam a consciência consiste em apresentar uma série de pontos de vista que considero falsos ou confusos e, em seguida, tentar corrigi-los um a um, explicando por que os julgo dessa maneira. Em cada caso, discutirei posições que, segundo verifiquei, são bastante difundidas entre os cientistas e filósofos em atividade.

---

* Potenciação de longo prazo. (N. do T.)

2. Tese 1

A consciência não é um objeto adequado para a investigação científica porque sua própria noção está mal definida. Não existe uma definição cientificamente aceitável da consciência e não é fácil vislumbrar uma forma de obtê-la, já que ela não é observável. A própria noção de consciência é confusa, na melhor das hipóteses, e mística, na pior delas.

Resposta à tese 1

É necessário distinguir as definições analíticas, que tentam nos revelar a essência de um conceito, e as definições de senso comum, que apenas esclarecem o que estamos falando. Um exemplo de definição analítica seria "água = df. H_2O". Uma definição de senso comum da mesma palavra seria "a água é um líquido incolor e insípido, cai do céu em forma de chuva e forma os lagos, rios e mares". Note-se que as definições analíticas normalmente ocorrem no *fim*, e não no início de uma investigação científica. Precisamos, neste ponto de nosso trabalho, de uma definição de senso comum da consciência, o que não é difícil de formular: a "consciência" se refere aos estados de *sensibilidade* ou *ciência* que geralmente começam ao acordarmos de um sono sem sonhos e continuam por todo o dia até dormirmos novamente, ou quem sabe até morrermos, entrarmos em coma ou de outra forma ficarmos "inconscientes". Os sonhos também são uma forma de consciência, embora em muitos aspectos difiram completamente dos estados normais de vigília.

Essa definição, cuja função é antes identificar o alvo da investigação científica do que fornecer uma análise, é bastante apropriada; na verdade, é exatamente o que precisamos para dar início ao nosso estudo. A fim de não perder de vista esse alvo, gostaria de mencionar diversas consequências dessa definição: primeiro, a consciência, assim definida, é um estado interno, qualitativo e subjetivo típico dos seres humanos e mamíferos superiores. Atualmente não sabemos até que ponto da escala filogenética chega a consciência. Assim, enquanto não obtivermos uma explicação científica adequada sobre ela, não precisaremos nos preocupar em saber, por exemplo, se as lesmas são conscientes. Segundo, não se deve confundir a consciência, assim definida, com a atenção, porque, nesse sentido de consciência, há muitas coisas das quais estamos conscientes e às quais não prestamos atenção, como a sensação da nossa roupa no corpo. Terceiro, não se deve confundir a consciência, assim definida, com a autoconsciência. A "consciência", no uso que faço da palavra, refere-se a qualquer estado de sensibilidade ou ciência; mas a autoconsciência, ou seja, o sujeito estar ciente de si mesmo, é uma forma muito específica de consciência, talvez peculiar aos seres humanos e aos animais superiores. Formas de consciência como a sensação de dor não envolvem necessariamente a consciência do eu como um eu. Quarto, experimentamos nossos próprios estados conscientes, mas não podemos experimentar ou observar os estados conscientes de outro ser humano ou animal, assim como eles não podem experimentar ou observar os nossos. Mas o fato de a consciência dos outros ser "inobservável" não nos impede por si de obter uma explicação científica da consciência. Os elétrons, os buracos negros e o Big Bang não são observáveis por ninguém, mas isso não impede que sejam investigados cientificamente.

3. Tese 2

A ciência é, por definição, *objetiva*, mas em minha definição de consciência admito-a como *subjetiva*. Assim, deduz-se de minha própria definição que não pode haver uma ciência da consciência.

Resposta à tese 2

A meu ver, essa afirmação reflete vários séculos de equívocos acerca da distinção entre objetividade e subjetividade. Seria um exercício fascinante de história intelectual traçar as vicissitudes da distinção objetivo-subjetivo. Nos escritos de Descartes, do século XVII, o significado de "objetivo" assemelha-se a seu significado atual (Descartes [1984], *Meditações sobre filosofia primeira*, especialmente a *Terceira meditação*: "mas, para que determinada ideia contenha esta ou aquela realidade objetiva, ela deve necessariamente derivar essa realidade de alguma causa que contenha pelo menos tanta realidade formal quanto há realidade objetiva na ideia"). Em dado momento – talvez entre o século XVII e o presente, não sei ao certo – a distinção objetivo-subjetivo sofreu uma guinada.

Para nossos propósitos, entretanto, é preciso discernir o sentido epistêmico e o sentido ontológico da distinção objetivo-subjetivo. No sentido epistêmico, as afirmações objetivas são objetivamente verificáveis ou cognoscíveis na medida em que podemos conhecer sua verdade ou falsidade independentemente de preferências, atitudes ou preconceitos de indivíduos humanos. Assim, se digo que "Rembrandt nasceu em 1606", a veracidade ou a falsidade dessa afirmação não depende de atitudes, sentimentos ou preferências de indivíduos humanos. Trata-se, como se diz, de uma questão objetivamente determinável, de uma afirmação epistemicamente objetiva. É fato objetivo que Rembrandt nasceu em 1606.

Uma afirmação como essa difere das afirmações subjetivas, cuja veracidade não pode ser atestada do mesmo modo. Assim, se digo que "Rembrandt era melhor pintor do que Rubens", estou fazendo uma afirmação epistemicamente subjetiva, porque, como se diz, trata-se de uma questão de opinião subjetiva. Não é possível fazer uma comprovação objetiva – que não dependa de opiniões, atitudes e sentimentos de indivíduos humanos – de que Rembrandt era melhor pintor do que Rubens.

Espero que a distinção entre objetividade e subjetividade no sentido epistêmico seja intuitivamente compreensível. Há, porém, outra distinção, que tem relação com a distinção *epistêmica* objetivo-subjetivo, mas que não deve ser confundida com ela: a distinção entre objetividade e subjetividade *ontológicas*. Algumas entidades têm um modo subjetivo de existência; outras, um modo objetivo. A dor na região lombar que estou sentindo agora, por exemplo, é ontologicamente subjetiva na medida em que somente existe se for experimentada por mim. Nesse sentido, todos os estados conscientes são ontologicamente subjetivos porque, para existir, têm de ser experimentados por um sujeito humano ou animal. Nesse aspecto, os estados conscientes diferem, por exemplo, das montanhas, das cachoeiras ou dos átomos de hidrogênio. Essas entidades têm um modo objetivo de existência porque, para existir, não precisam ser experimentadas por um sujeito humano ou animal.

Dada essa distinção entre o sentido *ontológico* e o sentido *epistêmico* da distinção objetivo-subjetivo, podemos perceber a ambiguidade da afirmação feita na tese 2. No sentido epistêmico, a ciência é realmente objetiva. Buscamos verdades que são independentes dos sentimentos e das atitudes dos pesquisadores. Não importa como nos sentimos em relação ao hidrogênio; gostemos ou não, os átomos de hidrogênio sempre conterão um elétron. Não é uma questão de opinião. Essa é a razão pela qual a afirmação de que Rembrandt era melhor pintor do que Rubens não é científica. Sabemos que a ciência busca a objetividade no sentido epistêmico. Mas isso não significa que devemos virar as costas para o fato de haver entidades ontologicamente subjetivas que, como quaisquer fenômenos biológicos, são assunto de investigação científica. É possível ter um conhecimento epistemicamente objetivo de domínios ontologicamente subjetivos. Assim, no sentido epistêmico, é questão inteiramente objetiva – não questão de opinião – que tenho dores na região lombar. Mas a existência das dores em si é ontologicamente subjetiva.

A resposta à tese 2, portanto, é que a exigência de objetividade da ciência não nos impede de obter um conhecimento epistemicamente objetivo de um domínio ontologicamente subjetivo.

4. Tese 3

Não existe a menor possibilidade de um dia chegarmos a uma explicação causal inteligível do modo pelo qual algo subjetivo e qualitativo seria causado por algo objetivo e quantitativo, como os fenômenos neurobiológicos, por exemplo. Não é possível estabelecer uma conexão inteligível entre fenômenos objetivos de terceira pessoa, como os disparos neurônicos, e estados subjetivos e qualitativos de sensibilidade e ciência.

Resposta à tese 3

De todas as teses que estamos considerando, essa me parece ser a mais desafiadora. Na visão de alguns autores, como Thomas Nagel (1974), por exemplo, tal tese é um sério obstáculo à obtenção de uma explicação científica da consciência por meio de nosso aparato científico. Segundo Nagel, o problema é que não sabemos como os fenômenos objetivos – os disparos neurônicos, por exemplo – tornariam necessários, ou inevitáveis, os estados subjetivos de ciência. As explicações científicas convencionais parecem necessárias, e esse caráter necessário parece ausente de qualquer explicação da subjetividade em termos de disparos neurônicos. Que fato relacionado aos disparos neurônicos no tálamo, por exemplo, determina necessariamente que alguém com esse tipo de disparo nessa área do cérebro sinta dor?

Apesar de eu concordar que esse seja um problema sério para a análise filosófica, os propósitos desta discussão nos permitem dar-lhe uma resposta imediata: sabemos, de fato, que isso acontece. Ou seja, sabemos que os processos cerebrais realmente causam a consciência. É um desafio para filósofos e cientistas não termos uma teoria que explique como é possível os processos cerebrais causarem a consciência. Mas a ausência de uma explicação não nega o fato de os processos cerebrais realmente causarem a consciência, porque sabemos, independentemente de qualquer argumento filosófico ou científico, que isso acontece. O simples fato de isso acontecer é suficiente para sabermos que é preciso investigar a forma como acontece, e não questionar a possibilidade de que aconteça.

Concordo com o pressuposto implícito na tese 3: os paradigmas científicos atuais não nos permitem saber exatamente como a consciência pode ser causada por processos cerebrais. Mas isso me parece análogo ao seguinte: o aparato explicativo da mecânica newtoniana não nos permitia saber exatamente como poderia existir o fenômeno do eletromagnetismo; o aparato explicativo da química do século XIX não nos permitia saber exatamente como poderia existir uma explicação química, não vitalista, do fenômeno da vida. A meu ver, portanto, o problema é análogo a outros problemas aparentemente insolúveis na história da ciência. O desafio consiste em deixar de lado nossa preocupação sobre como o mundo deveria funcionar e, em vez disso, tentar compreender como ele realmente funciona.

Imagino que – e neste estágio da história do conhecimento isto não passa mesmo de especulação –, quando dispusermos de uma teoria geral sobre como os processos cerebrais causam a consciência, desaparecerá nossa impressão de que se trata de algo arbitrário ou misterioso. Sabemos perfeitamente, por exemplo, como o coração bombeia o sangue. Entendemos o coração a tal ponto que essa explicação nos parece necessária. Por meio das contrações, esse órgão provoca o fluxo do sangue pelas artérias. O que nos falta até agora em relação ao cérebro é uma explicação semelhante sobre como ele causa a consciência. Mas, se dispuséssemos dessa explicação – uma explicação causal geral –, acredito que nossa impressão de mistério e arbitrariedade desapareceria.

Vale a pena ressaltar, no entanto, que nossa impressão de mistério já mudou desde o século XVII. Para Descartes e os cartesianos, parecia misterioso um impacto físico em nosso corpo causar uma sensação em nossa alma. Nós, por nossa vez, não temos problema em perceber que a dor é um fenômeno necessário, dados certos tipos de impactos sobre nosso corpo. Para nós não é nada misterioso que um homem com o pé preso numa prensa de perfuração sinta uma dor terrível. Transferimos a impressão de mistério para dentro de nós. Hoje nos parece misterioso que disparos neurônicos no tálamo causem sensações de dor. O que afirmo é que uma explicação neurobiológica cabal sobre como e por que isso acontece eliminaria a impressão de mistério.

5. Tese 4

Mesmo assim, em relação ao problema da consciência, precisamos separar as características qualitativas e subjetivas da consciência do aspecto objetivo mensurável que pode ser adequadamente estudado pela ciência. Essas características subjetivas, por vezes chamadas de *qualia*, podem ser desconsideradas sem risco algum. Isto é, o problema dos *qualia* precisa ser separado do problema da consciência. Pode-se definir a consciência em termos objetivos de terceira pessoa e, então, ignorar os *qualia*. E, de fato, é o que os melhores neurobiólogos estão fazendo. Eles separam o problema geral da consciência do problema específico dos *qualia*.

Resposta à tese 4

Nem me passava pela cabeça que fosse tão comum a defesa dessa tese – de que seria possível tratar a consciência separadamente dos *qualia* – até o momento em que a descobri em várias publicações atuais sobre a consciência (Crick, 1994; Edelman, 1989). A ideia básica é que se pode desmembrar da consciência o problema dos *qualia* e tratá-lo em separado ou, melhor ainda, simplesmente desconsiderá-lo. Isso me parece muito equivocado. Não há dois problemas separados – o problema da consciência e, então, um problema subsidiário, o dos *qualia*. *O problema da consciência é idêntico ao dos* qualia *porque os estados conscientes são acima de tudo estados qualitativos.* Eliminados os *qualia*, nada restará. Essa é a razão pela qual raramente uso a palavra *"qualia"*, exceto em citações irônicas, porque essa palavra dá a entender que há na consciência alguma outra coisa além dos *qualia*, e não há. Os estados conscientes, por definição, são estados de ciência e sensibilidade internos, qualitativos e subjetivos.

É claro que qualquer um está livre para definir esses termos como quiser e usar a palavra "consciência" para designar outra coisa. Mas ainda assim haveria o problema do que chamo de "consciência", que é o problema de explicar a existência de nossos estados ontologicamente subjetivos de ciência. O importante nesta discussão é que o problema da consciência e o dos chamados *qualia* são, na verdade, o mesmo problema. Não há como fugir dessa identidade tratando a consciência como um tipo de fenômeno de terceira pessoa, ontologicamente objetivo, e desprezando os *qualia*, porque fazer isso é apenas mudar de assunto.

6. Tese 5

Mesmo que a consciência exista na forma de estados subjetivos de ciência ou sensibilidade, como defendo, ainda assim ela não teria nenhum impacto real sobre o mundo físico real. Seria apenas um fenômeno superficial, sem relevância causal para o comportamento do organismo no mundo. No jargão filosófico atual, a consciência seria epifenomênica. Seria semelhante aos reflexos superficiais na água de um lago ou à espuma da onda chegando à praia. A ciência pode explicar por que há reflexos superficiais ou por que as ondas produzem espuma, mas, na nossa explicação básica de como o mundo funciona, esses reflexos superficiais e essas porções de espuma são causados em si mesmos, mas insignificantes do ponto de vista causal na produção de outros efeitos. Pensemos da seguinte maneira: se fôssemos construir modelos computacionais da cognição, poderíamos ter um computador que realizasse as tarefas cognitivas e outro exatamente igual, diferenciado apenas por um brilho púrpura. É a isso que equivale a consciência: a um brilho púrpura e cientificamente irrelevante. E a prova é que, para qualquer explicação clara formulada no campo da consciência, podemos dar uma explicação mais fundamental formulada no campo da neurobiologia. Para cada explicação que tenha a seguinte forma – por exemplo, minha decisão consciente de levantar meu braço faz que ele suba –, há uma explicação mais fundamental no campo dos neurônios motores, da acetilcolina e assim por diante.

Resposta à tese 5

É possível que, em nossa explicação científica definitiva da biologia dos organismos conscientes, a consciência desses organismos venha a desempenhar apenas um papel pequeno ou insignificante na sua própria vida e sobrevivência. Isso tem lógica se considerarmos, por exemplo, que existe a possibilidade de descobrir que o DNA é irrelevante para a herança dos traços biológicos. Poderia até acontecer, mas é altamente improvável, em vista do que já sabemos. Nada na tese 5 constitui um argumento válido em favor da irrelevância causal da consciência.

Em todo sistema complexo existem, de fato, diferentes níveis de explicação causal. Quando levanto meu braço de forma consciente, há um nível macro de explicação, no campo das decisões conscientes, e um nível micro de explicação, no campo das sinapses e dos neurotransmissores. No entanto, há um ponto perfeitamente indiscutível em relação aos sistemas complexos: o fato de as características de nível macro serem em si causadas pelo comportamento dos microelementos e realizadas no sistema composto de microelementos não demonstra que as características de nível macro sejam epifenomênicas. Consideremos, por exemplo, a solidez dos pistões no motor de um automóvel. A solidez de um pistão é inteiramente explicável em função do comportamento das moléculas da liga metálica que o compõe; e, para toda explicação de nível macro sobre o funcionamento do motor de um automóvel formulada em relação a pistões, virabrequins, velas etc., haverá explicações de nível micro formuladas em relação a moléculas de liga metálica, oxidação das moléculas de hidrocarboneto e assim por diante. Mas isso não demonstra que a solidez do pistão é epifenomênica. Ao contrário, explica apenas por que é possível fazer pistões eficientes de aço, mas não de manteiga ou de papel machê. Longe de demonstrar que o nível macro é epifenomênico, o nível micro de explicações demonstra, entre outras coisas, por que os níveis macro são eficazes do ponto de vista causal. Isto é, nesses casos, as explicações causais de baixo para cima sobre fenômenos de nível macro demonstram por que os macrofenômenos não são epifenomênicos. Uma ciência séria da consciência deveria, analogamente, demonstrar como minha decisão consciente de levantar o braço o faz subir; deveria fazê-lo demonstrando de que modo a consciência, como característica biológica do cérebro, está fundada em características neurobiológicas de nível micro.

O ponto ao qual pretendo chegar é bem conhecido: um dos elementos básicos da nossa visão de mundo é a tese de que as macrocaracterísticas ou características de nível superior do mundo se fundamentam ou se implementam em microestruturas. A fundamentação do macro no micro por si só não demonstra que os macrofenômenos são epifenomênicos. Por que, então, achamos difícil aceitar esse ponto em relação à consciência e ao cérebro? Acredito que é porque ainda estamos presos a um dualismo residual. A afirmação de que os estados mentais devem ser epifenomênicos se sustenta na pressuposição de que a consciência, por não ser física, não poderia ter efeitos físicos. O ponto central da minha discussão é justamente rejeitar esse dualismo. A consciência é uma característica comum do organismo, uma característica biológica e portanto física, assim como a digestão ou a fotossíntese. No entanto, o fato de ser uma característica física e biológica não a impede de ser uma característica mental ontologicamente subjetiva. O fato de ser ao mesmo tempo característica de nível superior e característica mental não constitui, de modo algum, uma prova de que seja mais epifenomênica do que qualquer outra característica biológica de nível superior. Ou melhor: pode até ser que venhamos a descobrir que a consciência é epifenomênica, mas nenhuma prova filosófica válida *a priori* foi apresentada para demonstrar que ela realmente deva ter essa característica.

7. Tese 6

Minhas últimas afirmações não responderam à questão crucial sobre o papel causal da consciência, ou seja, qual é sua função evolutiva. Essa questão nunca recebeu uma resposta satisfatória, e acredito que será difícil obtê-la, já que é simples imaginar seres que se comportam exatamente como nós, mas aos quais faltam esses "estados internos e qualitativos" que estou descrevendo.

Resposta à tese 6

Essa questão sempre vem à tona, mas espero que, pensando bem, o leitor acabe por concordar que se trata de uma afirmação um tanto estranha. Suponhamos que alguém perguntasse: qual é a função evolutiva das asas nos pássaros? Resposta óbvia: para a maioria das espécies de pássaros, as asas lhes permitem voar, o que amplia sua aptidão genética. Mas a questão é um pouco mais complexa, porque nem todos os pássaros alados são capazes de voar (os pinguins, por exemplo) e, o que é bastante curioso, de acordo com algumas explicações, as asas dos pássaros ancestrais não passavam de tocos que serviam para ajudar o organismo a manter-se aquecido. Mas não há dúvida de que, em relação a seu hábitat, as gaivotas, por exemplo, são extremamente favorecidas por terem asas que lhes permitem voar. Agora suponhamos que alguém discordasse, dizendo que podemos imaginar pássaros voando da mesma forma, mas sem asas. O que deveríamos imaginar? Que os pássaros nascem com propulsores de foguete? Isso significa que a questão evolutiva só tem sentido se forem aceitos certos pressupostos básicos sobre o funcionamento da natureza. De acordo com eles, a função primária das asas na maioria das espécies de pássaros consiste em capacitá-los a voar. E é realmente irrelevante para a questão evolutiva imaginarmos um mundo de ficção científica no qual os pássaros voem sem asas. Ora, o mesmo acontece com a consciência. As inteligências humana e animal funcionam por meio da consciência. É fácil imaginarmos um mundo de ficção científica no qual zumbis inconscientes se comportem exatamente como nós. Aliás, cheguei a construir esse experimento teórico para ilustrar certas questões filosóficas sobre a possibilidade de separar consciência e comportamento (Searle, 1992, cap. 3). Mas isso nada tem que ver com o verdadeiro papel causal da consciência no mundo real.

Quando elaboramos um experimento teórico para testar a vantagem evolutiva de algum fenótipo, quais são as regras do jogo? Ao analisar as funções evolutivas das asas, ninguém pensaria ser admissível afirmar que elas são inúteis porque podemos imaginar os pássaros voando sem asas. Por que se supõe, então, ser possível afirmar que a consciência é inútil porque podemos imaginar seres humanos e animais se comportando como o fazem, mas sem consciência? Como experimento mental de ficção científica, isso é até possível, mas não se trata de uma tentativa de descrever o mundo real em que vivemos. Em nosso mundo, a questão "qual é a função evolutiva da consciência?" é semelhante à questão "qual é a função evolutiva de estar vivo?". Afinal, podemos imaginar seres que, apesar de externamente se comportarem como nós, são feitos de ferro fundido, reproduzem-se por fundição e não estão vivos. Creio que a maneira habitual de fazer a pergunta revela confusões fundamentais. No caso da consciência, a pergunta "qual é a vantagem evolutiva da consciência?" é feita num tom que revela um equívoco cartesiano. Concebemos a consciência não como parte do mundo físico comum onde ocorrem as asas e a água, mas como um fenômeno misterioso, não físico, que está fora do mundo da realidade biológica ordinária. Se concebermos a consciência biologicamente e tentarmos levar a pergunta a sério, a questão "qual é a função evolutiva da consciência?" se reduzirá, por exemplo, a "qual é a função evolutiva da capacidade de andar, correr, sentar, comer, pensar, ver, ouvir, falar uma língua, reproduzir-se, criar filhos, organizar grupos sociais, procurar comida, evitar o perigo, cultivar plantações e construir abrigos?", *porque, para os seres humanos, todas essas atividades, assim como inúmeras outras essenciais para nossa sobrevivência, são atividades conscientes*. Isto é, a "consciência" não designa um fenômeno separado, isolável de todos os outros aspectos da vida. Ao contrário, designa o modo pelo qual os seres humanos e animais superiores conduzem as principais atividades de suas vidas.

Isso não implica negar que existam questões biológicas interessantes sobre formas específicas da nossa consciência. Que vantagens evolutivas extraímos, por exemplo, do fato de nossa discriminação de cores ser consciente e nossa discriminação digestiva no trato digestivo ser inconsciente? Se é que extraímos vantagem disso. Mas, como impugnação geral da realidade e da eficácia da consciência, a afirmação cética de que a consciência não serve a nenhuma função evolutiva não tem a menor força.

8. Tese 7

A causação é uma relação entre acontecimentos distintos ordenados no tempo. Se os processos cerebrais realmente causassem os estados conscientes, estes estados teriam de ser acontecimentos separados dos processos cerebrais, o que levaria a uma forma de dualismo, um dualismo entre o cérebro e a consciência. Toda tentativa de postular uma explicação causal da consciência que tenha por base os processos cerebrais é necessariamente dualista e, portanto, incoerente. A opinião científica correta consiste em notar que a consciência *não é nada mais que* padrões de disparos neurônicos.

Resposta à tese 7

Essa tese revela um equívoco bastante comum sobre a natureza da causação. Certamente, muitas relações causais correspondem a esse paradigma. Ao afirmarmos, por exemplo, que "um tiro causou a morte daquele homem", descrevemos uma sequência de acontecimentos na qual, primeiro, o homem levou um tiro e, depois, morreu. Mas muitas relações causais não são acontecimentos distintos, são forças causais permanentes agindo ao longo do tempo. Pensemos na atração gravitacional. Não podemos afirmar que, primeiro, existe a atração gravitacional e que, depois, mais tarde, as cadeiras e mesas exercem pressão sobre o chão. A atração gravitacional é uma força operativa constante e, pelo menos nesses casos, a causa e o efeito são simultâneos.

O mais importante para nossa discussão é que existem muitas formas de explicação causal baseadas nas formas de "causações" *de baixo para cima*. Dois de meus exemplos favoritos são a solidez e a liquidez. A mesa que estou usando é capaz de resistir à pressão e não pode ser atravessada por objetos sólidos. Mas é claro que a mesa, como outros objetos sólidos, é formada inteiramente de nuvens de moléculas. Ora, como é possível essas nuvens de moléculas apresentarem as propriedades causais da solidez? Temos uma teoria: a solidez é causada pelo comportamento das moléculas. Em específico, quando as moléculas executam movimentos vibratórios dentro de estruturas em forma de treliça, o objeto é sólido. Ora, se alguém dissesse "então a solidez não é nada mais que o comportamento das moléculas", em certo sentido isso estaria correto. No entanto, a solidez e a liquidez são propriedades causais que vão além da soma dos movimentos moleculares. Alguns filósofos consideram útil a noção de "propriedade emergente". Para mim essa noção não é muito clara, pois é usada de maneira bastante confusa na literatura. Porém, se formos detalhistas, poderemos atribuir um sentido claro à ideia de que a consciência, como a solidez e a liquidez, é uma propriedade emergente do comportamento dos microelementos de um sistema composto por eles. Uma propriedade emergente, assim definida, é uma propriedade que se explica pelo comportamento dos microelementos, mas não pode ser simplesmente deduzida da composição e dos movimentos deles. Em meus escritos, uso a noção de propriedade "causalmente emergente" (Searle, 1992, cap. 5, pp. 111 ss.) e, nesse sentido, a liquidez, a solidez e a consciência são propriedades causalmente emergentes. São propriedades emergentes causadas pelos microelementos do sistema do qual elas mesmas são características.

Gostaria de insistir agora no seguinte ponto: o fato de existir uma relação causal entre os processos cerebrais e os estados conscientes não implica um dualismo do cérebro e da consciência, do mesmo modo que a relação causal entre movimentos moleculares e solidez não implica um dualismo entre moléculas e solidez. Creio que a maneira correta de ver o problema é perceber que a consciência é uma característica de nível superior do sistema, e que é o comportamento dos elementos de nível inferior que faz que esse sistema tenha tal característica.

Mas essa afirmação nos conduz ao próximo problema – o reducionismo.

9. Tese 8

A ciência é, por natureza, *reducionista*. Uma explicação científica da consciência deve demonstrar que ela não passa de uma ilusão, no mesmo sentido em que o calor é uma ilusão. Não há nada no calor (de um gás) a não ser a energia cinética dos movimentos das moléculas. Não existe mais nada ali. De modo semelhante, uma explicação científica da consciência seria reducionista. Tal explicação demonstraria que não há nada na consciência a não ser o comportamento dos neurônios. Não existe mais nada ali. E esse é um golpe fatal para a ideia de que haveria uma relação causal entre o comportamento dos microelementos – nesse caso, os neurônios – e os estados conscientes do sistema.

Resposta à tese 8

Esse conceito de reducionismo é uma das noções mais confusas da ciência e da filosofia. Na literatura sobre a filosofia da ciência, encontrei pelo menos meia dúzia de conceitos diferentes de reducionismo. Parece-me que a noção sobreviveu à sua utilidade. O que queremos da ciência são leis gerais e explicações causais. Normalmente, quando obtemos uma explicação causal, digamos, de uma doença, podemos redefinir o fenômeno em função da causa e, assim, reduzi-lo à sua causa. Em vez de definir o sarampo em função de seus sintomas, por exemplo, redefinimo-lo em função do vírus que causa os sintomas. Assim, reduzimos o sarampo à presença de certo tipo de vírus. Não há diferença factual entre dizer "o vírus causa os sintomas que constituem a doença" e "a presença do vírus é precisamente a presença da doença, e a doença causa os sintomas". Os fatos são os mesmos em ambos os casos. A redução é apenas uma questão de terminologia. E este é o ponto: queremos saber quais são os fatos.

No caso da redução e das explicações causais que acabo de exemplificar, parece-me que existem dois tipos de reduções: as que eliminam o fenômeno a ser reduzido, mostrando que realmente não existe nada além das características do fenômeno redutor; e as que não eliminam o fenômeno, mas apenas fornecem uma explicação causal dele. Não creio que essa distinção seja muito precisa, mas alguns exemplos a tornarão intuitivamente clara. No caso do calor, precisamos distinguir, de um lado, o movimento das moléculas com certa energia cinética e, de outro, as sensações subjetivas de calor. Não existe nada ali, a não ser moléculas se movimentando com certa energia cinética, e é isso que nos causa o que chamamos de sensações de calor. A explicação reducionista do calor exclui as sensações subjetivas e o define como a energia cinética dos movimentos moleculares. Temos uma redução eliminativa do calor porque não existe fenômeno objetivo ali, a não ser a energia cinética dos movimentos moleculares. Podemos fazer observações análogas sobre a cor. Não existe nada ali a não ser a dispersão diferencial da luz, e é essa dispersão que causa as experiências que chamamos de experiências de cor. Mas não existe nenhum fenômeno colorido ali além das causas em forma de reflexos de luz e seus efeitos subjetivos em nós. Nesses casos, podemos fazer uma redução eliminativa do calor e da cor. Podemos dizer que não existe nada ali a não ser as causas físicas, e são elas que causam as experiências subjetivas. Essas reduções são eliminativas na medida em que descartam o fenômeno que está sendo reduzido. Mas, nesse aspecto, diferem da redução da solidez ao movimento vibratório das moléculas em estruturas em forma de treliça. A solidez é uma propriedade causal do sistema que não pode ser eliminada mediante sua redução aos movimentos vibratórios das moléculas em estruturas treliçadas.

Por que não podemos, porém, fazer também uma redução eliminativa da consciência, como fizemos para o calor e a cor? O padrão dos fatos é paralelo: em relação ao calor e à cor, temos as causas físicas e as experiências subjetivas. Em relação à consciência, temos as causas físicas na forma de processos cerebrais e a experiência subjetiva. Assim, parece que deveríamos reduzir a consciência aos processos cerebrais. E, é claro, poderíamos redefini-la assim se quiséssemos, pelo menos nesse sentido trivial: redefinir a palavra "consciência" de modo que designe as causas neurobiológicas de nossas experiências subjetivas. Mas, se fizéssemos isso, ainda nos restariam as experiências subjetivas, e o conceito de consciência na verdade só tem a finalidade de fornecer uma palavra para designar essas experiências subjetivas. As outras reduções se baseariam na exclusão da experiência subjetiva do calor, da cor e assim por diante, bem como na redefinição da noção em função das causas dessas experiências. Mas, quando o fenômeno que estamos discutindo é a própria experiência subjetiva, não podemos excluí-la e redefinir a noção em função de suas causas sem perder a própria finalidade a que visa o conceito. A assimetria entre o calor e a cor, de um lado, e a consciência, de outro, nada tem que ver com os fatos do mundo, apenas com nossas práticas de definição. Precisamos de uma palavra para designar os fenômenos ontologicamente subjetivos de ciência e sensibilidade. E, se tivéssemos de redefinir a palavra em função das causas de nossas experiências, perderíamos essa característica do conceito de consciência.

A distinção aparência-realidade em relação aos próprios estados conscientes não pode ser traçada do mesmo modo que em relação ao calor e à cor, porque, para os estados conscientes, a existência da aparência é a realidade em questão. Se me parece que estou consciente, então realmente estou consciente. E este não é um problema epistêmico. Não implica que tenhamos um conhecimento certo da natureza dos nossos estados conscientes. Ao contrário, com frequência nos equivocamos em relação aos nossos próprios estados conscientes – no caso de dores em membros amputados, por exemplo. Trata-se de um problema relativo à ontologia dos estados conscientes.

Quando estudamos cientificamente a consciência, creio que devemos deixar de lado nossa velha obsessão pelo reducionismo e buscar explicações causais. O que queremos é uma explicação causal de como os processos cerebrais causam nossas experiências conscientes. A obsessão pelo reducionismo é remanescente de uma fase anterior do desenvolvimento do conhecimento científico.

10. Tese 9

Toda explicação genuinamente científica da consciência precisa ser uma explicação do processamento de informação. Isto é, devemos considerar a consciência uma série de processos de informação, e o aparato de que dispomos para explicar o processamento de informação em função da manipulação de símbolos por um aparelho computacional deve fundamentar qualquer explicação científica da consciência.

Resposta à tese 9

Já comentei detalhadamente esse equívoco em várias obras (Searle, 1980; veja-se também Searle, 1984, 1992). Mas, para os atuais propósitos, o essencial é lembrar o seguinte: a consciência é uma característica intrínseca de certos sistemas nervosos humanos e animais. O problema do conceito de "processamento de informação" é que ele normalmente se encontra na mente de um observador. Tratamos um computador, por exemplo, como um portador e processador de informação, mas intrinsecamente ele é apenas um circuito eletrônico. Projetamos, construímos e usamos esses circuitos porque podemos interpretar seus *inputs, outputs* e os processos intermediários como portadores de informação; mas a informação do computador está no olho do observador, não é intrínseca ao sistema computacional. O que vale para o conceito de informação vale *a fortiori* para o conceito de "manipulação de símbolos". As transições de estado elétrico de um computador só são manipulações de símbolos em relação à atribuição de uma interpretação simbólica por parte de algum engenheiro eletrônico, programador ou usuário. A razão pela qual não podemos analisar a consciência em função do processamento de informação e da manipulação de símbolos é que ela é intrínseca à biologia do sistema nervoso, mas o processamento de informação e a manipulação de símbolos são relativos ao observador.

Por essa razão qualquer sistema pode de algum modo ser interpretado como um sistema de processamento de informação. O estômago processa informação sobre a digestão, um corpo em queda processa informação sobre o tempo, a distância e a gravidade, e assim por diante.

As exceções à afirmação de que o processamento de informação é relativo ao observador são precisamente os casos em que algum agente consciente está pensando. Se eu, como agente consciente, penso de forma consciente ou inconsciente que 2 + 2 = 4, o processamento de informação e a manipulação de símbolos são intrínsecos aos meus processos mentais, porque são processos de um agente consciente. Mas, nesse aspecto, meus processos mentais diferem daqueles que ocorrem quando minha calculadora de bolso soma 2 e 2 e obtém 4. A adição na calculadora não é intrínseca ao circuito; a adição em mim é intrínseca à minha vida mental.

O resultado dessas observações é que, para traçar a distinção entre casos intrinsecamente portadores de informação e manipuladores de símbolos e casos relativos ao observador, necessitamos da noção de consciência. Portanto, não podemos explicar essa noção em função do processamento de informação e da manipulação de símbolos.

11. Conclusão

Poderíamos ter discutido outros equívocos, mas espero que a contestação desses que enumerei realmente nos ajude a avançar no estudo da consciência. Minha mensagem principal é que precisamos levar a sério a consciência como fenômeno biológico. Os estados conscientes são causados por processos neurônicos, realizam-se em sistemas neurônicos e são estados intrinsecamente internos e subjetivos de ciência ou sensibilidade.

Queremos saber como esses estados são causados e realizados no cérebro. Talvez sejam causados também por alguma espécie de química completamente diferente do cérebro como tal, mas, enquanto não soubermos como o cérebro faz isso, decerto não seremos capazes de produzi-los artificialmente em outros sistemas químicos. Os equívocos que devemos evitar são a mudança de assunto – pensar que a consciência é uma questão de processamento de informação ou de comportamento, por exemplo – ou não levar a sério a consciência em seus próprios termos. Talvez, acima de tudo, precisemos esquecer a história da ciência e continuar produzindo o que poderá ser uma nova fase dessa história.

Referências bibliográficas

Crick, F. 1994. *The Astonishing Hypothesis: the Scientific Search for the Soul*. Nova York: Simon & Schuster.
Descartes, R. 1984. *The Philosophical Writings of Descartes*. vol. II [trad. para o inglês de J. Cottingham, R. Stoothoff & D. Murdoch]. Cambridge University Press.
Edelman, G. 1989. *The Remembered Present: a Biological Theory of Consciousness*. Nova York: Basic Books.
Nagel, T. 1974. What is it Like to be a Bat? *Philosoph. Rev.* 83, pp. 435-50.
Searle, J. R. 1980. Minds, Brains and Programs. *Behav. Brain Sci.* 3, pp. 417-57.
——. 1984. *Minds, Brains and Science*. Cambridge, MA: Harvard University Press, 1984.
——. *A redescoberta da mente*. São Paulo: Martins Fontes, 2006.

3. A CONSCIÊNCIA[1]

A resistência ao problema

Até cerca de vinte anos atrás, neurocientistas, filósofos, psicólogos e cientistas cognitivos mostravam pouco interesse pelo problema da consciência. As razões para resistir a esse problema variavam de uma disciplina para outra. Os filósofos estavam voltados para a análise da linguagem, os psicólogos estavam convictos de que a psicologia científica era uma ciência do comportamento e os cientistas cognitivos tinham como programa de pesquisa a descoberta de programas de computador no cérebro, programas que, segundo eles, explicariam a cog-

---

1. Publicado nesta edição com permissão da *Annual Review of Neuroscience*, vol. 23, © 2000, por Annual Reviews.

Sou grato a muitas pessoas pelos debates sobre estas questões. Ninguém é responsável por quaisquer de meus eventuais equívocos. Gostaria de agradecer especialmente a Samuel Barondes, Dale Berger, Francis Crick, Gerald Edelman, Susan Greenfield, Jennifer Hudin, John Kihlstrom, Jessica Samuels, Dagmar Searle, Wolf Singer, Barry Smith e Gunther Stent.

nição. A mim me parecia estranho os neurocientistas se recusarem a tratar do problema da consciência, já que uma das principais funções do cérebro é causar e manter os estados conscientes. Estudar o cérebro sem estudar a consciência seria como estudar o estômago sem estudar a digestão, ou estudar a genética sem estudar a hereditariedade biológica. Quando pela primeira vez me interessei a fundo por esse problema e procurei discuti-lo com cientistas que investigam o cérebro, descobri que boa parte deles não lhe dava atenção.

As razões de tal resistência eram diversas, mas em geral resumiam-se a duas. Em primeiro lugar, muitos neurocientistas acreditavam – e alguns ainda acreditam – que a consciência não é tema de investigação neurocientífica. Uma ciência legítima do cérebro pode estudar a microanatomia da célula de Purkinje ou tentar descobrir novos neurotransmissores, mas a consciência parecia algo muito etéreo e sutil para ser considerado um verdadeiro tema científico. Outros neurocientistas não excluíam a consciência da investigação científica, mas tinham uma segunda razão: afirmavam não estar preparados para abordar o problema da consciência. Talvez tivessem razão, mas é bem provável, por exemplo, que muitas pessoas no início dos anos 1950 acreditassem que não estávamos preparados para abordar o problema da base molecular da vida e da hereditariedade. E elas estavam erradas. Porém, voltando à presente questão, creio que a melhor maneira de se preparar para abordar um problema de pesquisa seja tentar resolvê-lo.

No início do século XX, houve sem dúvida notórias exceções a essa relutância em lidar com a consciência, que resultaram em trabalhos valiosos. Refiro-me em particular aos trabalhos de *sir* Arthur Sherrington, Roger Sperry e *sir* John Eccles.

Não obstante os últimos vinte anos, hoje muitos pesquisadores sérios tentam encarar o problema. Entre os neurocientistas que recentemente escreveram livros sobre a consciência estão Cotterill (1998), Crick (1994), Damasio (1999), Edelman (1989, 1992), Freeman (1995), Gazzaniga (1988), Greenfield (1995), Hobson (1999), Libet (1993) e Weiskrantz (1997). Segundo me parece, a corrida para resolver o problema da consciência já teve início. Meu objetivo aqui não é tentar analisar essa literatura, mas apenas caracterizar, de um ponto de vista filosófico, alguns dos problemas neurobiológicos da consciência.

A consciência como problema biológico

Qual é de fato o problema neurobiológico da consciência? *Grosso modo*, é o seguinte: como os processos cerebrais causam estados conscientes e como esses estados se realizam nas estruturas cerebrais? De acordo com essa formulação, o problema se divide naturalmente em um número de problemas menores, mas ainda consideráveis: quais são os correlatos neurobiológicos dos estados conscientes (NCCs)* e quais desses correlatos são, de fato, causalmente responsáveis pela produção da consciência? De acordo com que princípios os fenômenos biológicos, como os disparos neurônicos, por exemplo, podem produzir estados subjetivos de sensibilidade ou ciência? Como esses princípios se relacionam com os já conhecidos princípios da biologia? É possível explicar a consciência por meio do aparato teórico disponível, ou

---

* Em inglês, "neurobiological correlates of conscious states". (N. do T.)

serão necessários conceitos teóricos novos e revolucionários? A consciência está localizada em determinadas regiões do cérebro ou é um fenômeno global? Se está limitada a determinadas regiões, quais são elas? A consciência está relacionada com características anatômicas específicas, como tipos específicos de neurônios, por exemplo, ou deve ser explicada funcionalmente com uma variedade de correlatos anatômicos? Qual é o nível correto para explicar a consciência? Seria o nível dos neurônios e das sinapses, como a maioria dos pesquisadores parece acreditar, ou seria necessário avançar a níveis funcionais superiores, como os mapas neurônicos (Edelman, 1989, 1992) ou as nuvens de neurônios (Freeman, 1995)? Ou todos esses níveis são muito amplos e por isso é preciso descer do nível dos neurônios e das sinapses ao dos microtubos (Penrose, 1994; Hameroff, 1998a, b)? Ou ainda seria necessário pensar mais globalmente, segundo as transformadas de Fourier e a holografia (Pribram, 1976, 1991, 1999)?

De acordo com essa formulação, esse feixe de problemas assemelha-se a qualquer outro conjunto de problemas da biologia ou das ciências em geral. Assemelha-se ao problema dos microrganismos: como eles causam os sintomas das doenças e como estes se manifestam nos pacientes? Ou a um problema da genética: quais mecanismos fazem a estrutura genética do zigoto produzir os traços fenotípicos do organismo maduro? No final das contas, acho que essa é a maneira correta de pensar o problema da consciência – trata-se de um problema biológico como qualquer outro, porque a consciência é um fenômeno biológico da mesma forma que a digestão, o crescimento ou a fotossíntese. No entanto, diferentemente de outros problemas da biologia, há problemas filosóficos recorrentes em torno do problema da consciência. Em vista disso, antes de abordar as pesquisas atuais, gostaria de analisar alguns deles.

Identificação do alvo: a definição de consciência

Costuma-se dizer que é extremamente difícil definir a "consciência". Mas, se nos referirmos a uma definição conforme o senso comum, suficiente para identificar o alvo da investigação, e não a uma definição científica precisa, daquelas que surgem no final de uma investigação científica, então a palavra não me parece tão difícil de definir. Seria esta a definição: a consciência consiste em estados e processos de sensibilidade ou ciência, internos, qualitativos e subjetivos. De acordo com essa definição, a consciência começa quando o indivíduo desperta de manhã de um sono sem sonhos e continua até que adormeça de novo, morra, entre em coma ou fique, de alguma outra maneira, "inconsciente". Ela inclui toda a enorme variedade de ciência (*awareness*) que julgamos característica de nosso estado de vigília; abarca o sentir dor, perceber objetos visualmente, passar por estados de ansiedade e depressão, resolver palavras cruzadas, jogar xadrez, tentar lembrar-se do número de telefone de alguém, discutir política ou simplesmente ter vontade de estar em outro lugar. Com base nessa definição, os sonhos são uma forma de consciência, embora obviamente difiram em muitos aspectos da consciência em vigília.

Mas tal definição não é universalmente aceita, de modo que a palavra "consciência" é empregada de várias outras maneiras. Alguns autores utilizam-na para se referir exclusivamente a estados de autoconsciência, isto é, à consciência que os seres humanos e alguns primatas têm de si mesmos como agentes. Alguns a empregam para se referir a estados mentais de segunda ordem, que têm por objeto outros estados mentais. Assim, a dor em si não seria um estado consciente, mas a preocupação com ela, sim. Outros interpretam "consciência" de maneira behaviorista para se referir a qualquer forma de comportamento inteligente complexo. Evidentemente, cada um é livre para empregar as palavras da maneira que quiser, e podemos sempre redefinir "consciência" como um termo técnico. Entretanto, é inegável que existe um fenômeno que é a chamada consciência no sentido comum, seja qual for a palavra que escolhamos para designá-lo. E é esse fenômeno que estou tentando identificar aqui, porque acredito ser ele o alvo correto da investigação.

A consciência tem características próprias que precisam ser esclarecidas. Como acredito que nem todos os problemas da consciência são passíveis de uma solução neurobiológica, elaborei a seguir uma lista dos itens que uma explicação neurobiológica da consciência deveria esclarecer.

A característica essencial da consciência: a combinação de qualidade, subjetividade e unidade

A consciência tem três aspectos que a diferenciam de outros fenômenos biológicos e, na verdade, de outros fenômenos do mundo natural. Esses três aspectos são a qualidade, a subjetividade e a unidade. Sempre achei que, para propósitos investigativos, fosse possível tratar esses aspectos como características distintas. No entanto, visto que os três estão inter-relacionados logicamente, agora penso que é melhor tratá-los conjuntamente, como diferentes facetas da mesma característica. Eles são inextrincáveis na medida em que o primeiro implica o segundo e o segundo implica o terceiro. Discuto-os a seguir.

A qualidade

Cada estado consciente tem uma impressão qualitativa própria, como podemos ver nos exemplos seguintes. A experiência de saborear uma cerveja é muito diferente da de ouvir a Nona Sinfonia de Beethoven, e ambas têm um caráter qualitativo diferente de cheirar uma rosa ou contemplar o pôr do sol. Esses exemplos ilustram diferentes características qualitativas das experiências conscientes. Uma maneira de formular isso é afirmar que cada experiência consciente produz certa impressão. Nagel (1974) falou sobre isso há mais de vinte anos, quando assinalou que, se os morcegos são conscientes, há algo que é "ser como" um morcego. Isso distingue a consciência de outras características do mundo, porque, nesse sentido, para uma entidade não consciente, como um carro ou um tijolo, não há nada que "seja como" essa entidade. Alguns filósofos descrevem essa característica da consciência com a palavra *qualia* e dizem que os *qualia* representam um problema específico. Prefiro não adotar essa terminologia, porque ela parece implicar dois problemas distintos, o da consciência e o dos *qualia*. Mas, tal como entendo esses termos, *qualia* é somente uma designação coletiva dos estados conscientes. Na medida em que a "consciência" e os *qualia* são coextensivos, não há razão para introduzir um termo específico. Alguns acreditam que os *qualia* são característicos somente de experiências perceptivas, como enxergar cores e ter sensações de dor, mas que não existe caráter qualitativo no pensamento. A meu ver, essa ideia está errada. Mesmo o pensamento consciente tem uma impressão qualitativa própria. Por exemplo, pensar que dois mais dois é igual a quatro. Não há como descrever isso senão dizendo que se trata do caráter de pensar conscientemente que "dois mais dois é igual a quatro". Mas, se acreditamos que isso não tem um caráter qualitativo próprio, basta tentar pensar a mesma coisa numa língua que não conhecemos bem. Se penso, em francês, "deux et deux fait quatre", descubro que a impressão provocada é bastante diferente. Ou então podemos pensar algo mais difícil: "dois mais dois é igual a cento e oitenta e sete". Mais uma vez, devemos concordar que esses pensamentos conscientes têm caracteres distintos. No entanto, trata-se de uma questão sem maior importância. Isto é, o fato de os pensamentos conscientes serem ou não *qualia* tem de derivar de nossa definição de *qualia*. Da forma como estou usando o termo, os pensamentos definitivamente são *qualia*.

A subjetividade

Os estados conscientes somente existem quando são experimentados por algum indivíduo humano ou animal. Nesse sentido, são essencialmente subjetivos. Já tratei a subjetividade e a qualidade como características distintas, mas agora me parece que a qualidade, corretamente compreendida, implica a subjetividade – pois, para que um evento tenha impressão qualitativa própria, é preciso existir um sujeito que experimente o evento. Sem subjetividade não há experiência. Mesmo que mais de um sujeito experimente um fenômeno semelhante – digamos, duas pessoas ouvindo o mesmo concerto – ainda assim a experiência qualitativa só pode existir na medida em que for experimentada por um ou mais sujeitos. E, mesmo que as diferentes experiências contingentes sejam qualitativamente idênticas, isto é, se todas forem casos particulares de um mesmo tipo, cada experiência simbólica só poderá existir se o sujeito dessa experiência a experimentar. Como são subjetivos nesse sentido, os estados conscientes têm o que chamo de uma ontologia de primeira pessoa, que distingo da ontologia de terceira pessoa das montanhas e das moléculas, as quais podem existir mesmo que não haja nenhuma criatura viva. Os estados conscientes subjetivos têm uma ontologia de primeira pessoa ("ontologia" aqui significa modo de existência) porque existem somente quando são experimentados por algum agente humano ou animal. Eles são experimentados por um "eu" que tem a experiência, e é nesse sentido que possuem uma ontologia de primeira pessoa.

A unidade

Em qualquer momento da vida de um agente, todas as suas experiências conscientes fazem parte de um campo consciente unificado. Se estou sentado à escrivaninha olhando pela janela, não vejo apenas o céu e o riacho ladeado por árvores; ao mesmo tempo sinto meu corpo sobre a cadeira, a camisa nas minhas costas e o gosto de café na minha boca. Experimento todas essas coisas como parte de um único campo consciente unificado. Essa unidade de todo estado de subjetividade qualitativa tem importantes consequências para um estudo científico da consciência. Comentarei o assunto mais adiante. Neste momento, quero somente chamar a atenção para o fato de que a unidade já está implícita na subjetividade e na qualidade, pela seguinte razão: se tentarmos imaginar que meu estado de consciência está dividido em dezessete partes, o que se imagina não é um único sujeito consciente com dezessete estados conscientes diferentes, mas dezessete diferentes centros de consciência. Em suma, um estado consciente é, por definição, unificado, e a unidade decorrerá da subjetividade e da qualidade, porque não é possível ter subjetividade e qualidade exceto nessa forma particular de unidade.

Existem duas áreas da pesquisa atual nas quais o aspecto da unidade é particularmente importante: primeiro, o estudo dos pacientes com cérebro dividido (*split-brain patients*) realizado por Gazzaniga (1998) e outros (Gazzaniga *et al.*, 1962, 1963); segundo, o estudo do problema da integração realizado por vários pesquisadores contemporâneos. Os pacientes de cérebro dividido suscitam interesse porque tanto os indícios anatômicos como os comportamentais sugerem a existência de dois centros de consciência que, após a comissurotomia, comunicam-se entre si, mas de maneira imperfeita. Esses pacientes aparentam ter, digamos, duas mentes conscientes dentro de um só crânio.

O interesse pelo problema da integração se justifica, ao que parece, na medida em que poderia nos fornecer no microcosmo um modo de estudar a natureza da consciência. De fato, assim como o sistema visual integra todos os diferentes estímulos numa única percepção visual unificada, também o cérebro inteiro de alguma maneira une toda a variedade de nossos diferentes estímulos numa única experiência consciente unificada. Muitos pesquisadores exploraram o papel dos disparos neurônicos sincronizados na frequência de 40 Hz para explicar a capacidade de diferentes sistemas perceptivos integrarem numa única experiência perceptiva os diversos estímulos de neurônios anatomicamente distintos (Llinas, 1990; Llinas & Pare, 1991; Llinas & Ribary, 1992, 1993; Singer, 1993, 1995; Singer & Gray, 1995). No caso da visão, por exemplo, todos os neurônios anatomicamente separados, especializados em coisas como linha, ângulo e cor, contribuem para uma experiência visual consciente, única e unificada, de um objeto. Crick (1994) ampliou a proposta relativa ao problema da integração e aplicou-a a uma hipótese geral sobre os NCCs. Apresentou a hipótese experimental de que os NCCs talvez consistam em disparos neurônicos sincronizados na frequência geral de 40 Hz em várias redes no sistema tálamo-cortical, especificamente em conexões entre o tálamo e as camadas quatro e seis do córtex.

É preciso distinguir entre essa espécie de unidade instantânea e a unificação organizada de sequências conscientes que obtemos da memória recente ou icônica. Nas formas não patológicas de consciência, pelo menos certa quantidade de memória é essencial para que a sequência consciente ocorra ao longo do tempo de forma organizada. Quando digo uma frase, por exemplo, tenho de ser capaz de me lembrar do seu início no momento em que chego ao final, se pretendo apresentar um discurso coerente. Enquanto a unidade instantânea é essencial para a definição de consciência, sendo aliás parte dela, a unidade organizada ao longo do tempo é essencial para o funcionamento saudável do organismo consciente, embora não seja necessária para a própria existência da subjetividade consciente.

Essa característica combinada de subjetividade qualitativa e unificada constitui a essência da consciência e, mais do que tudo, é o que torna a consciência diferente dos outros fenômenos estudados pelas ciências naturais. O problema consiste em explicar como os processos cerebrais, que são processos objetivos de terceira pessoa biológicos, químicos e elétricos, produzem estados subjetivos de sensação e pensamento. Como o cérebro nos faz superar, por assim dizer, os eventos na fenda sináptica e nos canais iônicos, conduzindo-nos a pensamentos e sensações conscientes? Se considerarmos essa característica combinada o alvo da explicação, creio que obteremos um projeto de pesquisa distinto daquele que é hoje o mais influente. A maioria dos neurobiólogos adota o que chamo de abordagem dos blocos de construção: basta encontrar os NCCs dos elementos específicos do campo consciente, como a experiência das cores, para então construir todo o campo com base nesses blocos de construção. Outra abordagem, que chamo de abordagem do campo unificado, considera que o problema da pesquisa consiste em explicar como o cérebro produz, de saída, um campo unificado de subjetividade. Segundo a abordagem do campo unificado, não há blocos de construção, somente modificações de um campo de subjetividade qualitativa já existente. Ainda voltarei a este assunto.

Alguns filósofos e neurocientistas acreditam que jamais obteremos uma explicação da subjetividade, que jamais conseguiremos explicar por que, por exemplo, as coisas quentes dão a impressão de calor e as coisas vermelhas parecem vermelhas. Há uma resposta simples a oferecer a esses céticos: simplesmente sabemos que isso acontece. Sabemos que os processos cerebrais causam todos os nossos pensamentos e sentimentos internos, qualitativos e subjetivos. Já que sabemos que isso acontece, deveríamos tentar descobrir como acontece. Talvez fracassemos no final, mas não podemos deixar de tentar.

Muitos filósofos e cientistas também acreditam que a subjetividade dos estados conscientes impossibilita uma ciência estrita da consciência. De acordo com eles, se a ciência é objetiva por definição e a consciência é subjetiva por definição, não pode haver uma ciência da consciência. Esse argumento é falso, pois incorre na falácia da ambiguidade a respeito dos termos "objetivo" e "subjetivo". A ambiguidade consiste no fato de que seria preciso distinguir dois sentidos diferentes da distinção objetivo-subjetivo. No sentido epistêmico ("epistêmico" aqui significa aquilo que tem relação com o conhecimento), a ciência é realmente objetiva. Os cientistas buscam verdades igualmente acessíveis a todo observador apto, verdades que não dependem dos sentimentos e das atitudes dos experimentadores em questão. Um exemplo de afirmação epistemicamente objetiva seria "Bill Clinton pesa 95 quilos". Um exemplo de afirmação epistemicamente subjetiva seria "Bill Clinton é um bom presidente". A primeira é objetiva porque é possível estabelecer sua veracidade ou falsidade independentemente dos sentimentos e das atitudes dos pesquisadores. A segunda é subjetiva porque não é possível estabelecer da mesma maneira sua veracidade ou falsidade. Mas há outro sentido da distinção objetivo-subjetivo, o sentido ontológico ("ontológico" aqui significa aquilo que tem relação com a existência). Algumas entidades, como dores, cócegas e coceiras, têm um modo subjetivo de existência, pois existem somente se experimentadas por um sujeito consciente. Já as montanhas, as moléculas e as placas tectônicas têm um modo objetivo de existência, pois sua existência não depende de uma consciência. Essa distinção aponta para o fato de que a exigência científica de objetividade epistêmica não interdita a subjetividade ontológica como um domínio de investigação. Não há razão para não termos uma ciência objetiva da dor, muito embora as dores só existam quando sentidas por agentes conscientes. A subjetividade ontológica do sentimento de dor não impede uma ciência epistemicamente objetiva da dor. Apesar de muitos filósofos e neurocientistas se recusarem a pensar a subjetividade como um domínio legítimo de investigação científica, continuamos na prática a trabalhar com essa subjetividade. Qualquer manual de neurologia contém longas discussões sobre a etiologia e o tratamento de estados ontologicamente subjetivos, como dores e ansiedades.

Outras características

Para abreviar a lista, comentarei rapidamente mais algumas características da consciência.

Característica 2: a intencionalidade

O mais importante é que os estados conscientes normalmente têm "intencionalidade", aquela propriedade de muitos de nossos estados mentais de "se dirigir a" ou de "versar sobre" objetos e estados de coisas do mundo. Os filósofos empregam a palavra "intencionalidade" não apenas no sentido comum de "ter a intenção de", mas em relação a todo fenômeno mental que tenha conteúdo referencial. De acordo com esse uso, todas as crenças, esperanças, intenções, medos, desejos e percepções são intencionais. Assim, se tenho uma crença, é sobre alguma coisa. Se tenho uma experiência visual normal, deve me parecer que estou realmente vendo alguma coisa, e assim por diante. Mas nem todos os estados conscientes são intencionais, assim como nem toda intencionalidade é consciente. À ansiedade difusa, por exemplo, falta intencionalidade, e as crenças que uma pessoa tem, mesmo quando está dormindo, não são imediatamente conscientes nesse momento. A meu ver, porém, muitas das importantes funções evolutivas da consciência são evidentemente intencionais: os animais, por exemplo, têm sensações conscientes de fome e sede, ocupam-se com discriminações perceptivas conscientes, envolvem-se em ações intencionais conscientes e reconhecem conscientemente amigos e inimigos. Todos esses fenômenos são intencionais e conscientes, e também essenciais para a sobrevivência biológica. Uma descrição neurobiológica geral da consciência poderia explicar a intencionalidade dos estados conscientes. Uma descrição da visão em cores, por exemplo, naturalmente explicaria a capacidade dos agentes de discriminá-las.

*Característica 3: distinção entre o centro
e a periferia da atenção*

É realmente notável que, em meu campo consciente, eu seja capaz de mudar à vontade e a qualquer momento minha atenção de um aspecto para outro. Neste exato momento, por exemplo, não estou prestando atenção à sensação dos sapatos nos meus pés ou da camisa no meu corpo. Mas posso voltar minha atenção a isso quando quiser. Já existe uma quantidade razoável de pesquisas a respeito da atenção.

Característica 4: todas as experiências humanas conscientes implicam determinado humor

Há sempre um sabor nos estados conscientes de uma pessoa, há sempre uma resposta à pergunta "Como você está se sentindo?". Os humores não são necessariamente identificados por nomes. Neste exato momento, por exemplo, não estou nem alegre nem aborrecido, nem eufórico nem deprimido, nem mesmo entediado. Apesar disso, serei capaz de perceber intensamente meu humor se ele sofrer uma mudança drástica, por exemplo, se eu receber uma notícia muito boa ou muito ruim. Os humores não são idênticos às emoções, embora nosso humor possa nos predispor a certas emoções.

Diga-se de passagem que estamos mais perto de obter o controle farmacológico do humor com drogas como o Prozac do que de controlar outras características internas da consciência.

Característica 5: todos os estados conscientes chegam até nós na dimensão prazer/desprazer

Para cada experiência consciente completa, é sempre possível responder se foi prazerosa, dolorosa, desagradável, neutra e assim por diante. A característica prazer/desprazer não é idêntica ao humor, embora, evidentemente, alguns humores sejam mais agradáveis do que outros.

Característica 6: a estrutura gestáltica

O cérebro tem uma capacidade notável para organizar estímulos perceptivos degenerados em formas perceptivas conscientes coerentes. Com base em estímulos extremamente limitados, podemos, por exemplo, reconhecer um rosto ou um automóvel. Os exemplos mais conhecidos de estruturas gestálticas vêm das pesquisas dos psicólogos da Gestalt.

Característica 7: a familiaridade

Há um senso de familiaridade, em graus variáveis, que permeia nossas experiências conscientes. Mesmo quando vemos uma casa pela primeira vez, podemos reconhecê-la como uma casa, pois ela tem uma forma e uma estrutura que nos são familiares. Os pintores surrealistas procuraram romper com o senso de familiaridade e normalidade de nossas experiências, mas mesmo nas pinturas surrealistas o relógio derretido ainda parece um relógio e o cachorro de três cabeças ainda parece um cachorro.

Poderíamos aumentar essa lista, como fiz em outros trabalhos (Searle, 1992). Mas a questão agora é obter uma lista mínima daquelas características que gostaríamos que uma neurobiologia da consciência explicasse. A fim de buscar uma explicação causal, precisamos saber quais efeitos necessitam de explicação. Mas, antes de examinar alguns projetos de pesquisa recentes, convém estudar melhor o terreno.

O tradicional problema mente-corpo e como evitá-lo

A celeuma já mencionada entre objetividade e subjetividade é apenas a ponta do *iceberg* do tradicional problema mente-corpo. Não obstante eu acredite que os cientistas muito lucrariam se ignorassem esse problema, o fato é que eles são tão vítimas das tradições filosóficas quanto quaisquer outros, e muitos cientistas, como também muitos filósofos, ainda estão presos às categorias tradicionais de mente e corpo, mental e físico, dualismo e materialismo etc. Embora não caiba aqui uma discussão detalhada sobre o problema mente-corpo, convém dizer algo a respeito para evitar, na discussão que se segue, os mal-entendidos que engendrou.

A versão mais simples do problema mente-corpo reside em saber exatamente que relação a consciência mantém com o cérebro. Esse problema tem duas partes, uma filosófica e outra científica. Quanto à parte filosófica, adotei uma solução simples, compatível, creio, com tudo quanto sabemos sobre a biologia e sobre como o mundo funciona. Eis a solução: a consciência e outros tipos de fenômenos mentais são causados por processos neurobiológicos no cérebro e se realizam na estrutura do cérebro. Em outras palavras, a mente consciente é causada por processos cerebrais e é ela própria uma característica de nível superior do cérebro.

A parte filosófica é mais ou menos simples, mas a parte científica é bem complexa. De que modo os processos cerebrais causam a consciência e de que modo a consciência se realiza no cérebro? Convém ser muito claro na parte filosófica, porque não é possível tratar arrazoadamente da questão científica se as questões filosóficas não estiverem claras. Observemos duas características da solução filosófica. Em primeiro lugar, a relação dos mecanismos cerebrais com a consciência é causal. Os processos cerebrais causam nossas experiências conscientes. Em segundo lugar, isso não nos obriga a aceitar nenhum tipo de dualismo, porque a causação ocorre de baixo para cima e o efeito resultante é simplesmente uma característica de nível superior do próprio cérebro, e não uma substância separada. A consciência não se assemelha a um fluido secretado pelo cérebro. Um estado consciente é, antes de tudo, um estado no qual o cérebro se encontra. Assim como a água pode estar em estado líquido ou sólido, sem que a liquidez e a solidez constituam substâncias separadas, também a consciência é um estado no qual o cérebro se encontra, sem que a consciência seja uma substância separada.

Notem que apresentei a solução filosófica sem usar nenhuma das categorias tradicionais de "dualismo", "monismo" e "materialismo", entre tantas outras. Francamente, considero obsoletas essas categorias. Mas, se as tomarmos por seu valor aparente, o quadro que se apresenta é o seguinte: uma escolha entre dualismo e materialismo. De acordo com o dualismo, a consciência e outros fenômenos mentais existem num domínio ontológico inteiramente distinto do mundo físico da física, da química e da biologia. De acordo com o materialismo, a consciência, como a descrevi, não existe. Nem o dualismo nem o materialismo, segundo a interpretação tradicional de cada qual, permitem responder à nossa pergunta. O dualismo afirma que há dois tipos de fenômenos no mundo, o mental e o físico; o materialismo afirma que há apenas um, o material. O dualismo leva a uma bifurcação impossível da realidade em duas categorias separadas, o que não permite explicar a relação entre o mental e o físico. E o materialismo acaba negando a existência de quaisquer estados irredutíveis de sensibilidade ou ciência qualitativos e subjetivos. Em suma, o dualismo torna o problema insolúvel e o materialismo nega a existência de qualquer fenômeno a ser estudado e, portanto, a existência de qualquer problema.

Com base no que venho propondo, essas categorias deveriam ser totalmente rejeitadas. Sabemos o suficiente sobre como o mundo funciona para entender que a consciência é um fenômeno biológico causado por processos cerebrais e realizado na estrutura do cérebro. Ela é irredutível não porque seja inefável ou misteriosa, mas porque tem uma ontologia de primeira pessoa e, portanto, não pode ser reduzida a fenômenos com ontologia de terceira pessoa. O erro que mais se comete, tanto na ciência como na filosofia, é supor que, se rejeitarmos o dualismo, como acredito que devemos fazer, teremos de adotar o materialismo. Mas, segundo a minha concepção, o materialismo é tão confuso quanto o dualismo porque nega de antemão a existência da consciência ontologicamente subjetiva. Apenas para atribuir-lhe um nome, chamarei de naturalismo biológico a concepção resultante que nega ao mesmo tempo o dualismo e o materialismo.

Como foi que caímos nessa cilada?
Uma digressão histórica

Acreditei por muito tempo que os cientistas lucrariam se simplesmente ignorassem a história do problema mente-corpo. Hoje, no entanto, penso que, a menos que entendamos um pouco de história, sempre estaremos presos às categorias históricas. Foi num debate sobre inteligência artificial que atinei com isso. Notei que muitas das pessoas com quem eu conversava ainda estavam ligadas a Descartes, filósofo que muitas delas nem sequer haviam lido.

Na verdade, o que hoje entendemos por ciências naturais não teve início na Grécia Antiga. Os gregos sabiam quase tudo e, em particular, conheciam a extraordinária ideia de "teoria". Considerada em si, a invenção da ideia de teoria – um conjunto sistemático de proposições logicamente relacionadas que procuram explicar os fenômenos de algum domínio – talvez tenha sido a maior realização da civilização grega. Entretanto, os gregos não dominavam a prática institucionalizada da observação e da experimentação sistemáticas. Isso veio a ocorrer somente após o Renascimento, sobretudo no século XVII. Quando se combina a experimentação e a verificabilidade sistemáticas com a ideia de teoria, resulta a possibilidade de uma ciência como a que se tem hoje. Mas havia um aspecto do século XVII que, embora casual, ainda se configura como obstáculo. No século XVII, havia um conflito muito sério entre a ciência e a religião, no qual aquela era entendida como ameaça a esta. Descartes e Galileu são em parte responsáveis pela forma como foi resolvida a aparente ameaça que a ciência representava para o cristianismo ortodoxo. Descartes, em particular, argumentou que a realidade se divide em duas variedades, a mental e a física, *res cogitans* e *res extensa*. Traçou uma distinção territorial bastante útil: a religião deteria o território da alma e a ciência poderia deter a realidade material. Mas isso levou ao conceito equivocado de que à ciência caberia cuidar apenas de fenômenos objetivos de terceira pessoa e não das experiências internas qualitativas e subjetivas que constituem nossa vida consciente. Essa concepção era totalmente inofensiva no século XVII porque manteve as autoridades eclesiásticas longe dos cientistas. (Seu êxito foi apenas parcial. Descartes acabou tendo de sair de Paris e viver na Holanda, onde havia mais tolerância, e Galileu foi obrigado a fazer, perante as autoridades da Igreja, a famosa retratação de sua teoria heliocêntrica do sistema planetário.) Contudo, essa história nos deixou a tradição e a tendência de não admitir a consciência como objeto das ciências naturais, ao contrário, por exemplo, da doença, da digestão ou das placas tectônicas. A meu ver, é preciso superar essa relutância. Mas, para isso, é preciso superar a tradição histórica que nos ensinou a evitar o tópico da consciência na investigação científica.

Síntese da argumentação

Até agora, creio, conseguimos demonstrar que a consciência é um fenômeno biológico como qualquer outro e que consiste nos estados internos, qualitativos e subjetivos de perceber, sentir e pensar. Sua característica fundamental é a subjetividade unificada e qualitativa. Os estados conscientes são causados por processos neurobiológicos e se realizam na estrutura do cérebro. Afirmar isso é como dizer que os processos digestivos são causados por processos químicos no estômago e no restante do sistema digestivo e que se realizam no estômago e no sistema digestivo. A consciência difere de outros fenômenos biológicos por ter uma ontologia subjetiva ou de primeira pessoa. Mas a subjetividade ontológica não nos impede de ter objetividade epistêmica. Ainda é possível chegar a uma ciência objetiva da consciência. As categorias tradicionais do dualismo e do materialismo foram abandonadas pela mesma razão que determinou o abandono das categorias do flogisto e dos espíritos vitais: nenhuma delas tem aplicação no mundo real.

O estudo científico da consciência

Como, então, devemos proceder na investigação científica dos fenômenos envolvidos?

De um ponto de vista externo, isso pode parecer enganosamente simples. O procedimento exige três passos. Primeiro, descobrir os eventos neurobiológicos correlacionados com a consciência (os NCCs). Segundo, verificar por meio de experimentos se a correlação é uma relação causal autêntica. E, terceiro, tentar desenvolver uma teoria, idealmente na forma de um de conjunto de leis, que formalizaria as relações causais.

Esses três passos são bem característicos da história da ciência. Tomemos o desenvolvimento da teoria microbiana das doenças. Primeiro, descobrimos correlações entre fenômenos empíricos brutos. Depois, testamos as correlações de causalidade manipulando uma variável e verificando como isso afeta as outras. Em seguida, desenvolvemos uma teoria dos mecanismos envolvidos e a testamos com mais experimentos. Em Viena, nos anos 1840, por exemplo, Semmelweis descobriu que pacientes obstétricas em hospitais morriam mais frequentemente de febre puerperal do que as mulheres que permaneciam em casa. Ele então considerou a situação mais atentamente e descobriu que as mulheres examinadas por estudantes de medicina que haviam acabado de sair da sala de autópsia sem lavar as mãos apresentavam uma taxa excepcionalmente alta de febre puerperal. Havia nisso uma correlação empírica. Quando ele obrigou esses jovens médicos a lavar as mãos em cal clorado, a taxa de mortalidade despencou. Semmelweis ainda não dispunha da teoria microbiana das doenças, mas avançava nessa direção. Em relação ao estudo da consciência, somos como Semmelweis em sua fase inicial.

No momento em que escrevo este artigo, ainda estamos procurando os NCCs. Suponhamos que cheguemos a descobrir, como certa vez propôs Crick a título de hipótese experimental, que o correlato neurobiológico da consciência é um conjunto de disparos neurônicos entre o tálamo e as camadas quatro e seis do córtex, na frequência de 40 Hz. Esse seria o primeiro passo, enquanto o seguinte seria manipular os fenômenos em questão para verificar a possibilidade de demonstrar uma relação causal. Idealmente, precisamos verificar se o NCC em questão é ao mesmo tempo necessário e suficiente para a existência da consciência. Para demonstrar a necessidade, procuraríamos descobrir se um sujeito cujo suposto NCC fosse eliminado perderia, por essa razão, a consciência; para demonstrar a suficiência, procuraríamos descobrir se outro sujeito inconsciente poderia voltar a ter consciência pela indução do suposto NCC. Casos puros de suficiência causal são raros na biologia, e normalmente temos de entender a noção das condições diante de um conjunto de pressuposições básicas, isto é, em um contexto biológico específico. Desse modo, nossas condições suficientes para a consciência provavelmente atuariam apenas num sujeito que estivesse vivo, com o cérebro funcionando em certo nível de atividade, a uma temperatura adequada e assim por diante. No entanto, o que estamos tentando estabelecer de maneira ideal é uma prova de que o elemento não está somente correlacionado com a consciência, mas também que é, ao mesmo tempo, causalmente necessário e suficiente para a presença da consciência, mantendo-se inalteradas as demais condições. De um ponto de vista externo, esse parece o modo ideal de proceder. Sendo assim, por que ainda não foi experimentado? Não sei dizer. O que acontece, por exemplo, é que é muito difícil descobrir um NCC exato. Os instrumentos atuais de investigação, sobretudo a tomografia por emissão de pósitrons, a tomografia axial computadorizada e certas técnicas funcionais de ressonância magnética, ainda não identificaram os NCCs. Há diferenças interessantes entre tomografias feitas em sujeitos conscientes e sujeitos em sono REM, de um lado, e em sujeitos em sono de ondas lentas, de outro. Mas não é fácil saber quantas dessas diferenças têm relação com a consciência. Muitos dos fenômenos que ocorrem no cérebro do sujeito consciente e do sujeito inconsciente não têm relação alguma com a produção da consciência. Se considerarmos um sujeito que já esteja consciente, é possível fazer partes do seu cérebro se iluminarem* quan-

---

* A tomografia por emissão de pósitrons tem a capacidade de evidenciar em cores brilhantes as regiões do cérebro onde as células nervosas estão trabalhando durante alguma tarefa mental. (N. da R. T.)

do ele efetua várias tarefas cognitivas, como as da percepção e da memória. Mas isso não revela a diferença entre estar consciente de modo geral e estar totalmente inconsciente. Assim, para demonstrar esse primeiro passo, parece que as tecnologias de pesquisa do cérebro ainda estão num estágio muito incipiente. Apesar de toda a propaganda em torno do desenvolvimento de técnicas de imagem, ainda não descobrimos, até onde consta, uma maneira de capturar uma imagem do NCC.

Com tudo isso em mente, vamos nos concentrar agora em certos esforços efetivos que têm sido empenhados para resolver o problema da consciência.

A abordagem padrão da consciência: o modelo dos blocos de construção

A maioria dos teóricos adota tacitamente a teoria de blocos de construção da consciência: o campo consciente como um todo é constituído por suas várias partes: a experiência visual do vermelho, o gosto do café, a sensação do vento que entra pela janela. Em tese, se pudéssemos descobrir o que torna consciente pelo menos um bloquinho de construção, teríamos a chave de toda a estrutura. Se conseguíssemos, por exemplo, decifrar a consciência visual, teríamos a chave de todas as outras modalidades. Essa opinião é patente na obra de Crick & Koch (1998). Pensam eles que, se conseguíssemos encontrar o NCC relativo à visão, seríamos capazes de explicar a consciência visual. A partir daí, saberíamos exatamente o que procurar a fim de encontrar o NCC relativo à audição e às outras modalidades; e, dispondo todos juntos, teríamos o campo consciente completo.

A defesa mais consistente e mais original que conheço da teoria dos blocos de construção é de autoria de Bartels & Zeki (1998) (Zeki & Bartels, 1998). Os dois entendem a atividade de integração do cérebro não como algo capaz de gerar uma experiência consciente unificada, mas sim capaz de reunir grande quantidade de experiências já conscientes. Segundo eles (Bartels & Zeki, 1998, p. 2.327), "a consciência não é uma faculdade unitária; ao contrário (...), consiste em muitas microconsciências". Nosso campo de consciência é, assim, constituído de muitos blocos de construção de microconsciências. "Em cada etapa ou nó de um sistema perceptivo de processamento, a atividade tem um correlato consciente. A atividade celular de integração em diferentes nós é, portanto, não um processo que precede ou mesmo facilita a experiência consciente, mas que unifica diferentes experiências conscientes." (Bartels & Zeki, 1998, p. 2.330.)

Há pelo menos três linhas de pesquisa compatíveis com a teoria dos blocos de construção, que inclusive são usadas frequentemente para sustentá-la.

Visão às cegas

"Visão às cegas" é o nome dado pelo psicólogo Weiskrantz ao fenômeno por meio do qual certos pacientes com lesão em V1* podem relatar incidentes em seu campo visual mesmo que não relatem a consciência visual do estímulo. Por exemplo: no caso de D. B., o primeiro paciente estudado, se um "X" ou um "O" fosse

---

* Sigla para área visual primária, localizada no córtex occipital. (N. da R. T.)

apresentado numa tela à porção cega do seu campo visual , ele negaria ter visto alguma coisa. Mas, se lhe pedissem para tentar adivinhar, responderia corretamente que se tratava de um "X" ou um "O". Seus palpites estavam quase sempre certos. Além disso, os pacientes submetidos a tais experimentos em geral se surpreendiam com os resultados. Quando o experimentador perguntou a D. B., numa entrevista após um dos experimentos, se tinha noção de como tinha se saído bem, ele respondeu que não, porque não tinha conseguido ver absolutamente nada (Weiskrantz, 1986, p. 24). Depois disso, a pesquisa foi levada adiante com grande número de pacientes, e agora a visão às cegas é também induzida experimentalmente em macacos (Stoerig & Cowey, 1997).

Para alguns pesquisadores, a visão às cegas pode ser a chave para entender a consciência. O argumento é o seguinte: no caso da visão às cegas, temos uma diferença clara entre a visão consciente e o processamento inconsciente de informação. Ao que parece, se pudéssemos descobrir a diferença fisiológica e anatômica entre a visão regular e a visão às cegas, teríamos a chave para analisar a consciência, porque haveria uma clara distinção neurológica entre os casos conscientes e os inconscientes.

Rivalidade binocular e mudança gestáltica

Uma proposta entusiasmante para encontrar o NCC relativo à visão consiste em estudar casos nos quais o estímulo externo é constante, ao passo que a experiência interna e subjetiva varia. Dois exemplos são a mudança gestáltica, na qual a mesma figura, como o cubo de

Neckar, é percebida de duas maneiras diferentes, e a rivalidade binocular, na qual diferentes estímulos são apresentados a cada olho, mas a experiência visual em qualquer instante é a de um ou de outro estímulo, não de ambos. Em casos como esses, o experimentador tem a oportunidade de isolar um NCC específico relativo à experiência visual, independentemente dos correlatos neurobiológicos do estímulo da retina (Logothetis, 1998; Logothetis & Schall, 1989). O dado fascinante dessa pesquisa é que ela parece conseguir isolar um NCC específico para uma experiência consciente específica. Como o estímulo externo é constante e há (pelo menos) duas experiências conscientes diferentes, *A* e *B*, deve existir, ao que parece, algum ponto nos caminhos neurais onde uma sequência de eventos neurais causa a experiência *A* e outro ponto onde uma segunda sequência causa a experiência *B*. Se descobrirmos esses dois pontos, teremos encontrado os NCCs específicos relativos a dois blocos de construção diferentes do mesmo campo consciente.

Os correlatos neurais da visão

Talvez a maneira mais óbvia de procurar o NCC seja rastrear as causas neurobiológicas de uma modalidade perceptiva específica, como a visão. Em artigo recente, Crick & Koch (1998) adotam uma hipótese de trabalho segundo a qual apenas alguns tipos específicos de neurônios manifestariam o NCC. Para eles, nenhum dos NCCs da visão está localizado em V1 (Crick & Koch, 1995). A razão para pensar que a área V1 não contém o NCC é que ela não forma com os lobos frontais uma conexão que lhe permitiria contribuir diretamente para o aspecto essencial de processamento de informação da percepção visual. A ideia é que a função da consciência visual consiste em fornecer informação visual diretamente às partes do cérebro que organizam o *output* motor voluntário, incluindo a fala. Portanto, como a informação em V1 é recodificada em áreas visuais subsequentes e não se transmite diretamente para o córtex frontal, eles acreditam que V1 não está diretamente correlacionada com a consciência visual.

Dúvidas sobre a teoria dos blocos de construção

A teoria dos blocos de construção pode estar correta, mas revela aspectos inquietantes. O mais importante é que toda a pesquisa feita para identificar os NCCs foi realizada com indivíduos já conscientes, independentemente do NCC em questão. Vamos à ordem dos fatos. O problema da pesquisa sobre a visão às cegas como método para a descoberta do NCC é que os pacientes em questão somente exibem visão às cegas se já estiverem conscientes. Ou seja, é apenas no caso de pacientes completamente conscientes que podemos extrair os dados de processamento de informação que obtemos nos exemplos de visão às cegas. Desse modo, não podemos investigar a consciência em geral estudando a diferença entre o paciente com visão às cegas e o paciente com visão normal, porque ambos estão completamente conscientes. Pode ser que, em nossa teoria da consciência, precisemos mesmo é de uma explicação do campo consciente que seja essencial para a visão às cegas, para a visão normal ou para qualquer outra modalidade sensorial.

Ressalvas semelhantes aplicam-se aos experimentos de rivalidade binocular. Toda essa pesquisa é imensamente valiosa, mas ainda não sabemos de que modo nos levará a compreender as diferenças exatas entre o cérebro consciente e o cérebro inconsciente, porque em ambas as experiências de rivalidade binocular o cérebro está completamente consciente.

Crick (1996) e Crick & Koch (1998) investigaram também apenas indivíduos que já estavam conscientes. O que queremos saber é: como é possível que um indivíduo tenha a simples consciência, de qualquer tipo que seja? Se ele já está consciente, sua consciência será modificada ao ter uma experiência visual, mas não se pode concluir a partir disso que a consciência seja constituída por vários blocos de construção e que a experiência visual seja apenas um desses blocos.

Gostaria de apresentar as minhas dúvidas com mais precisão. Há pelo menos duas hipóteses possíveis.

1. A teoria dos blocos de construção: o campo consciente é constituído de pequenos componentes que se combinam para formá-lo. Encontrar o NCC causal relativo a qualquer componente equivale a encontrar um elemento que seja causalmente necessário e suficiente para essa experiência consciente. Assim, encontrar ao menos um componente seria o equivalente a decifrar, de certo modo, o problema da consciência.
2. A teoria do campo unificado (explicada mais detalhadamente a seguir): as experiências conscientes ocorrem num campo unificado. Para ter uma experiência visual, é preciso que o indivíduo já esteja consciente e a experiência seja uma modificação do campo. Nem a

visão às cegas, nem a rivalidade binocular, nem a visão normal podem nos fornecer um NCC causal autêntico, porque somente indivíduos já conscientes podem ter essas experiências.

É importante ressaltar que ambas são hipóteses empíricas rivais a serem provadas por meio de pesquisas científicas e não de argumentos filosóficos. Por que, então, prefiro a hipótese 2 à hipótese 1? A teoria dos blocos de construção supõe que um indivíduo totalmente inconsciente – considerando que atendesse a determinadas condições fisiológicas mínimas (está vivo, tem o cérebro funcionando normalmente, apresenta temperatura normal etc.), e se fosse possível disparar o NCC para, digamos, a experiência da cor vermelha – poderia ter repentinamente uma experiência consciente do vermelho e nada mais que isso. Um bloco de construção não é superior a outro. As pesquisas podem vir a provar que estou equivocado, mas, com base no pouco que sei sobre o cérebro, não creio que isso seja possível. Apenas um cérebro que já ultrapassou o limiar da consciência, que já possui um campo consciente, pode ter uma experiência visual da cor vermelha.

Além disso, na teoria de estágios múltiplos de Bartels & Zeki (1998) (Zeki & Bartels, 1998), todas as microconsciências são capazes de uma existência separada e independente. Não sei bem o que isso significa. O que conheço é a impressão de experimentar meu campo consciente atual, mas quem realmente experimenta todas essas minúsculas microconsciências? E o que sentiríamos caso cada uma delas existisse separadamente?

A consciência basal e uma teoria do campo unificado

Essas questões podem ser analisadas por meio de outra abordagem de pesquisa. Imaginemo-nos acordando de um sono sem sonhos num quarto completamente escuro. Até então, não temos um fluxo coerente de pensamento e quase nenhum estímulo perceptivo. Exceto o contato do corpo com a cama e o lençol, não estamos recebendo nenhum estímulo sensível externo. Não obstante, é necessário que haja uma diferença no nosso cérebro entre o estado de vigília mínima no qual estamos agora e o estado de inconsciência no qual estávamos. É essa diferença, a meu ver, o NCC que teríamos de procurar. E esse estado de vigília é a chamada consciência basal ou de fundo.

Agora acendemos a luz, levantamo-nos, caminhamos e assim por diante. O que passa a acontecer? Criamos novos estados conscientes? Em certo sentido é claro que sim, porque antes não estávamos conscientemente atentos aos estímulos visuais como estamos agora. Mas, em relação à totalidade do campo da consciência, as experiências visuais seriam partes de um todo? Isso é o que quase todo o mundo pensa e o que eu costumava pensar, mas eis outra maneira de considerar os fatos. Pensemos na experiência visual da mesa não como um objeto que está dentro do campo consciente, do mesmo modo que ela está dentro da sala; antes, pensemos na experiência como uma modificação do campo consciente, como uma nova forma que o campo unificado assume. Como Llinas e seus colegas afirmaram, a consciência é "mais modulada do que gerada pelos sentidos" (Llinas *et al.*, 1998, p. 1.841).

Quero evitar a metáfora parte-todo, e também a metáfora do proscênio. Não devemos pensar minhas novas experiências como novos atores no palco da consciência, mas como novos contornos, novas formas ou novas características no campo unificado da consciência. Qual é a diferença? A metáfora do proscênio nos oferece um fundo de cena constante, com vários atores presentes nele. A meu ver, isso está errado. Há somente o campo consciente unificado, nada mais, e este assume diferentes formas.

Se esta é a maneira certa de ver as coisas (e, de novo, esta é uma hipótese minha, nada mais), então chegamos a um tipo diferente de projeto de pesquisa. Não existe uma consciência visual separada, e por isso procurar o NCC da visão é pura perda de tempo. Somente o indivíduo já consciente é capaz de ter experiências visuais; portanto, a introdução de experiências visuais não é uma introdução de consciência, mas a modificação de uma consciência preexistente.

De acordo com o programa de pesquisa implícito na hipótese da consciência como um campo unificado, a certa altura precisaremos investigar a condição geral do cérebro consciente, contrapondo-a à condição do cérebro inconsciente. Não conseguiremos explicar o fenômeno geral da subjetividade qualitativa unificada procurando NCCs locais específicos. A questão fundamental não reside em qual é o NCC relativo à consciência visual, mas em como o sistema visual introduz experiências visuais num campo consciente já unificado e em como o cérebro cria, de saída, esse campo consciente unificado. O problema torna-se mais específico. Estamos tentando descobrir quais características de um sistema constituído por cem bilhões de elementos distintos – os neurônios –, conectados por sinapses, podem produzir um campo consciente como o que descrevi. A consciência é unificada e holística no sentido comum da palavra, mas o cérebro não é unificado e holístico nesse mesmo sentido. O que temos de procurar é uma atividade massiva do cérebro, capaz de produzir uma experiência consciente unificada e holística. Por razões que agora conhecemos graças aos estudos das lesões, é improvável que essa atividade seja uma propriedade global do cérebro, e temos bons motivos para crer que a atividade no sistema tálamo-cortical é provavelmente o lugar onde se deve procurar a consciência de campo unificado. A hipótese de trabalho seria a seguinte: a consciência está instalada em grande parte no sistema tálamo-cortical e os vários outros sistemas fornecem informação para esse sistema, produzindo modificações correspondentes às várias modalidades sensoriais. Trocando em miúdos, não creio que encontraremos a consciência visual no sistema visual e a consciência auditiva no sistema auditivo. Encontraremos um só campo consciente unificado contendo aspectos visuais, auditivos etc.

Note-se que, se estiver correta, essa hipótese resolverá automaticamente o problema da integração da consciência. A produção de todo e qualquer estado de consciência pelo cérebro é a produção de uma consciência unificada.

Somos tentados a pensar que nosso campo consciente é constituído de vários componentes – visuais, táteis, auditivos, fluxo de pensamento etc. A abordagem que considera as coisas grandes como constituídas de coisas pequenas fez tamanho sucesso na ciência que mal conseguimos resistir a ela. A teoria atômica, a teoria celular e a teoria microbiana são exemplos disso. O ímpeto de pensar que também a consciência se constitui de pequenos blocos de construção é avassalador. Mas acho que isso pode ser um equívoco. Talvez devamos pensar a consciência holisticamente, e pode ser que assim consigamos dar sentido à afirmação de que "o todo é maior do que a soma das partes". De fato, talvez seja um equívoco pensar a consciência como composta de partes. Afirmo que, se pensarmos a consciência holisticamente, os aspectos que mencionei até aqui, em especial nossa combinação original de subjetividade, qualidade e unidade numa só característica, parecerão menos misteriosos. Em vez de pensar meu estado atual de consciência como constituído de várias partes – a percepção da tela do computador, o som do riacho lá fora, as sombras projetadas na parede pelo sol do fim da tarde –, devemos pensar tudo isso como modificações e formas que o campo consciente basal subjacente assume depois de meus terminais nervosos periféricos serem acionados pelos vários estímulos externos. Do ponto de vista da pesquisa científica, isso implica que devemos pesquisar a consciência como característica cerebral que resulta das atividades de grandes massas de neurônios, característica essa que não pode ser explicada pelas atividades de neurônios individuais. Em suma, insisto para que levemos a sério a abordagem do campo unificado como alternativa à abordagem mais comum dos blocos de construção.

Variações da teoria do campo unificado

A ideia de que devemos investigar a consciência como um campo unificado não é nova – remonta, no mínimo, à doutrina kantiana da unidade transcendental da apercepção (Kant, 1787). Na neurobiologia, não encontrei nenhum autor contemporâneo que trace uma distinção clara entre o que chamo de teoria dos blocos de construção e teoria do campo unificado. No entanto, pelo menos duas linhas de pesquisa contemporânea são compatíveis com a abordagem recomendada aqui: os trabalhos de Llinas e seus colegas (Llinas, 1990; Llinas *et al.*, 1998) e os de Tononi, Edelman e Sporns (Tononi & Edelman, 1998; Tononi *et al.*, 1992, 1998).

Na concepção de Llinas e seus colegas (Llinas *et al.*, 1998), não devemos pensar a consciência como algo produzido por *inputs* sensoriais, e sim como um estado funcional de grandes porções do cérebro, principalmente o sistema tálamo-cortical. Também devemos pensar que os *inputs* sensoriais servem para modular uma consciência preexistente, em vez de criarem a consciência a partir do nada. Segundo a concepção desses autores, a consciência é um estado "intrínseco" do cérebro e não uma resposta a *inputs* de estímulos sensoriais. Os sonhos interessam-lhes muito, porque durante o sonho o cérebro está consciente mas é incapaz de perceber o mundo externo por *inputs* sensoriais. Eles acreditam que o NCC é uma atividade oscilatória sincronizada do sistema tálamo-cortical (Llinas *et al.*, 1998, p. 1.845).

Tononi e Edelman (1998) propuseram o que chamam de hipótese do núcleo dinâmico. Impressiona-os o fato de a consciência ter duas propriedades notáveis: a unidade já mencionada e a extrema diferenciação ou complexidade dentro de qualquer campo consciente. Isso lhes sugere que não devemos procurar a consciência numa forma específica de tipo neuronal, e sim nas atividades de grandes populações neuronais. Eles buscam o NCC relativo à unidade da consciência na rápida integração obtida por meio de mecanismos de reentrada do sistema tálamo-cortical. A ideia deles é que, para explicar a combinação de integração e diferenciação em qualquer campo consciente, é preciso identificar grandes aglomerados de neurônios que funcionem juntos, que disparem em sincronia. Além disso, esse aglomerado, que eles chamam de aglomerado funcional, também deve revelar grande diferenciação dentro de seus elementos componentes para explicar os diferentes elementos da consciência. Consideram que os disparos sincrônicos entre as regiões corticais situadas entre o córtex e o tálamo são um indicador indireto dessa aglomeração funcional. Então, identificado esse aglomerado funcional, desejam investigar se ele contém diferentes padrões de atividade de estados neuronais. Apresentam a hipótese do núcleo dinâmico da consciência como uma combinação da aglomeração funcional com a diferenciação. Acreditam que um processo neural unificado de alta complexidade constitui um "núcleo dinâmico". Consideram também que o núcleo dinâmico não está espalhado pelo cérebro, mas se encontra sobretudo nas regiões tálamo-corticais, especialmente nas envolvidas na categorização perceptiva, e contém mecanismos de reentrada do tipo que Edelman discutiu em seus primeiros livros (1989, 1992). Em estudo mais recente, eles e seus colegas (Srinivasan *et al.*, 1999) afirmam ter encontrado uma prova direta do papel do mapeamento de reentrada no NCC. A exemplo dos adeptos da teoria dos blocos de construção, eles buscam NCCs semelhantes àqueles que podem ser descobertos nos estudos da rivalidade binocular.

No meu entender, essa concepção parece combinar características da abordagem dos blocos de construção com as da abordagem do campo unificado.

Conclusão

A meu ver, o mais importante problema das ciências biológicas é hoje o da consciência. Creio que chegamos a um ponto em que podemos tratá-lo como um problema biológico semelhante a qualquer outro. Durante décadas, duas concepções equivocadas retardaram as pesquisas: primeiro, a concepção de que a consciência é somente um tipo especial de programa de computador, um *software* especial no *hardware* do cérebro; segundo, a concepção de que a consciência é somente uma questão de processamento de informação. O tipo certo de processamento de informação – ou, de acordo com algumas opiniões, qualquer tipo de processamento de informação – seria suficiente para garantir a consciência. Fiz longas críticas a essas opiniões em outros contextos (Searle, 1980, 1992, 1997) e não as retomarei aqui. Importa ter em mente, porém, quanto essas opiniões são profundamente antibiológicas. De acordo com elas, o cérebro não tem importância nenhuma. Por mero acaso a consciência está implantada no cérebro, mas qualquer *hardware* que pudesse executar o programa ou processar a informação serviria igualmente bem. Creio, ao contrário, que é crucial à compreensão da natureza da consciência entender de que modo os processos cerebrais causam e realizam a consciência. Talvez, quando entendermos como o cérebro faz isso, possamos construir artefatos conscientes usando alguns materiais não biológicos capazes de reproduzir, e não somente simular, os poderes causais que o cérebro possui. Mas antes precisamos entender como ele faz isso.

Bibliografia citada

Bartels A., Zeki S. 1998. The Theory of Multistage Integration in the Visual Brain. *Proc. R. Soc. London Ser. B* 265:2327-32.

Cotterill R. 1998. *Enchanted Looms: Consciousness Networks in Brains and Computers*. Cambridge, Inglaterra: Cambridge University Press.

Crick F. 1994. *The Astonishing Hypothesis: the Scientific Search for the Soul*. Nova York: Scribner.

———. 1996. Visual Perception: Rivalry and Consciousness. *Nature* 379:485-86.

———, Koch C. 1995. Are We Aware of Neural Activity in Primary Visual Cortex? *Nature* 374:121-23.

———, ———. 1998. Consciousness and Neuroscience. *Cereb. Cortex* 8:97-107.

Damasio A. 1999. *The Feeling of What Happens, Body and Emotion in the Making of Consciousness*. Nova York: Harcourt Brace Jovanovich.

Edelman G. 1989. *The Remembered Present: a Biological Theory of Consciousness*. Nova York: Basic Books.

———. 1992. *Bright Air, Brilliant Fire: on The Matter of the Mind*. Nova York: Basic Books.

Freeman W. 1995. *Societies of Brains: a Study in the Neuroscience of Love and Hate*. Hillsdale, NJ: Erlbaum.

Gazzaniga M. 1988. *How Mind and Brain Interact to Create Our Conscious Lives*. Boston: Houghton Mifflin; e Cambridge, MA: em conjunto com MIT Press.

———. 1998. The Split Brain Revisited. *Sci. Am.* 279:35-9.

———, Bogen J., Sperry R. 1962. Some Functional Effects of Sectioning the Cerebral Commissures in Man. *Proc. Natl. Acad. Sci. USA* 48:1.765-69.

———, ———. 1963. Laterality Effects in Somesthesis Following Cerebral Commissurotomy in Man. *Neuropsychologica* 1:209-15.

Greenfield S. 1995. *Journeys to the Centers of the Mind: Toward a Science of Consciousness*. Nova York: Freeman.

Hameroff S. 1998a. Funda-Mentality: is the Conscious Mind Subtly Linked to a Basic Level of the Universe? *Trends Cogn. Sci.* 2(4):119-27.

Hameroff S. 1998b. Quantum Computation in Brain Microtubules? The Penrose-Hameroff "Orch OR" Model of Consciousness. *Phil. Trans. R. Soc. London Ser. A* 356:1.869-96.

Hobson J. 1999. *Consciousness*. Nova York: Sci. Am Lib./Freeman.

Kant I. 1787. *The Critique of Pure Reason*. Riga: Hartknock.

Libet B. 1993. *Neurophysiology of Consciousness: Selected Papers and New Essays*. Boston: Birkhauser.

Llinas R. 1990. Intrinsic Electrical Properties of Mammalian Neurons and CNS Function. *Fidea Res. Found. Neurosci. Award Lect.* 4:1-10.

———, Pare D. 1991. Of Dreaming and Wakefulness. *Neuroscience* 44:521-35.

———, Ribary U. 1992. Rostrocaudal Scan in Human Brain: a Global Characteristic of the 40-Hz Response During Sensory Input. *Induced Rhythms in the Brain*. Org. Basar, Bullock, Boston: Birkhauser, p. 147-54.

———, ———. 1993. Coherent 40-Hz Oscillation Characterizes Dream State in Humans. *Proc. Natl. Acad. Sci. USA* 90:2.078-81.

———, ———, Contreras D., Pedroarena C. 1998. The Neuronal Basis for Consciousness. *Phil. Trans. R. Soc. London Ser. B* 353:1841-49.

Logothetis N. 1998. Single Units and Conscious Vision. *Phil. Trans. R. Soc. London Ser. B* 353:1.801-18.

———, Schall J., 1989. Neuronal Correlates of Subjective Visual Perception. *Science* 245:761-63.

Nagel T, 1974. What is It Like to be a Bat? *Philos. Rev.* 83:435-50.

Penrose R. 1994. *Shadows of the Mind: a Search for the Missing Science of Consciousness*. Nova York: Oxford University Press.

Pribram K. 1976. Problems Concerning the Structure of Consciousness. *Consciousness and Brain: a Scientific and Philosophical Inquiry*. Org. G. Globus, G. Maxwell, I. Savodnik. Nova York: Plenum, pp. 297-313.

———. 1991. *Brain and Perception: Holonomy and Structure in Figural Processing*. Hillsdale, NJ: Erlbaum.

Searle J. R. 1980. Minds, Brains and Programs. *Behav. Brain Sci.* 3:417-57.

———. *A redescoberta da mente*. São Paulo: Martins Fontes, 2006.

Searle J. R. 1997. *The Mystery of Consciousness*. Nova York: NY Rev. Book.

Singer W. 1993. Synchronization of Cortical Activity and Its Putative Role in Information Processing and Learning. *Annu. Rev. Physiol.* 55:349-75.

———. 1995. Development and Plasticity of Cortical Processing Architectures. *Science* 270:758-64.

———, Gray C. 1995. Visual Feature Integration and the Temporal Correlation Hypothesis. *Annu. Rev. Neurosci.* 18:555-86.

Srinivasan R., Russell D., Edelman G., Tononi G. 1999. Frequency Tagging Competing Stimuli in Binocular Rivalry Reveals Increased Synchronization of Neuromagnetic Responses During Conscious Perceptions. *J. Neurosci*.

Stoerig P., Cowey A. 1997. Blindsight in Man and Monkey. *Brain* 12:535-59.

Tononi G., Edelman G. 1998. Consciousness and Complexity. *Science* 282:1.846-51.

———, ———, Sporns O. 1998. Complexity and Coherency: Integrating Information in the Brain. *Trends Cogn. Sci.* 2:12:474-84.

———, ———, 1992. Reentry and the Problem of Integrating Multiple Cortical Areas: Simulation of Dynamic Integration in the Visual System. *Cereb. Cortex* 2:310-35.

———, Srinivasan R., Russell D., Edelman G. 1998. Investigating Neural Correlates of Conscious Perception by Frequency-Tagged Meuromagnetic Responses. *Proc. Natl. Acad. Sci. USA* 95:3.198-203.

Weiskrantz L. 1986. *Blindsight: a Case Study and Implications*. Nova York: Oxford University Press.

———. 1997. *Consciousness Lost and Found*. Oxford, Inglaterra: Oxford University Press.

Zeki S., Bartels A. 1998. The Autonomy of the Visual Systems and the Modularity of Conscious Vision. *Phil. Trans. R. Soc. London Ser.* B 353:1.911-14.

4. AS MENTES DOS ANIMAIS[1]

I

Muitas espécies de animais têm consciência, intencionalidade e processos de pensamento. Por "consciência" entendo os estados subjetivos de sensibilidade e ciência que experimentamos durante a vida desperta (e, num nível inferior de intensidade, nos sonhos); por "intencionalidade" entendo a característica da mente que a faz dirigir-se a coisas e estados de coisas no mundo ou tê-los por objetos; e por "processos de pensamento" entendo as sequências temporais de estados intencionais sistematicamente relacionados uns aos outros, cuja inter-relação obedece a alguns princípios racionais. Exemplos de estados conscientes: sentir uma dor ou ouvir um som. Exemplos de estados intencionais: querer comer ou achar que alguém se aproxima. Exemplos de processos de pensamento: imaginar como apanhar uma banana

---

1. Publicado nesta edição com a permissão de *Midwest Studies in Philosophy*, vol. XIX, 1994, 206-19.

que está fora do alcance ou monitorar o comportamento da caça que se move e tenta escapar. Embora se sobreponham, esses três fenômenos – consciência, intencionalidade e processos de pensamento – não são idênticos. Alguns estados conscientes são intencionais, outros, não. Alguns estados intencionais são conscientes, mas muitos não o são. Por exemplo: meu pensamento atual de que é improvável que chova é consciente; minha crença, quando estou dormindo, de que Bill Clinton é o presidente dos Estados Unidos é inconsciente. Todos os processos de pensamento, como os defini, são intencionais, mas nem todos os estados intencionais ocorrem como parte de um processo de pensamento. Por exemplo: uma forte ansiedade difusa, embora consciente, não é intencional. O súbito desejo de tomar uma cerveja gelada é tanto consciente como intencional. É possível que um animal repentinamente sinta uma fome extrema sem que isso constitua parte de um processo de pensamento.

Afirmei que muitas espécies de animais têm consciência, intencionalidade e processos de pensamento. Ora, por que acredito tanto nisso? Por que, por exemplo, acredito tanto que meu cachorro, Ludwig Wittgenstein Searle, é consciente? Bem, por que ele acredita tanto que eu sou consciente? A meu ver, parte da resposta correta, tanto no caso de Ludwig como no meu, consiste em que qualquer outra possibilidade está fora de questão. Conhecemo-nos há bastante tempo, de modo que não há realmente nenhuma sombra de dúvida.

Do ponto de vista filosófico, a questão que interessa é: por que, na filosofia e na ciência, temos tanta dificuldade em considerar corretos esses tipos de resposta? Voltarei a este ponto mais adiante. Por ora, quero virar a questão original do avesso e perguntar: por que tantos pensadores negaram o que deveria ser óbvio, a saber, que muitas espécies de animais diferentes da nossa têm consciência, intencionalidade e processos de pensamento? Pensemos por um momento em como essas negações podem ser contraintuitivas: chego a minha casa vindo do trabalho e Ludwig corre para me receber. Ele pula para lá e para cá e balança o rabo. Tenho certeza de que: (a) ele está consciente; (b) ele está ciente de minha presença (intencionalidade); e (c) essa percepção produz nele um estado de prazer (processo de pensamento). Como pode alguém negar a, b ou c? O homônimo dele poderia ter dito: "Eis como jogamos o jogo da linguagem com a palavra 'certeza'." Considerarei agora algumas dessas negações.

II

Nos séculos XVII e XVIII, em resposta à revolução cartesiana, do ponto de vista filosófico e teológico fazia sentido perguntar se os animais tinham mente. Se houvesse, como Descartes nos tinha ensinado, dois tipos de substâncias no universo, a substância mental – cuja essência é o pensamento ou a consciência – e a substância física – cuja essência é a extensão –, então a questão se tornaria premente: quais das substâncias extensas animadas teriam mente? Quais das substâncias vivas teriam consciência?

A dicotomia aristotélica básica entre o vivo e o não vivo foi superada por uma dicotomia ainda mais fundamental entre as coisas que têm mente e as que não a têm. A questão se tornou ainda mais premente quando as pessoas refletiram sobre as implicações teológicas de quaisquer respostas filosóficas que poderiam dar. A opinião do senso comum, segundo a qual os animais superiores são conscientes exatamente no mesmo sentido em que os seres humanos o são, resulta no fato de que cada animal possui uma alma imortal. Isso porque a teoria cartesiana sobre a natureza do mental e sobre a distinção entre o mental e o físico tem como implicação a ideia de que a consciência é indestrutível. Toda substância mental é indivisível; portanto, dura eternamente. Mas, se animais têm consciência, segue-se que eles possuem almas imortais, e a vida futura ficará, no mínimo, superpovoada. Pior ainda: se a consciência estende-se até os mais baixos degraus da escala filogenética, então a população da vida futura virá a incluir grande número de almas de pulgas, lesmas, formigas e assim por diante. Eis uma consequência teológica indesejável de uma doutrina filosófica que parecia plausível.

Mesmo os teólogos não cartesianos depararam com outro problema: se os animais são conscientes, são passíveis de sofrer. Mas, se são passíveis de sofrer, como justificar seu sofrimento, uma vez que não cometeram o pecado original e, como é de presumir, não têm livre-arbítrio? Os argumentos empregados a fim de conciliar a existência de um Deus onipotente e benevolente com uma população humana sofredora parecem não valer para os animais.

Hoje consideramos completamente implausíveis esses modos de pensar o problema da mente dos animais, e os cartesianos forneceram uma solução igualmente implausível: na sua concepção, eles simplesmente não têm mente. São autômatos inconscientes e, apesar de sentirmos pena de um cachorro esmagado pela roda de um carro, nossa pena é descabida. É como se um computador tivesse sido atropelado.

Por mais ridícula que nos pareça agora, creio que essa opinião é uma consequência inevitável do resto do sistema cartesiano. Se toda mente é uma alma imortal, então somente os seres que podem ter alma imortal podem ter mente. O caminho natural para sair desse quebra-cabeça consiste em abandonar o dualismo, tanto o de propriedades como o de substâncias. E se abandonarmos o dualismo, se realmente fizermos isso, também teremos de abandonar o materialismo, o monismo, a tese da identidade, o behaviorismo, a identidade de ocorrência, o funcionalismo, a inteligência artificial forte e todas as outras excrescências que o dualismo produziu nos séculos XIX e XX. A bem dizer, todas essas opiniões absurdas são formas de dualismo[2].

Se abandonarmos radicalmente o dualismo, qual será o resultado no que se refere ao problema da mente dos animais? Antes de responder, quero considerar algumas outras tentativas recentes de demonstrar que os animais não manifestam certos tipos de fenômenos mentais.

III

Hoje, pouquíssima gente se dispõe a defender a ideia de que os animais não possuem consciência nenhuma. Mas muitos pensadores, tanto filósofos como cientistas, defendem a tese de que lhes falta intencionalidade em geral, ou, pelo menos, de que não conseguem pensar, isto é, não conseguem ter processos de pensamento como os que conceituei. Francamente, *a priori* suspeito

---

2. V. John R. Searle, *A redescoberta da mente*, São Paulo: Martins Fontes, 2006. O livro traz argumentos que sustentam essa afirmação.

fortemente de qualquer argumento desse tipo, porque sabemos de antemão que os humanos têm intencionalidade e processos de pensamento e que mantêm uma continuidade biológica com o restante do reino animal. Seja qual for sua forma lógica aparente, qualquer argumento contra a intencionalidade e o pensamento animal deve implicar o seguinte quadro em neurobiologia especulativa: a diferença entre os cérebros humano e animal é tamanha que o cérebro humano é capaz de causar e sustentar a intencionalidade e o pensamento, ao passo que o cérebro dos animais não pode fazer isso.

Levando em conta o que sabemos sobre o cérebro dos mamíferos superiores, especialmente o dos primatas, uma especulação desse tipo parece flagrantemente irresponsável. Do ponto de vista anatômico, as semelhanças são grandes demais para que essa especulação pareça plausível, ainda que remotamente; do ponto de vista fisiológico, como sabemos, os mecanismos que produzem a intencionalidade e o pensamento nos humanos têm estreitos paralelos com os que se verificam em outros animais. Humanos, cachorros e chimpanzés recebem estímulos perceptivos por meio dos receptores sensíveis visuais, táteis, auditivos, olfativos e outros; todos eles enviam os sinais produzidos por esses estímulos para o cérebro, onde são processados; e, por fim, os processos cerebrais resultantes provocam respostas motoras na forma de ações intencionais como: socializar com outros animais coespecíficos, comer, brincar, lutar, reproduzir, educar os filhotes e tentar permanecer vivo. Dada a continuidade neurobiológica, parece fora de questão supor que somente os humanos tenham intencionalidade e pensamento.

Contudo, voltemos aos argumentos que de fato se apresentam contra a possibilidade de que os animais também pensam. A forma dos argumentos é e tem de ser sempre a mesma: os humanos satisfazem uma condição necessária do pensamento que os animais não satisfazem e não podem satisfazer. Considerando o que sabemos sobre as semelhanças e as diferenças entre as capacidades humanas e animais, a pretensa diferença crucial entre humanos e animais, em todos os argumentos que conheço, é a mesma: a posse humana da linguagem torna o pensamento humano possível, e a ausência da linguagem nos animais torna o pensamento animal impossível.

Os cartesianos também pensavam que a linguagem era a característica decisiva a distinguir humanos de animais. Mas consideravam que o significado da linguagem era epistêmico. A posse da linguagem seria um sinal inequívoco de que os humanos são conscientes; a ausência da linguagem, um sinal inequívoco de que os animais não são conscientes. Essa opinião sempre me pareceu desconcertante. Por que o comportamento linguístico seria epistemicamente essencial para a presença da consciência? Sabemos, no caso dos seres humanos, que as crianças são conscientes muito antes de serem capazes de falar uma língua e sabemos que muitos seres humanos nunca adquirem a capacidade de falar uma língua, mas nem por isso duvidamos de que sejam conscientes.

Pensadores contemporâneos admitem que os animais sejam conscientes, mas julgam que a linguagem desempenha algum papel constitutivo no pensamento, de modo que seres sem linguagem não poderiam ter pensamentos.

Portanto, a premissa maior desses argumentos sempre é a de que os humanos têm linguagem num sentido em que os animais não a têm, e até aí ela me parece correta. Mesmo aqueles inclinados a descrever a dança das abelhas como uma linguagem e as conquistas dos chimpanzés Washoe, Lana e outros como genuinamente linguísticas reconheceriam, ainda assim, que esse comportamento simbólico é imensamente mais fraco que qualquer linguagem humana natural. Então admitamos que, num sentido importante de "linguagem", os humanos têm linguagem e, até onde sabemos, nenhuma outra espécie a tem. O que daí decorre em relação à mente? Bem, daí decorre imediatamente que, se há alguns estados intencionais cuja posse exige linguagem, então os animais não podem ter esses estados e, *a fortiori*, não podem ter processos de pensamento envolvendo esses estados. É evidente que esses estados existem. Meu cachorro pode querer que eu o leve para passear, mas não pode querer que eu declare meu imposto de renda a tempo para o ano fiscal de 1993. Pode querer que eu o deixe solto, mas não pode querer escrever uma tese de doutorado sobre a incidência de mononucleose entre os estudantes universitários norte-americanos. Para esses últimos tipos de desejos, ele deveria ter, no mínimo, habilidades linguísticas que não possui. Há aí um princípio? Como decidimos quais estados intencionais exigem linguagem e quais não exigem? A meu ver, há vários princípios, e voltarei a esta questão depois. Por ora, quero continuar a analisar os argumentos contra a possibilidade da existência de intencionalidade e pensamento entre os animais destituídos de linguagem. O argumento de que há alguns estados intencionais que eles não podem ter não mostra que não conseguem ter nenhum estado intencional. Aqui vão alguns argumentos em favor da tese mais forte.

De acordo com um dos argumentos, para atribuir crenças a um sistema é preciso haver um modo de distinguir os casos nos quais ele realmente tem a crença p daqueles em que o sistema meramente supõe p, faz a hipótese de que p, estima que p, intui que p, tem certeza de p ou está apenas inclinado a pensar, pesando tudo, consideradas todas as coisas, que p^3. Mas não podemos estabelecer essas distinções em relação a um ser que não pode fazê-las por si mesmo, e isto só é possível a um ser que possua o vocabulário pertinente. O vocabulário não precisa ser o mesmo do inglês ou ser exatamente traduzível para essa língua, mas tem de existir algum vocabulário à mão para marcar os diferentes tipos de estados intencionais, do contrário a atribuição dos estados não fará sentido.

O que pensar desse argumento? Mesmo admitida a premissa de que essas discriminações exigem uma linguagem, não se segue que precisamos ser capazes de estabelecer distinções refinadas antes de podermos fazer uma atribuição de estados intencionais. A bem dizer, essa premissa parece simplesmente errada. Verbos psicológicos muito gerais como "crer" e "desejar" são usados frequentemente de modo vago, indeterminado, nem sempre nos dizem quais formas subsidiárias da atitude geral são exemplificadas pelo agente. Assim, posso acreditar que vai chover sem necessariamente ter condições de dizer, sem refletir, se essa é uma crença forte ou fraca, um pressentimento, uma convicção ou uma suposição. E, mesmo que eu possa responder a essas perguntas depois de refletir, pode ser que a própria reflexão fixe a atitude pertinente. Antes de eu pensar sobre isso, é possível que

---

3. Esse argumento era popular durante meu tempo de estudante em Oxford, nos anos 1950. Ouvi-o pela primeira vez nas aulas e nos seminários de Stuart Hampshire. Não sei se ele alguma vez o publicou.

simplesmente não existisse uma resposta correta acerca do tipo de crença em jogo: eu apenas acreditava que choveria. Assim, concluo que o fato de não ser possível estabelecer distinções refinadas em relação a crenças e desejos animais não mostra que os animais não têm crenças e desejos.

Davidson analisou um argumento semelhante (não sei ao certo se ele o aceita)[4]. As distinções sutis que fazemos acerca do conteúdo proposicional das crenças e desejos não podem ser feitas acerca das supostas atribuições de intencionalidade aos animais. Dizemos que o cachorro crê que seu dono está em casa. Ora, ele crê que o sr. Smith (seu dono) está em casa ou que o presidente do banco (esse mesmo dono) está em casa? Não podemos atribuir crenças ao cachorro enquanto não houver resposta para essas perguntas.

Esse argumento assemelha-se ao anterior. De acordo com este último, a menos que o *tipo psicológico* seja objetivamente determinado, não existe nenhum estado intencional; de acordo com o segundo argumento, a menos que o *conteúdo proposicional* seja objetivamente determinado, não existe nenhum estado intencional. Este argumento está sujeito à mesma objeção que opusemos ao argumento anterior. A premissa parece falsa. Mesmo admitindo que não seja possível traduzir as representações mentais do cachorro para o nosso vocabulário, isso por si só não demonstra que ele não tem nenhuma das representações mentais, nenhuma das crenças, nenhum dos desejos que estamos tentando traduzir.

Davidson menciona esse argumento só de passagem. Um argumento seu mais contundente contra a ideia

---

4. D. Davidson, "Thought and Talk", em *Truth and Interpretation* (Oxford, 1984), 155-70.

de que os animais pensam é o seguinte: para um animal ter pensamento, o pensamento deve se dar numa rede de crenças. Seu exemplo é: para pensar que o revólver está carregado, devo crer que se trata de um tipo de arma e que ele é um objeto físico permanente. Assim, para que haja pensamento, deve haver crenças. Mas, e esse é o passo decisivo, para ter crenças é preciso que a criatura tenha o conceito de crença. Por quê? Porque, para ter uma crença, é preciso ser capaz de distinguir crenças verdadeiras de crenças falsas. Mas esse contraste entre o verdadeiro e o falso "somente pode surgir no contexto da interpretação" (da linguagem)[5]. A noção de crença verdadeira ou de crença falsa depende da noção de declarações verdadeiras e falsas, e essa noção não pode existir sem uma linguagem compartilhada. Assim, somente uma criatura que possua e interprete uma linguagem pode ter pensamentos. A ideia básica desse argumento parece ser: como a "verdade" é um predicado semântico metalinguístico e como a posse de crenças exige a capacidade de distinguir entre crenças verdadeiras e falsas, pelo visto daí decorre imediatamente que a posse de crenças exige predicados semânticos metalinguísticos, e isso obviamente exige, por sua vez, uma linguagem.

Esse argumento não é tão claro quanto poderia ser, o que nos leva a apresentar objeções a vários de seus passos. A característica na qual pretendo me concentrar aqui é a que considero ser o núcleo do argumento: para saber qual a diferença entre crenças verdadeiras e falsas, é necessário dispor de um conceito linguisticamente articulado de crença.

Afirma-se que somente no interior de uma linguagem podem-se distinguir crenças corretas de crenças in-

---

5. *Ibid.*, 170.

corretas. Concordo com a pressuposição dessa afirmação: a posse de um estado intencional exige a capacidade de discriminar entre condições que satisfazem e que não satisfazem o estado intencional. Na verdade, quero generalizar esse ponto para todos os estados intencionais, sem limitá-lo às crenças. Em geral, para ter estados intencionais, é necessária a capacidade de saber qual a diferença entre estados intencionais satisfeitos e não satisfeitos. Mas não vejo nenhuma razão para supor que isso exige obrigatoriamente uma linguagem. Mesmo a observação mais casual sugere que os animais costumam discriminar entre a satisfação e a frustração de seus estados intencionais, e que o fazem sem dispor de uma linguagem.

Como isso funciona? Bem, a primeira coisa a notar, e também a mais importante, é que as crenças e os desejos estão incrustados não somente numa rede de outras crenças e outros desejos, mas sobretudo numa rede de percepções e ações, e estas são as formas biologicamente primárias da intencionalidade. Ao longo de toda esta discussão, referimo-nos à percepção e à ação como se não fossem formas da intencionalidade, mas é claro que são: constituem suas formas biologicamente primárias. Em geral, não só para os humanos, como também para os animais, a percepção estabelece a crença, e a crença, junto com o desejo, determina o curso da ação. Consideremos um exemplo da vida cotidiana: por que meu cachorro está latindo para aquela árvore? Porque ele *crê* que o gato esteja escondido na árvore e quer pegá-lo. Por que ele crê que o gato está escondido na árvore? Porque *viu* o gato subir na árvore. Por que agora para de latir para a árvore e começa a correr em direção ao jardim do vizinho? Porque já não acredita mais que o gato esteja escondido na árvore – acha que ele está no jardim do vizinho. E por que ele corrigiu sua crença? Porque acabou de ver (e, sem dúvida, de farejar) o gato correndo para o jardim do vizinho; e *ver e cheirar é crer*. O fato é que os animais corrigem suas crenças o tempo todo com base em suas percepções. Para fazer essas correções, eles devem ser capazes de distinguir o estado de coisas que satisfaz suas crenças do estado de coisas que não as satisfaz. E o que vale para as crenças também vale para os desejos.

Mas por que precisamos "postular" crenças e desejos? Por que simplesmente não admitir a existência de percepções e ações nesses casos? A resposta é que o comportamento é ininteligível sem a pressuposição de crenças e desejos; porque o animal, por exemplo, late para a árvore mesmo quando já não vê ou cheira o gato, manifestando assim uma crença de que ele está no alto da árvore, mesmo quando não pode vê-lo ou farejá-lo no alto da árvore. Do mesmo modo, ele se comporta de maneiras que manifestam o desejo de comer mesmo quando não está vendo, cheirando ou comendo a comida.

Em todos esses casos, os animais distinguem crenças verdadeiras de crenças falsas, desejos satisfeitos de desejos insatisfeitos, sem ter os conceitos de verdade, falsidade, satisfação ou mesmo de crença e desejo. E por que isso deveria nos surpreender? Afinal, alguns animais fazem distinção visual entre objetos de cor vermelha e de cor verde sem ter os conceitos de visão, de cor, de vermelho e de verde. A meu ver, muitas pessoas supõem que deva existir algo especial nos conceitos de "verdadeiro" e "falso", porque supõem que sejam *essencialmente* predicados semânticos numa metalinguagem. Graças à nossa educação tarskiana, tendemos a pensar que o uso de "verdadeiro" e "falso" para caracterizar crenças deve de alguma maneira derivar de um uso mais fundamental para caracterizar, por exemplo, entidades linguísticas, frases e enunciados. E então nos parece que, para que uma criatura possa distinguir crenças verdadeiras de falsas, deve ter primeiro uma linguagem-objeto para fornecer algum apoio à distinção metalinguística original entre verdade e falsidade, agora aplicada por extensão a algo não linguístico.

Mas trata-se de um equívoco. "Verdadeiro" e "falso" são, de fato, predicados metalinguísticos, mas, em nível mais profundo, são predicados *metaintencionais*. São empregados para designar quanto as representações mentais são capazes de concretizar a adequação na direção de adequação mente-mundo, *sendo os enunciados e as frases um caso especial de representações*. Que um animal tenha condições de saber, pelo menos às vezes, se sua crença é verdadeira ou falsa não é mais misterioso do que ele ter condições de saber se seu desejo foi satisfeito ou frustrado. O animal não necessita de linguagem nem para as crenças nem para os desejos; necessita, isto sim, de algum estratagema para reconhecer se o mundo é da maneira que parece ser (crença) ou se é da maneira como ele quer que seja (desejo). Ora, assim como ele não precisa da linguagem para distinguir desejos satisfeitos de desejos insatisfeitos, não precisa da linguagem para distinguir as crenças verdadeiras das falsas. À guisa de ilustração, considere-se o exemplo do cachorro perseguindo o gato.

IV

Concluo que os argumentos examinados anteriormente – que, propostos por vários teóricos, de Descartes a Davidson, negam a existência de fenômenos mentais nos animais – não procedem. Volto-me agora para a questão que resta: como distinguir os estados intencionais que exigem linguagem, e portanto são impossíveis para os animais, dos que não a exigem? Creio que a melhor maneira de responder a essa pergunta seja enumerar algumas categorias de estados intencionais que exigem linguagem e explicar as razões pelas quais a exigem. Duvido que eu tenha pensado em todas elas, mas, para começar, eis aqui cinco categorias:

1. *Estados intencionais que têm por objeto a própria linguagem.* Por exemplo: uma criatura não pode pensar que "comer" é um verbo transitivo ou se perguntar como traduzir "Je n'aurais pas pu" para o inglês se não possui a capacidade de falar uma língua.
2. *Estados intencionais que têm por objeto fatos dos quais a linguagem é parte constitutiva.* Por exemplo: um animal não pode pensar que o objeto diante dele é uma nota de vinte dólares ou que o homem que vê é o chefe do Departamento de Filosofia da Universidade da Califórnia, porque os fatos representados, que envolvem instituições humanas, como dinheiro e universidade, exigem a linguagem como elemento constitutivo dos próprios fatos.
3. *Estados intencionais que representam fatos tão remotos no espaço e no tempo da experiência do animal que não são representáveis sem uma linguagem.* Por exemplo: meu cachorro pode pensar que estou agora comendo uma boa refeição, mas não pode pensar que Napoleão comeu uma boa refeição.
4. *Estados intencionais que representam fatos complexos, quando a complexidade não puder ser representada sem a linguagem.* Essa é uma categoria muito extensa. Assim,

meu cachorro pode ter medo de um objeto que cai, mas não pode crer na lei da gravidade, embora o objeto que cai instancie a lei da gravidade. É provável que ele tenha alguns pensamentos condicionais simples, mas não pode ter pensamentos contrafatuais subjuntivos. Talvez pense: "Se ele me der aquele osso, eu o comerei", mas não: "Se ele me tivesse dado um osso maior, eu teria gostado mais!"

5. *Estados intencionais que representam fatos, quando o modo de apresentação do fato o localiza em relação a algum sistema linguístico.* Por exemplo: meu cachorro pode acreditar que está quente aqui e agora, mas não pode acreditar que o dia 30 de abril de 1993 foi um dia quente porque o sistema de representação de dias é essencialmente linguístico.

Essa lista, sem dúvida, poderia aumentar. Até aqui ela mostra que as razões pelas quais a existência de um estado intencional exige essencialmente linguagem dividem-se em duas classes. Ou as condições do estado são essencialmente linguísticas, ou o modo de representação das condições é essencialmente linguístico. Ou, muito comumente, as duas coisas. Conforme um terceiro tipo de razão, o tipo do estado exige linguagem para a própria posse de um estado desse tipo. Já vi afirmarem que existem tais tipos de estado – talvez a esperança e o ressentimento servissem de exemplos –, mas nunca vi um argumento convincente em favor disso.

V

Volto agora à seguinte questão: como devemos pensar os fenômenos mentais dos animais numa filosofia da qual foi expurgado o dualismo? A resposta é uma forma do que, em outro contexto, chamei de naturalismo biológico. A consciência e outras formas de fenômenos mentais são processos biológicos que ocorrem no cérebro humano e nos de certos animais, fazendo parte da história natural biológica, do mesmo modo que a lactação, a secreção da bile, a mitose, a meiose, o crescimento e a digestão. Assim que nos lembrarmos do que sabemos sobre o cérebro e esquecermos nossa educação dualista, o esboço da solução para o chamado problema mente-corpo, em relação a humanos ou a animais, se tornará muito simples. Os fenômenos mentais são causados por processos neuronais de nível inferior nos cérebros humanos e animais, e são eles mesmos características de nível superior ou macrocaracterísticas desses cérebros. É claro que ainda não conhecemos os pormenores desse funcionamento, nem sabemos como a neurobiologia bem específica do sistema nervoso humano e animal causa toda a enorme variedade de nossa vida mental. Mas do fato de não sabermos ainda *como* isso funciona não decorre que não saibamos *que* isso funciona.

Tampouco decorre do fato de os cérebros humano e animal causarem a consciência o fato de que somente esses cérebros possam causá-la. Talvez seja possível criar o tipo de consciência que existe em nós e em outros animais usando algum dispositivo artificial; talvez alguém consiga criá-lo em sistemas não constituídos de moléculas baseadas em carbono. E, ao que nos é dado supor, a consciência pode ter evoluído entre animais de outras galáxias ou outros sistemas solares no interior de nossa querida galáxia, sistemas que não desenvolveram nossa obsessão local com o carbono, o hidrogênio, o nitrogênio e o oxigênio. Mas de uma coisa temos certeza: todo sistema capaz de causar a consciência e outros fenômenos mentais deve ter capacidades causais de criá-la equivalentes às capacidades biológicas iniciais do cérebro animal, seja do cérebro humano, seja do de outros animais. Do fato de o cérebro criá-la causalmente, é fácil chegar à conclusão lógica de que os poderes causais limiares de algum outro sistema capaz de criá-la causalmente devem ser equivalentes aos do cérebro. Essa conclusão não parece difícil, e realmente não é. No entanto, é negada sistematicamente pelas mais diversas e confusas escolas da filosofia contemporânea da mente, que procuram tratar a consciência como um fenômeno abstrato puramente formal, independente de qualquer realidade biológica ou física. Certas versões contemporâneas dessa opinião são chamadas de "inteligência artificial forte"[6]. São manifestações de uma das principais doutrinas do dualismo tradicional: a opinião de que, em relação à mente, a neurobiologia específica do cérebro é de pouca monta.

Não temos por enquanto a menor ideia de como criar artificialmente a consciência em outro meio, porque não sabemos exatamente como ela é criada em nosso próprio cérebro. Algumas das melhores teorias contemporâneas indicam-nos que se trata de uma questão de taxas variáveis de disparos neuronais relativas a determinadas arquiteturas neuronais específicas. Mas o que há na eletroquímica peculiar dos neurônios, sinapses, transmissores, receptores e assim por diante que os torna capazes de causar a consciência? Até agora, não sabemos. De modo que as perspectivas de desenvolver uma consciência artificial são extremamente remotas, muito em-

---

6. Cf. John R. Searle, "Minds, Brains and Programs", *Behavioral and Brain Sciences* 3 (1980): 417-24.

bora a existência da consciência em cérebros não humanos não seja seriamente posta em dúvida.

Bem, e o que dizer das questões específicas referentes às mentes dos animais? Até aqui, referi-me a humanos e animais como se todos estivessem no mesmo barco, mas o que dizer das características particulares das mentes dos animais? *Grosso modo*, podem-se dividir as questões dessa área em duas categorias, sendo importante mantê-las separadas. Primeiro, os problemas *ontológicos*, que têm que ver com a natureza, o caráter e as relações causais dos fenômenos mentais dos animais – o que os causa e o que eles, por sua vez, causam. Segundo, os problemas *epistêmicos*, que têm que ver com o modo como investigamos os estados mentais dos animais, como sabemos que eles têm estados mentais e de que tipos são. Das concepções enunciadas até aqui, segue-se que não há muitas questões filosóficas dignas de atenção sobre a ontologia da vida mental animal em geral e a consciência animal em particular. As questões mais importantes dessa categoria inserem-se basicamente nos campos da psicologia animal, da biologia e, em especial, da neurobiologia. Especificamente, se sabemos que nosso cérebro causa a consciência e sabemos, portanto, qualquer outro sistema capaz de causar a consciência deve ter poderes causais limiares equivalentes aos do nosso cérebro, a questão se converte em pergunta empírica factual: que tipos de cérebros animais são capazes de causar e manter a consciência?

Nessa área, contudo, a epistemologia e a ontologia não raro se confundem. O teste de Turing é um dos que nos induz a incorrer nessa confusão, porque o behaviorismo subjacente a ele produz argumentos como o seguinte: se dois sistemas se comportam da mesma maneira, as razões que temos para atribuir estados mentais a um e a outro são as mesmas. Por exemplo: se tanto as lesmas quanto os cupins são capazes de exibir o que aparenta ser um comportamento dirigido para um fim, então que sentido se poderia atribuir à afirmação de que as lesmas teriam consciência e os cupins, não? De fato, como a aparência de comportamento dirigido a um fim parece ser uma característica de todos os tipos de artefatos, sem excluir as ratoeiras ou os mísseis guiados por calor, por exemplo, se formos atribuir a consciência às lesmas ou aos cupins com base na aparência de comportamento dirigido a um fim, por que não a atribuiríamos a todo sistema que pareça dirigido a um fim, como ratoeiras ou mísseis guiados por calor?

Mas se essa abordagem confunde epistemologia e ontologia, como afirmo, qual a maneira adequada de considerar essas questões? Como, por exemplo, submeteríamos a teste a hipótese de que as lesmas têm consciência e os cupins, não? Eis uma possibilidade. Suponhamos que tivéssemos uma ciência do cérebro capaz de nos permitir demonstrar incontestavelmente as bases causais da consciência em humanos. Suponhamos que descobríssemos certas sequências eletroquímicas causalmente necessárias e suficientes para a consciência em humanos. Suponhamos que soubéssemos que os humanos portadores dessas características tivessem consciência e não portadores não a tivessem. Suponhamos que soubéssemos, por exemplo, com base na nossa própria condição, que nos tornaríamos inconscientes se eliminássemos essas características por meio de anestésicos. Podemos supor que esse fenômeno eletroquímico seja extremamente complicado e, seguindo uma longa tradição filosófica, vou descrevê-lo resumidamente como XYZ.

Suponhamos que a presença das características XYZ num cérebro humano normal seja causalmente necessária e suficiente para a consciência. Agora, se descobríssemos que XYZ está presente nas lesmas, mas ausente nos cupins, obteríamos, ao que parece, uma prova empírica decisiva de que as lesmas têm consciência e os cupins, não. Se chegássemos a uma teoria rica o bastante que nos permitisse identificar XYZ como causalmente necessário e suficiente para a consciência, então poderíamos considerar a hipótese cabalmente demonstrada, a depender, é claro, das hesitações de praxe sobre a falsificabilidade última, em princípio, de qualquer hipótese científica.

VI

Se as questões ontológicas interessam sobretudo aos especialistas, o que dizer da epistemologia? Aí encontramos inúmeras oportunidades para esclarecer confusões filosóficas. Ao contrário de Descartes, afirmei que temos confiança absoluta no fato de que os animais superiores são conscientes. Mas quais as razões para essa nossa confiança? Afinal, podemos projetar máquinas que em alguns campos se comportem de modo tão inteligente quanto os animais, ou talvez até mais, e não nos sentimos inclinados a atribuir consciência a essas máquinas. Qual a diferença? O que, exceto o chauvinismo biológico, nos leva a atribuir consciência aos animais, mas não, por exemplo, aos computadores?

De acordo com a resposta padrão, conhecemos a existência de outras mentes nos animais da mesma maneira que a conhecemos nos humanos – com base no *comportamento* do humano ou do animal, inferimos que eles têm consciência e apresentam outros fenômenos mentais. Como o comportamento dos outros humanos e dos animais é semelhante ao meu em aspectos importantes, infiro que eles têm estados conscientes idênticos aos meus. Com base nessa concepção, se pudéssemos construir um animal mecânico de partes de brinquedos de lata que se comportasse como os animais reais, seríamos obrigados a dizer que ele também tem consciência.

Em resposta, digo que considero essa concepção inextrincavelmente embaralhada e o comportamento, tomado por si só, insignificante. Mesmo que nos limitemos ao comportamento verbal, como Descartes, é digno de nota o fato de que o rádio do meu carro apresenta um comportamento verbal muito mais inteligente não só se comparado aos animais como também se comparado a qualquer humano que eu conheça. Uma vez ligado, o rádio me dá a previsão do tempo, as últimas notícias, as cotações da bolsa de valores, e ainda *rock-'n'-roll* e música ocidental em geral, bem como desfila uma série de outras formas de comportamento verbal, inclusive algumas em que fala ao mesmo tempo com grande quantidade de vozes. Mas não suponho, nem sequer por um momento, que meu rádio seja consciente, e não tenho dúvidas de que meu cachorro é consciente. A razão de tal distinção é que tenho uma teoria. Tenho uma teoria sobre o funcionamento dos rádios e tenho uma teoria sobre o funcionamento dos cachorros. Por "teoria" não entendo algo fantasioso, mas apenas o que reza o senso comum. Sei que um rádio é uma máquina projetada com o propósito de transmitir vozes e músicas produzidas por pessoas distantes, de modo que se possa ouvi-las na sala ou no carro. Sei que meu cachorro tem determinada estrutura causal interna que, em aspectos importantes, é semelhante à minha. Sei que meu cachorro tem olhos, ouvidos, pele etc. e que tudo isso constitui parte das bases causais de sua vida mental, assim como estruturas semelhantes constituem parte das bases causais de minha vida mental. Ao dar essa resposta, não tento "responder ao ceticismo" ou "resolver o problema das outras mentes". Não acho que tal problema exista e não levo o ceticismo a sério. Antes, explico de fato quais são na vida real as razões para crermos cabalmente que os cachorros são conscientes e os rádios, não. Não se trata de uma questão do comportamento como tal. Por si só, o comportamento nada significa. Ele nos interessa apenas na medida em que o tomamos como expressão de uma estrutura causal ontologicamente mais profunda. O princípio pelo qual podemos "resolver o 'problema das outras mentes' no que diz respeito aos animais" não é o de que o comportamento inteligente é prova da consciência; antes, é o de que, se o animal tem uma estrutura causalmente correlata semelhante à nossa, ele provavelmente produzirá estados mentais semelhantes em resposta a estímulos semelhantes. O "comportamento" é simples indício de que ele reage assim. Nada mais.

A contrapelo de toda a tradição epistemológica, as razões em que baseamos nossa certeza de que os animais são conscientes não são, conforme sugiro, que o comportamento inteligente idêntico ou similar ao nosso é prova da consciência, e sim que estruturas causais idênticas ou similares às nossas produzem efeitos idênticos ou similares. O comportamento, mesmo o linguístico, só é pertinente se observadas certas pressuposições sobre a estrutura. Essa é a razão pela qual atribuímos consciência aos seres humanos e aos animais, com ou sem linguagem, e não a atribuímos aos rádios.

Dizer isso, porém, já me parece conceder demais. É quase certo que essa afirmação dê a impressão de que, no meu entender, existe de fato o "problema das outras mentes", que existem testes aos quais um sistema deve se submeter para se reconhecer que tem uma mente, que os cachorros e os babuínos são aprovados nesse teste e que os computadores, bem como as cadeiras e as mesas, não são. Acho que é uma maneira equivocada de ver as coisas, e agora passo a explicar por quê.

O erro mais grave que herdamos do cartesianismo foi o dualismo, com toda a sua descendência idealista, monista, materialista e fisicalista. Mas o segundo mais grave foi levar a epistemologia a sério, ou, antes, levá-la a sério na direção errada. Descartes, ao lado dos empiristas britânicos, e mesmo dos positivistas e dos behavioristas do século XX, nos fez crer que a questão "Como você sabe?" perfaz a pergunta fundamental, cuja resposta explicará a relação entre nós, como seres conscientes, e o mundo. A ideia é que de um modo ou de outro mantemos constantemente determinada atitude epistêmica em relação ao mundo, por meio da qual fazemos inferências a partir de provas de vários tipos. Estamos ocupados inferindo que o sol nascerá amanhã, que as outras pessoas são conscientes, que os objetos são sólidos, que os acontecimentos do passado realmente ocorreram e assim por diante. Segundo essa maneira de ver as coisas, a prova que temos de que as outras pessoas são conscientes é baseada no comportamento delas; e, por vermos um comportamento semelhante nos cachorros e nos primatas, é razoável inferirmos que eles também são conscientes. Contra essa tradição, quero dizer que a epistemologia interessa relativamente pouco na filosofia e na vida cotidiana. Ela tem seu mérito quando concentramos esforços em coisas como o entendimento de certos problemas céticos tradicionais, mas nossas relações básicas com a realidade raras vezes são assunto da epistemologia. Assim como, ao entrar numa sala, não infiro que as pessoas aí presentes sejam conscientes, também não infiro que meu cão seja consciente. Simplesmente reajo a todos eles como é adequado reagir a seres conscientes. Trato-os como seres conscientes e ponto final. Se alguém diz: "Bem, mas você não estará ignorando a possibilidade de essas pessoas serem zumbis inconscientes e de o cachorro ser, como pensava Descartes, uma engenhosa máquina, e até de as cadeiras e as mesas serem conscientes? Você não estará simplesmente ignorando essas possibilidades?" A resposta é: "Sim." Simplesmente ignoro todas essas possibilidades. Elas estão fora de questão. Não levo nenhuma delas a sério. A epistemologia tem tão pouca importância na filosofia da mente e na filosofia da linguagem pela mera razão de que, no que diz respeito à mente e à linguagem, muito pouco de nossa relação com os fenômenos em pauta é epistêmica. A atitude epistêmica é uma atitude muito especial que adotamos em certas circunstâncias especiais. Normalmente, ela desempenha um papel diminuto em nossa lida com pessoas e animais. Em outras palavras, não importa realmente *como* eu sei que meu cachorro é consciente ou mesmo *se* eu "sei" ou não que ele é consciente. O fato é que ele *é* consciente, e a epistemologia nessa área deve *partir* desse fato.

Existem de fato razões para eu ter certeza a respeito dos cachorros, cadeiras, mesas, babuínos e outros, algumas das quais tentei enunciar antes; mas o importante é que tenho certeza. Quando enuncio as razões dessa certeza, não estou tentando responder ao ceticismo filosófico nem "provar" que animais têm mentes, ao passo que as cadeiras e mesas não têm.

Embora a forma geral ou filosoficamente cética do "problema das mentes dos outros animais" me pareça confusa, há questões muito específicas sobre mecanismos específicos cujas respostas são essenciais para o progresso científico nessa área. Por exemplo: em que medida as experiências visuais dos gatos são semelhantes às dos humanos e diferentes destas? Sabemos bastante sobre o tema porque estudamos o sistema visual dos gatos de maneira razoavelmente extensa, e temos uma motivação especial para querer respondê-la, porque precisamos saber quanto podemos aprender sobre o sistema visual humano a partir do trabalho feito com gatos. Além disso, supomos hoje que certas espécies de pássaros migrem detectando o campo magnético da Terra. E surge a questão: se fazem isso, fazem-no conscientemente? E, se assim é, quais são os mecanismos para a detecção consciente do magnetismo? Na mesma linha, os morcegos voam por meio de um sonar que identifica objetos sólidos no escuro. Gostaríamos de saber não só como é fazer isso, como também quais são os mecanismos que produzem a experiência consciente de detectar objetos materiais por meio de ondas de som refletidas. A pergunta mais geral de todas é esta: quais são os mecanismos neurobiológicos exatos que permitem produzir e manter a consciência nos animais e nos seres humanos? Uma resposta a essa pergunta nos daria sólidas razões epistêmicas para determinar quais animais são conscientes e quais não são.

Essas questões epistêmicas me parecem significativas, importantes e de fato decisivas para o progresso científico nessas áreas. Mas note-se como são diferentes do ceticismo filosófico tradicional. Elas são respondidas mediante um trabalho específico de pesquisa sobre mecanismos específicos, usando os melhores instrumentos disponíveis. Por exemplo: ninguém poderia ter dito de antemão, somente com base na reflexão filosófica, que o uso da tomografia por emissão de pósitrons ou da tomografia axial computadorizada seria crucial para o estudo das mentes humanas e animais. A essas questões autenticamente epistêmicas a resposta é sempre a mesma: use sua capacidade de invenção. Use a arma que lhe cair nas mãos e continue usando a arma que funcionar. Por meio desse tipo de epistemologia, teremos as melhores chances de entender tanto a mente humana quanto a mente animal.

5. A INTENCIONALIDADE E SEU LUGAR NA NATUREZA[1]

1

A intencionalidade é a característica de certos estados e eventos mentais que os faz (num sentido específico das palavras) *se direcionar a, tratar de, pertencer a* ou *representar* outras entidades e estados de coisas. Se, por exemplo, Robert crê que Ronald Reagan é presidente, então sua crença é um estado intencional porque, nesse sentido específico, ela se direciona a, trata de, pertence a ou representa Ronald Reagan e o estado de coisas em que ele é presidente. Nesse caso, Ronald Reagan é o *objeto intencional* da crença de Robert, e a existência do estado de coisas em que Ronald Reagan é presidente constitui a *condição de satisfação* de sua crença. Se a crença não se refere a nada, ela não tem um objeto intencional; e, se não existe o estado de coisas que representa, ela não é satisfeita.

---

1. Reproduzido de artigo publicado em *Synthese* (1984), 61/1, D. Reidel, pp. 3-16, © 1984. Publishing Company. Publicado nesta edição com a gentil permissão de Kluwer Academic Publishers.

As atribuições de intencionalidade são de diferentes tipos, e, como essas diferenças têm sido fonte de confusão, começo por classificar alguns deles. Consideremos as afirmações proferidas nas seguintes frases:

A. Robert crê que Ronald Reagan é presidente.
B. Bill vê que está nevando.
C. "Es regnet" significa está chovendo.
D. O termostato do meu carro percebe mudanças na temperatura do motor.

Todas essas afirmações atribuem intencionalidade, mas o estatuto da atribuição é diferente em cada uma. *A* atribui simplesmente um estado mental intencional, uma crença, a uma pessoa. *B* faz mais do que isso, pois dizer que uma pessoa vê algo acontecer implica não só que ela tem certa forma de intencionalidade, como também que a intencionalidade é satisfeita, isto é, que as condições de sua satisfação existem de fato. "Ver", como "saber", mas diferentemente de "crer", é um verbo de sucesso: x vê p implica p. *B* relata um fenômeno intencional, uma vez que, para ver alguma coisa, é preciso passar por uma experiência visual, e esta experiência é o veículo da intencionalidade. Mas *B* faz mais do que relatar uma experiência visual: também relata que essa experiência é satisfeita. Além disso, as experiências visuais diferem das crenças por não serem estados, mas eventos mentais conscientes. Pode-se afirmar que um homem dormindo crê em tal e tal coisa, porém não que ele vê tal e tal coisa. Tanto as crenças quanto as experiências visuais são fenômenos intencionais *intrínsecos* à mente/cérebro dos agentes. "Intrínsecos" quer dizer apenas que os estados e os eventos realmente existem na mente/cérebro dos agentes; a atribuição desses estados e eventos deve ser entendida literalmente, e não como força de expressão nem como síntese de uma afirmação que descreve um conjunto mais complexo de eventos e relações ocorrendo fora dos agentes.

Nesse último aspecto, a atribuição de intencionalidade em A e B difere da atribuição em C e D. C literalmente atribui intencionalidade, embora esta *não* seja *intrínseca*, mas *derivada*. É literalmente verdade que a frase "Es regnet" significa "está chovendo", mas a intencionalidade em questão não é intrínseca à frase. Essa mesma frase poderia significar alguma outra coisa ou não significar nada. Atribuir-lhe essa forma de intencionalidade é uma síntese de uma afirmação ou afirmações, segundo as quais os falantes de alemão usam a frase literalmente para expressar uma coisa e não outra, e a intencionalidade da frase é derivada dessa forma mais básica de intencionalidade intrínseca dos falantes de alemão. Em D, por outro lado, não há atribuição literal de intencionalidade porque o termostato do meu carro não tem literalmente nenhuma percepção. D, diferentemente de C, é uma atribuição metafórica de intencionalidade, mas, como C, seu propósito depende de alguma intencionalidade intrínseca dos agentes. Os termostatos de carro são usados para regular a temperatura do motor e, portanto, devem ser capazes de reagir a mudanças de temperatura. Daí a metáfora e seu caráter inofensivo, contanto que não confundamos a análise de A, B e C com a de D.

Para resumir: mesmo dessa pequena lista de afirmações surgem várias distinções que precisaremos ter em mente, além da distinção habitual entre formas conscientes e inconscientes de intencionalidade.

1. A distinção entre as atribuições de intencionalidade que implicam que o fenômeno intencional é satisfeito e as que não implicam, como ilustram *A* e *B*.
2. A distinção entre estados intencionais e eventos intencionais, como também ilustram *A* e *B*. (A bem da concisão, às vezes chamarei ambos de "estados intencionais".)
3. A distinção entre intencionalidade intrínseca e derivada, como ilustra a distinção entre a intencionalidade atribuída em *A* e *B*, de um lado, e em *C*, de outro.
4. A distinção entre atribuições literais de intencionalidade, como *A*, *B* e *C*, cuja veracidade depende da existência de algum fenômeno intencional, seja intrínseco, seja derivado, e atribuições metafóricas, tais como *D*, que literalmente não atribuem nenhuma intencionalidade, ainda que o propósito da atribuição metafórica possa depender de alguma intencionalidade intrínseca dos agentes humanos.

No restante deste ensaio, abordarei somente a intencionalidade intrínseca. A questão que discutirei, em termos gerais, é a seguinte: qual o lugar da intencionalidade intrínseca na natureza?

2

Os fenômenos mentais intencionais fazem parte da nossa história de vida natural e biológica. Sentir sede e ter experiências visuais, desejos, medos e expectativas faz parte da história de vida biológica de uma pessoa tanto quanto respirar, digerir e dormir. Os fenômenos intencionais, como os outros fenômenos biológicos, são características reais intrínsecas de certos organismos biológicos, do mesmo modo que a mitose, a meiose e a secreção da bile são características reais intrínsecas de certos organismos biológicos.

Os fenômenos intencionais intrínsecos são causados por processos neurofisiológicos que acontecem no cérebro; esses processos ocorrem e se realizam na estrutura do cérebro. Não conhecemos os detalhes de como esses disparos neuronais nas sinapses causam experiências visuais e sensações de sede, mas mesmo assim não os ignoramos totalmente. Aliás, nos casos desses dois fenômenos intencionais, temos até indícios bastante razoáveis de suas localizações no cérebro. Isto é, em relação a alguns fenômenos intencionais, pelo menos, temos uma ideia do papel específico de certos órgãos cerebrais, como o córtex visual ou o hipotálamo, na produção dos fenômenos intencionais. Mais importante para a presente discussão, nosso desconhecimento do modo como tudo isso funciona no cérebro é um desconhecimento empírico dos detalhes, e não o resultado de um abismo metafísico entre duas categorias incomensuráveis, a "mente" e o "corpo", que nos impediria para sempre de superar essa ignorância. De fato, os tipos gerais de relações envolvidas entre os fenômenos mentais e o cérebro nos são muito familiares por causa de outras partes da natureza. É comum observar na natureza que as características de nível superior de um sistema são causadas pelo comportamento de microentidades de nível inferior e se realizam na estrutura do sistema de microentidades. Por exemplo: a solidez do metal na máquina de escrever em que agora datilografo existe graças ao comportamento das micropartículas que compõem o metal; e a solidez se realiza na estrutura do sistema de micropartículas, os átomos e as moléculas. A solidez é uma característica do sistema, mas não de qualquer partícula individual. Analogamente, com base no que sabemos sobre o cérebro, os estados mentais são características do cérebro causadas pelo comportamento dos elementos no micronível e realizadas na estrutura do sistema dos microelementos, os neurônios. Um estado mental é uma característica do sistema dos neurônios, mas não de um neurônio em particular. Segundo essa explicação, ademais, não há razão para considerar que os estados mentais sejam mais epifenomênicos que outras características intrínsecas e de nível superior do mundo, como a solidez desta máquina de escrever.

Em suma, certos organismos têm estados intencionais intrínsecos; estes são causados por processos próprios ao sistema nervoso desses organismos e se realizam na estrutura desse sistema nervoso. Essas afirmações devem ser entendidas num sentido tão naturalista quanto as afirmações de que certos organismos biológicos digerem comida, a digestão ocorre devido a processos no sistema digestivo, tudo isso acontecendo no estômago e no resto do sistema digestivo. Parte de nossa dificuldade em dar escuta às primeiras afirmações de maneira naturalista resulta do fato de que o vocabulário tradicional na discussão desses problemas formou-se em torno de uma concepção do século XVII do "problema mente-corpo". Se insistíssemos em usar o jargão tradicional, diríamos: o monismo é perfeitamente compatível com o dualismo, desde que seja um dualismo de propriedades; e o dualismo de propriedades é compatível com um fisicalismo completo, desde que reconheçamos as propriedades mentais simplesmente como um tipo de propriedade de nível superior, ao lado de tantos outros tipos. Não se trata, portanto, de uma concepção dualista, mas "poliista", e tem como consequência que as propriedades mentais intrínsecas são só um tipo de propriedade física de nível superior entre muitas outras (o que talvez seja uma boa razão para não usar o jargão tradicional).

É digno de nota na vida intelectual contemporânea o fato de que a existência de fenômenos intencionais intrínsecos seja frequentemente negada. Afirma-se às vezes que a mente com seus estados intencionais é algo abstrato, como um programa de computador ou um fluxograma; ou que os estados mentais não têm natureza *mental* intrínseca, porque podem ser inteiramente definidos em relação a suas causas e efeitos; ou que não há nenhum estado mental *intrínseco*, mas que falar em estados mentais é somente um jeito de lidar com o meio que nos cerca; e chega-se mesmo a dizer que definitivamente não se deveria pensar que os termos mentais representam coisas reais do mundo. Catalogar as razões que se tem para sustentar essas opiniões e negar tudo o que a biologia nos diz sobre o cérebro seria catalogar alguns dos principais mal-entendidos de nossa época. Uma entre muitas outras fontes de mal-entendido é a crença profundamente arraigada de que, se admitirmos a existência de estados intencionais intrínsecos, teremos de enfrentar o insolúvel problema "mente-corpo" ou "mente-cérebro". Mas, parafraseando Darwin, o fato de o cérebro causar fenômenos mentais não é mais misterioso que o fato de os corpos terem gravidade. Pode-se – deve--se, na verdade – sentir admiração e espanto diante dos dois fatos, mas esse sentimento não nos dá mais razão para refutar os estados mentais do que para refutar a existência da gravidade.

Alguns filósofos julgam que não tenho justificativa para simplesmente afirmar a existência de eventos e estados mentais intencionais intrínsecos no mundo. Ora, argumentam, não poderia o progresso da ciência demonstrar que esses eventos são uma ilusão, assim como demonstrou que é ilusão a aparência do nascer e pôr do sol sobre uma Terra estacionária? Acreditar em estados mentais intrínsecos não é tão pré-científico quanto acreditar que a Terra é plana e fixa no meio do universo?[2]

No entanto, se por ora concentrarmos a atenção nos eventos e nos estados mentais intencionais conscientes – e são estes, afinal, as formas primárias de intencionalidade –, veremos que não se sustenta a analogia entre a crença numa Terra plana e fixa e a crença na existência de fenômenos mentais. No caso da Terra, há uma distinção clara entre como as coisas são e como parecem ser. Mas, no caso da existência mesma dos fenômenos mentais conscientes, é difícil saber como seria uma distinção semelhante. Sei, com maior ou menor exatidão, o que quer dizer a afirmação de que, embora pareça, a Terra de fato não é plana e fixa, mas esférica e móvel. Não tenho a menor ideia, porém, do que poderia querer dizer a afirmação de que, apesar de me parecer que estou agora consciente, não estou realmente consciente, mas sim... o quê?

A razão pela qual somos incapazes de suprir a lacuna com algo que não pareça despropositado é bem conhecida desde Descartes: se me parece conscientemente que estou consciente, isso é suficiente para que eu esteja consciente. Daí não poder haver uma distinção geral entre "como as coisas parecem ser" e "como realmente são" quanto à própria existência de estados mentais conscientes.

Isso, é claro, não equivale a dizer que não podemos vir a descobrir todo o tipo de coisas surpreendentes e

---

2. Rorty (1982), p. 84.

contraintuitivas sobre nossa vida mental, sobre a natureza e os mecanismos dos estados mentais conscientes e inconscientes. Equivale, sim, a dizer que não se pode aplicar à *existência* de nossos próprios fenômenos mentais conscientes a distinção entre como as coisas parecem ser e como realmente são.

3

Considerando quanto é difundida a relutância em tratar a consciência e a intencionalidade de um ponto de vista naturalista, simplesmente como propriedades de nível superior entre outras, e considerando que a concepção do lugar da intencionalidade na natureza defendida neste ensaio está em completo desacordo com o que hoje se aceita, gostaria de investigar essas questões um pouco mais profundamente. Se consultarmos a literatura convencional sobre o "problema mente-corpo" nos últimos trinta anos[3], desde a publicação de *The Concept of Mind* (1949), de Ryle, descobriremos uma característica curiosa dessa discussão interminável. Quase todos os contendores de ambos os lados concordam tacitamente que as características especificamente mentais dos eventos mentais conscientes não podem ser características físicas comuns, a exemplo de tantas outras características de nível superior que existem no mundo. Essa pressuposição é frequentemente camuflada pelo modo como essas teses são formuladas. Assim, quando o teórico da identidade nos diz que os estados mentais *são* so-

---

3. Penso no gênero de artigos que podem ser encontrados em Borst (1970), Rosenthal (1971) e Block (1980).

mente estados cerebrais, há um modo de compreender essa tese que é perfeitamente compatível com nossa pressuposição de senso comum sobre o caráter intrínseco e irredutível da consciência e de outras formas da intencionalidade. Podemos ouvir a tese como se dissesse que os processos mentais são somente processos que acontecem no cérebro, do mesmo modo que os processos digestivos são processos que acontecem no sistema digestivo. Mas, em geral, não é isso o que os teóricos da identidade querem dizer. Um exame cuidadoso dos textos, particularmente das partes nas quais respondem aos adversários dualistas, revela que, em geral, os teóricos da identidade (materialistas, fisicalistas, funcionalistas etc.) acabam por negar a existência das características intrinsecamente mentais do mundo. J. J. C. Smart, com sua franqueza típica, formula claramente a posição ao responder a J. T. Stevenson:

> Minha resposta é que não admito a existência de nenhuma dessas propriedades P [isto é, propriedades das sensações que nos impediriam de definir "sensação" em razão das propriedades de um esquema fisicalista]. (1970, p. 93)

Ora, por que Smart julga necessário negar o que parece a Stevenson (e a mim) uma verdade óbvia? Creio que só pode ser porque, a exemplo da tradição que vem desde Descartes, ele pensa que admitir a realidade dos fenômenos mentais conscientes é admitir a existência de fenômenos misteriosos, "pontos pendentes nomológicos" que estão além do alcance das ciências físicas. Por outro lado, consideremos os que desafiam a tradição do materialismo ao afirmar fatos tão óbvios como o de que eles têm comumente uma série de estados conscientes.

Eles parecem pensar que sua asserção os compromete com alguma forma de dualismo, como se, ao afirmar fatos óbvios sobre nossa vida desperta, se comprometessem com a existência de uma categoria ontológica diferente daquela do mundo físico comum em que todos vivemos. Um grupo de filósofos se vê defendendo o progresso da ciência contra superstições residuais. O outro grupo se vê afirmando fatos óbvios que qualquer momento de introspecção revelará. Mas os dois aceitam o pressuposto de que o mentalismo ingênuo e o fisicalismo ingênuo são necessariamente incompatíveis. Os dois aceitam o pressuposto de que uma descrição puramente física do mundo não pode citar nenhuma entidade mental.

Esses pressupostos são falsos. A menos que se defina "físico" e "mental" de tal maneira que um seja a negação do outro, não há nada em nossas noções comuns dos fenômenos mentais e da realidade física que impeça casos dos primeiros de serem exemplos da última.

Para avançar na investigação, perguntemo-nos, então, por que os dois lados cometem esse erro aparentemente óbvio. A meu ver, a resposta é que eles levam muito a sério toda uma tradição, que remonta pelo menos a Descartes, com suas infindáveis disputas sobre substância, dualismo, interação, emergência, categorias ontológicas, a liberdade da vontade, a imortalidade da alma, pressupostos da moral e o tudo o mais. E, em grande medida, essa tradição gira em torno do pressuposto de que "mental" e "físico" nomeiam categorias mutuamente exclusivas. Mas suponhamos por um momento que pudéssemos esquecer tudo sobre toda essa tradição. Tentemos imaginar que estamos simplesmente investigando o lugar que ocupam na natureza nossos próprios estados mentais humanos e animais, intencionais e outros, dado o que sabemos de biologia, química e física e o que sabemos de nossas próprias experiências sobre nossos próprios estados mentais. Creio que, se pudéssemos esquecer a tradição, a questão sobre o lugar desses estados na natureza teria uma resposta óbvia. Eles são estados físicos de certos sistemas bioquímicos, a saber, os cérebros. Mas não há nada de redutivo ou eliminativo nessa concepção. Os estados mentais, com todas as suas características gloriosas ou enfadonhas – consciência, intencionalidade, subjetividade, alegria, angústia etc.– são exatamente como sempre soubemos que são.

Para que minha opinião não seja mal compreendida, gostaria de formulá-la com a máxima simplicidade. Tomemos a forma mais ingênua de mentalismo: existem realmente estados mentais intrínsecos, alguns conscientes, alguns inconscientes, alguns intencionais, alguns não intencionais. No que diz respeito aos conscientes, eles certamente têm as propriedades mentais que parecem ter, porque em geral não há, em relação a essas propriedades, distinção entre como as coisas são e como parecem que são. Agora tomemos a versão mais ingênua do fisicalismo: o mundo consiste inteiramente de partículas físicas, incluindo os vários tipos de relações entre elas. No que diz respeito às coisas reais do mundo, existem somente partículas físicas e várias disposições de partículas físicas. Ora, argumento que é possível aceitar essas duas concepções exatamente como estão, sem modificá-las em nada. Na verdade, a primeira é simplesmente um caso especial da segunda.

4

Admitindo-se que os estados mentais intencionais existem de fato e não devem ser invalidados como um tipo de ilusão ou eliminados por alguma espécie de redefinição, que papel desempenham numa descrição naturalista ou científica da natureza?

Assim como é fato biológico que certos tipos de organismos têm certos tipos de estados mentais, também é igualmente fato biológico que certos estados mentais funcionam causalmente nas interações entre o organismo e o restante da natureza, bem como na produção do comportamento do organismo. É tão só fato da biologia que às vezes a sede levará um organismo a beber água, que a fome o levará a buscar e consumir comida e que o desejo sexual o levará a copular. No caso de seres humanos, em nível muito mais sofisticado, ainda que igualmente biológico, as crenças que uma pessoa tem em relação a seus interesses econômicos podem desempenhar um papel causal na hora de votar, as suas preferências literárias podem desempenhar um papel causal na compra e na leitura de livros e o desejo de estar num lugar diferente daquele no qual ela está pode desempenhar um papel causal no ato de comprar uma passagem de avião, dirigir um carro ou tomar um ônibus. Embora seja bastante óbvio o fato de as relações causais envolverem estados mentais intencionais, muito menos óbvias são a estrutura lógica das relações causais envolvidas e as consequentes implicações que essas relações causais têm na estrutura lógica da explicação do comportamento humano.

As explicações que envolvem a intencionalidade têm certas características lógicas que não figuram nas explicações de outras ciências físicas. A primeira delas é o papel específico da causação intencional na produção de certas espécies de comportamento animal e humano. A característica essencial da causação intencional é que o próprio estado intencional tem função causal na produção de suas condições de satisfação, ou, alternativamente, suas condições de satisfação têm função causal na sua produção. Num caso, a representação, como representação, produz o que representa; no outro caso, o objeto ou estado de coisas representado causa a produção de sua representação. Para esclarecer esse ponto, considerem-se alguns exemplos. Se eu agora tiver o forte desejo de tomar uma xícara de café, e se eu agir com base nesse desejo a fim de satisfazê-lo, então o desejo cujo conteúdo é

(que eu beba uma xícara de café)

causa o próprio estado de coisas que eu beba uma xícara de café. Nesse caso simples e paradigmático de causação intencional, o desejo representa o próprio estado de coisas que causa. A tão discutida "conexão interna" entre "razões para a ação" e as ações que elas causam é somente um reflexo dessa característica subjacente da causação intencional. Como a causa é uma representação daquilo que ela causa, a especificação da causa, como causa, já é indiretamente uma especificação do efeito.

Na verdade, às vezes o estado intencional tem como parte de suas condições de satisfação, parte de seu conteúdo intencional, a necessidade de funcionar causalmente para que seja satisfeito. Assim, por exemplo, as intenções podem ser satisfeitas somente se as ações que representam forem causadas pelas intenções que as representam. Nesse aspecto, as intenções diferem dos desejos: enquanto um desejo pode ser satisfeito mesmo que não cause as condições de sua satisfação, uma intenção pode ser satisfeita somente se causar o restante de suas próprias condições de satisfação. Por exemplo: se tenho o desejo de ser rico e me torno rico, meu desejo será satisfeito mesmo que esse desejo não tenha desempenhado nenhum papel causal no fato de me tornar rico; mas se tenho a intenção de ganhar um milhão de dólares e me vejo com um milhão de dólares completamente por acaso, de maneira tal que minha intenção de ganhar não desempenhou nenhum papel, consciente ou inconsciente, nessa aquisição, embora o estado de coisas representado por minha intenção tenha ocorrido, a própria intenção não foi satisfeita, isto é, a intenção nunca foi levada a cabo. As intenções, diferentemente dos desejos, têm a causação intencional embutida em sua estrutura intencional; são causalmente autorreferenciais na medida em que podem ser satisfeitas somente *se causam* a própria ação que representam. Assim, a intenção prévia de beber uma xícara de café difere em seu conteúdo do desejo de beber uma xícara de café, como podemos ver ao contrapor a seguinte representação das condições de satisfação de uma intenção prévia à nossa representação acima das condições de satisfação do desejo correspondente:

> (que eu beba uma xícara de café e que essa intenção prévia me leve a beber uma xícara de café).

Os casos de "volição", como desejos e intenções, têm o que chamo de "direção de adequação mundo-mente" (o objetivo do estado é fazer que o mundo mude para corresponder ao conteúdo do desejo ou da intenção) e "direção de causação mente-mundo" (o estado mental causa o estado de coisas no mundo que representa). Os casos de "cognição", como percepção, memória e crença, funcionam inversamente no que diz respeito à direção de adequação e à causação intencional. Assim, têm uma direção de adequação mente-mundo (o objetivo do estado mental não é criar uma mudança no mundo, mas corresponder a alguma realidade dotada de existência independente); e, quando a causação intencional funciona na produção do estado intencional, eles têm a direção de causação mundo-mente (se percebo ou me lembro corretamente como as coisas são no mundo, é o fato de elas serem assim que causa minha percepção ou minha recordação de que são assim).

5

Creio que uma explicação completa do papel da intencionalidade e de seu lugar na natureza exige um estudo da causação intencional muito maior do que jamais se fez ou do que posso empreender neste ensaio. Mas, a fim de dar ao leitor uma ideia da importância da causação intencional, gostaria de citar apenas três implicações deste breve esboço da causação intencional para uma explicação causal do comportamento humano e animal; o próprio esboço pode ainda nos indicar alguns aspectos nos quais essa explicação causal difere de certos modelos típicos das explicações consideradas canônicas nas ciências naturais comuns.

1. Em toda explicação causal, seu conteúdo proposicional especifica uma causa. No entanto, nas explicações

intencionais, a causa especificada é ela mesma um estado intencional com seu próprio conteúdo proposicional. Portanto, a especificação canônica da causa numa explicação intencional não só *especifica* esse conteúdo proposicional da causa como também realmente *repete* na explicação esse conteúdo (ou pelo menos algo dele) que está funcionando causalmente na operação da causa. Assim, por exemplo, se compro um bilhete de avião porque quero ir a Roma, na explicação:

Eu fiz isso porque quero ir a Roma.

repito o mesmo conteúdo proposicional que está funcionando na operação do desejo:

Quero ir a Roma.

As explicações intencionais são tanto mais satisfatórias quanto mais reproduzem adequadamente, na explicação, o conteúdo proposicional que está funcionando na própria causa. É consequência adicional dessa característica que os conceitos usados na forma canônica da explicação não descrevem meramente uma causa; antes, os próprios conceitos devem funcionar na operação da causa. Assim, se digo que um homem votou em Reagan porque pensava que isso aumentaria a probabilidade de se tornar rico e feliz, conceitos como ser rico e ser feliz só podem ser empregados na explicação para especificar uma causa se também funcionam como parte dela.

Essas características não têm análogo nas ciências físicas padrão. Se explico a taxa de aceleração de um corpo caindo em função da atração gravitacional e de outras forças, como a fricção operando sobre ele, o conteúdo proposicional de minha explicação faz referência a características do evento tais como gravidade e fricção, mas as características em si não são conteúdos proposicionais nem partes deles.

Essa é uma questão conhecida na história dos debates em torno da natureza da explicação psicológica, mas me parece que ainda não foi devidamente explicada ou avaliada. Creio que é parte daquilo a que Dilthey (1962) aludia quando disse que o método da *Verstehen* era essencial para as ciências sociais, e era parte daquilo a que Winch (1958) aludia quando disse que os conceitos empregados na explicação do comportamento humano também devem ser conceitos disponíveis para o agente cujo comportamento está sendo explicado. A meu ver, uma análise da causação intencional nos forneceria um entendimento teórico mais profundo das questões que Dilthey e Winch tinham em vista.

2. As afirmações da causação intencional não exigem a afirmação de uma lei abrangente* para serem validadas ou para serem causalmente explicativas. No âmbito da física, presumimos que nenhuma explanação causal de um fenômeno seja inteiramente explicativa se não consegue mostrar que é um caso particular de uma ou mais leis gerais. Mas, no caso da causação intencional, geralmente não é isso o que acontece. Mesmo que acreditemos que há leis, enunciáveis nestes ou naqueles

---

* No original, *covering law*. A ideia de lei abrangente foi desenvolvida originalmente por Hempel e Oppenheim como modelo para descrever a estrutura das teorias científicas. O conceito de lei abrangente sustenta-se no pressuposto de que uma teoria científica é composta de dois elementos fundamentais, a saber, o *explanans* e o *explanandum*, e que a produção de teorias científicas implica a indução do *explanans* com base em fatos e a dedução do *explanandum* com base no *explanans*. (N. do T.)

termos, instanciadas por determinado comportamento particular, não é fundamental, para fornecer uma explanação causal do comportamento humano em função da causação intencional, que sejamos capazes de formular essas leis ou mesmo achar que elas existem.

3. As formas teleológicas de explicação são aquelas que permitem explicar um fenômeno em função das finalidades, objetivos, propósitos, intenções e outros fenômenos semelhantes. Se a explicação teleológica for realmente uma subclasse de explicação científica, será necessário concluir que a natureza realmente contém fenômenos teleológicos. A explicação que proponho aqui da intencionalidade e de seu lugar na natureza tem como consequências tanto que a natureza contém fenômenos teleológicos como que as explicações teleológicas são formas adequadas de explicação para certos tipos de eventos. De fato, a afirmação de que as finalidades, objetivos, propósitos e intenções são características intrínsecas de certos organismos biológicos tem como consequência lógica imediata a conclusão de que a teleologia é uma parte intrínseca da natureza, pois esses fenômenos são teleológicos por definição. E a caracterização que forneci desses fenômenos tem como consequência imediata a conclusão de que as explicações teleológicas são as mais adequadas para explicar certos tipos de eventos, uma vez que esses fenômenos causam eventos por meio da forma de causação intencional peculiar à teleologia.

Todos os estados que chamei de "teleológicos" têm a direção de adequação mundo-mente e a direção de causação mente-mundo. A função explanatória da postulação desses estados nas explicações teleológicas pode ser elucidada por meio de um exemplo. Consideremos o caso de um animal, um leão, digamos, que se move de modo aparentemente irregular em meio ao mato alto. O comportamento do leão será explicado se dissermos que ele espreita um antílope, que é sua caça. O comportamento de espreitar é causado por um conjunto de estados intencionais: ele está *faminto*, ele *quer* devorar o antílope, ele *tem a intenção* de seguir o antílope com o *objetivo* de pegá-lo, matá-lo e devorá-lo. Seus estados intencionais representam estados possíveis das coisas no futuro e serão satisfeitos somente se esses estados vierem a verificar-se (direção de adequação mundo-mente); seu comportamento é uma tentativa de produzir esses estados (direção de causação mente-mundo). A afirmação de que a teleologia faz parte da natureza ou está nela equivale a estas outras duas afirmações: a de que certos organismos contêm estados intencionais voltados para o futuro com a direção de adequação mundo-mente e a de que esses estados são capazes de funcionar causalmente para produzir suas condições de satisfação.

Vale a pena chamar a atenção para as características lógicas da explicação teleológica porque, segundo algumas concepções, essa explicação teleológica explica um evento pela ocorrência de um evento futuro, como se, por exemplo, o ato de devorar a caça explicasse o comportamento de espreitar[4]. Mas, de acordo com minha opinião, essa concepção põe o carro adiante dos bois. Todas as explicações teleológicas válidas são explicações fundadas na causação intencional, e a causação intencional não tem um misterioso modo retroativo de operação. O comportamento de espreitar no tempo t_1 é explicado pelos estados intencionais presentes e anteriores em t_1 e

---

4. Para uma discussão dessa concepção, ver Braithwaite (1953), capítulo X.

t_0, todos os quais visam ao comportamento de devorar em t_2.

Na grande revolução científica do século XVII, a rejeição da teleologia na física foi um passo libertador. Do mesmo modo, na grande revolução darwiniana do século XIX, a rejeição da explicação teleológica das origens das espécies também o foi. O século XX sofreu a tentação irresistível de completar esse quadro, rejeitando a teleologia nas ciências do homem. Mas, ironicamente, o movimento libertador do passado se tornou repressor e contraprodutivo no presente. Por quê? Porque é fato inconteste que os seres humanos têm desejos, finalidades, intenções, propósitos, objetivos e planos, e que isso desempenha um papel causal na produção de seu comportamento. As ciências humanas nas quais esses fatos são simplesmente dados por certos, como a economia, fizeram um progresso muito maior do que outras áreas, como a psicologia comportamental, que se basearam numa pretensa negação desses fatos. Assim como era má ciência tratar sistemas que não têm intencionalidade como se a tivessem, é igualmente má ciência tratar sistemas que têm intencionalidade intrínseca como se não a tivessem.

Referências bibliográficas

Block, N. (org.). 1980. *Readings in Philosophical Psychology*, vol. 1. Cambridge, Massachusetts: Harvard University Press.
Borst, C. V. (org.). 1970. *The Mind-Brain Identity Theory*. Londres: Macmillan.
Braithwaite, R. B. 1953. *Scientific Explanation*. Cambridge, Inglaterra: Cambridge University Press.
Dilthey, W. 1962. *Meaning in History*, H. P. Rickman [trad. para o inglês e org.], Nova York.

Rorty, R. 1982. Mind as Ineffable. In: R. Q. Elvee (org.). *Mind and Nature*. São Francisco: Harper & Row.

Rosenthal, D. M. (org.) 1971. *Materialism and the Mind-Body Problem*. Englewood Cliffs, N. J.: Prentice-Hall.

Ryle, G. 1949. *The Concept of Mind*. Londres: Hutchinson's University Library.

Smart, J. J. C. 1970. Further Remarks on Sensations and Brain Processes. In: Borst (1970), pp. 93-4.

Winch, P. 1958. *The Idea of a Social Science*. Londres: Routledge & Kegan Paul.

6. INTENÇÕES E AÇÕES COLETIVAS[1]

Este ensaio começa com uma intuição, uma notação e um pressuposto. A intuição é: o comportamento intencional coletivo é um fenômeno primitivo que não pode ser analisado como mera soma dos comportamentos intencionais individuais; e as intenções coletivas expressas na forma "nós temos a intenção de fazer tal coisa" ou "estamos fazendo tal coisa" também são fenômenos primitivos e não podem ser analisadas em função das intenções individuais expressas na forma "tenho a intenção de fazer tal coisa" ou "estou fazendo tal coisa". A notação é: S (p). "S" representa o tipo de estado psicológico; "p" representa o conteúdo proposicional, o conteúdo que determina as condições de satisfação. Como todas as notações desse tipo, esta não é neutra, porque incorpora uma teoria. O pressuposto é: toda intencionalidade, seja coletiva, seja individual, exige um *background*

---

1. Publicado nesta edição com a permissão de *Intentions in Communication*, org. P. Cohen, J. Morgan e M. E. Pollack (Cambridge, Mass.: MIT Press, 1990).

pré-intencional de capacidades mentais que não são em si representacionais. Neste caso, isso implica que o funcionamento dos fenômenos representados pela notação exige um conjunto de fenômenos que não podem ser por ela representados.

As questões tratadas neste ensaio são: está correta a intuição? (A maioria dos autores que consultei a considera incorreta.) E, se estiver correta, podemos adequá-la à notação? Como representar, se é que isso é possível, a estrutura das intenções coletivas por meio dessa notação? E qual o papel desempenhado pelo *background* em nossa capacidade de funcionar em coletivos sociais? Essas questões não são simples. A questão maior, da qual fazem parte, é: em que medida é possível ampliar a teoria da ação intencional contida em *Intencionalidade* (Searle, 1983) para torná-la uma teoria geral?

1. A intuição

Comecemos com a intuição. A primeira metade dela dificilmente poderia estar errada. Parece óbvio que há realmente um comportamento intencional coletivo distinto do comportamento intencional individual. Podemos ver isso quando assistimos a uma jogada de futebol; ouvimo-lo quando escutamos uma orquestra tocando. Melhor ainda, experimentamos isso quando nos envolvemos em alguma atividade de grupo, na qual nossas próprias ações são parte da ação grupal.

O problema está na segunda metade da intuição, ou seja, na ideia de que o comportamento coletivo de alguma maneira não é analisável em função do comportamento individual e de que a intenção coletiva de alguma maneira não é redutível a uma conjunção de intenções singulares. Pergunta-se: como poderia existir um comportamento grupal que não fosse somente o comportamento dos membros do grupo? Afinal, uma vez considerados todos os membros do grupo, não há ninguém mais a considerar. E como poderia existir um fenômeno mental grupal, exceto o que está nos cérebros dos membros do grupo? Como poderia existir um "nós temos a intenção" que não fosse inteiramente constituído por uma série de "eu tenho a intenção"? Não há, decerto, nenhum movimento corporal que não seja movimento dos membros do grupo. Basta imaginarmos uma orquestra, um corpo de baile ou um time de futebol. Assim, se existe algo específico no comportamento coletivo, ele deve residir em um aspecto específico do componente mental, na forma da intencionalidade.

Gostaria de desenvolver uma caracterização da forma especial da intencionalidade coletiva, tentando inicialmente demonstrar a primeira parte da intuição original.

Tese 1

Existe realmente um comportamento intencional coletivo que não se reduz à soma dos comportamentos intencionais individuais.

Declarei que essa afirmação parece óbvia, mas é importante ver quanto o comportamento coletivo permeia o mundo. Não é de maneira nenhuma uma prerrogativa dos seres humanos; ao contrário, parece uma forma biologicamente primitiva de vida animal. Os estudos do comportamento animal não cansam de explicar o comportamento cooperativo, o que não carece de um especialista para ser reconhecido. Consideremos dois pássaros construindo um ninho, ou filhotes brincando num gramado, ou grupos de primatas procurando comida, ou até mesmo um homem passeando com seu cachorro. Nos humanos, o comportamento coletivo normalmente envolve a linguagem; mas, mesmo em relação aos humanos, ele nem sempre a exige, tampouco exige maneiras convencionais de comportamento. Se vejo um homem empurrando um carro na rua na tentativa de fazê-lo pegar, por exemplo, simplesmente começo a empurrar com ele. Não trocamos uma palavra, e não há convenção nenhuma de acordo com a qual eu deva empurrar seu carro. Mas eis um caso de comportamento coletivo. Em tal caso, *eu* estou empurrando somente como parte do *nosso* empurrar.

A maneira mais simples de perceber que o comportamento coletivo não é idêntico à soma dos comportamentos individuais talvez seja ver que os mesmos tipos de movimentos corporais poderiam constituir, numa ocasião, um conjunto de atos individuais e, noutra, uma ação coletiva. Consideremos o seguinte exemplo: imaginemos que um conjunto de pessoas esteja espalhado pelo gramado de um parque. Imaginemos que, de repente, comece a chover e todas as pessoas se levantem e corram para um abrigo comum, localizado no centro. Cada uma tem a intenção expressa pela frase "estou correndo para o abrigo". Mas, em relação a cada pessoa, podemos supor que sua intenção é inteiramente independente das intenções e do comportamento das demais. Nesse caso, não há comportamento coletivo; há somente uma sequência de atos individuais que coincidentemente convergem para um objetivo comum. Agora imaginemos um grupo de pessoas que, dentro de um parque, convirja para um ponto comum como parte de um comportamento coletivo. Imaginemos que elas participem de um balé ao ar livre, cuja coreografia pede que todo o corpo de baile convirja para um ponto comum. Podemos até imaginar que os movimentos corporais externos sejam indistinguíveis nos dois casos: as pessoas correndo para o abrigo fazem os mesmos tipos de movimentos corporais que os bailarinos. Observados externamente, os dois casos são indistinguíveis, mas é claro que diferem internamente. Qual é a diferença? Bem, parte da diferença é que a forma da intencionalidade, no primeiro caso, consiste em cada pessoa ter uma intenção que ela poderia expressar sem referência aos outros, mesmo quando cada qual tenha conhecimento das intenções das demais. Mas, no segundo caso, os "eu tenho a intenção de" individuais são, de uma maneira que precisaremos explicar, derivados do "nós temos a intenção de". Isto é, no primeiro caso, mesmo que cada pessoa saiba que as outras têm a intenção de correr para o abrigo, e mesmo que as outras pessoas saibam que ela tem a intenção de fazer isso, ainda não existe um comportamento coletivo. Pelo menos nesse caso, parece que nenhum conjunto de "eu tenho a intenção de", mesmo suplementado pelas crenças sobre outros "eu tenho a intenção de", é suficiente para gerar um "nós temos a intenção de". Intuitivamente, no caso coletivo, a intencionalidade individual, expressa por "estou fazendo a ação A", é derivada da intencionalidade coletiva "nós estamos fazendo a ação A".

Outra pista sobre a diferença entre as intenções coletivas e a mera soma de intenções individuais é que geralmente a forma derivada de intenção individual terá um conteúdo diferente daquele da intenção coletiva da qual deriva. Tome-se o seguinte exemplo: suponha-se que somos parte de um time de futebol e que estamos tentando fazer uma tabela. Isto é, a intenção do time, supõe-se, é em parte expressa por "estamos fazendo uma tabela". Mas atenção: nenhum membro individual do time tem isso como conteúdo completo de sua intenção, pois ninguém pode fazer uma tabela sozinho. Cada jogador deve fazer uma contribuição específica para o objetivo geral. Se sou centroavante, minha intenção poderia ser expressa por "estou furando a zaga". Cada membro do time compartilhará a intenção coletiva, mas terá uma atribuição individual que, embora derivada da coletiva, possui conteúdo diferente daquele da coletiva. Enquanto a intenção coletiva é "estamos fazendo A", as individuais são "estou fazendo B", "estou fazendo C" e assim por diante.

No entanto, supondo que obtenhamos uma caracterização correta do "eu tenho a intenção de", não poderíamos mostrar como essas intenções se somam até compor um "nós temos a intenção de"? Acho que não, e isso nos leva a nossa segunda tese:

Tese 2

As intenções-nós não podem ser analisadas como conjuntos de intenções-eu, nem mesmo conjuntos de intenções-eu suplementadas por crenças, inclusive crenças recíprocas, sobre as intenções dos outros membros do grupo.

A meu ver, a maioria dos filósofos concordaria com a ideia de que o comportamento coletivo é um fenômeno autêntico; o problema é como analisá-lo. Uma tradição tende a falar de mentes grupais, inconsciente coletivo e assim por diante. Considero esse discurso, no melhor dos casos, sibilino e, no pior, incoerente. A maioria dos filósofos de inclinação empirista julga que esses fenômenos devem ser reduzidos à intencionalidade individual; especificamente, consideram que as intenções coletivas podem ser reduzidas a conjuntos de intenções individuais, conjugados a conjuntos de crenças e, sobretudo, de crenças recíprocas. Jamais encontrei uma análise desse tipo que não estivesse sujeita a contraexemplos óbvios, mas devemos examiná-las para ver por que não procedem. Uma amostra exemplar desse tipo de análise é a de Tuomela e Miller (1988), a melhor que já encontrei.

Deixando de lado os detalhes técnicos, podemos resumir da seguinte maneira a explicação de Tuomela e Miller. Um agente A é membro de um grupo "nós temos a intenção de" fazer X se

1. A tem a intenção de fazer sua parte de X.
2. A crê que as precondições de êxito estão dadas; em especial, acredita que os outros membros do grupo farão (ou, pelo menos, provavelmente farão) sua parte de X.
3. A acredita existir, entre os membros do grupo, a crença recíproca de que as precondições de êxito mencionadas em 2 serão cumpridas.

Essa explicação é exemplar na medida em que procura reduzir as intenções coletivas a intenções individuais mais crenças. Eu, ao contrário, proponho que reduções desse tipo não funcionarão, que as "intenções-nós" são primitivas. E acho fácil identificar o que está errado na explicação Tuomela-Miller: o membro de um grupo pode satisfazer essas condições e mesmo assim não ter uma intenção-nós.

Consideremos a seguinte situação. Imaginemos um grupo de homens de negócios que se formaram na mesma faculdade de administração, onde aprenderam a teoria da mão invisível de Adam Smith. Cada um deles passa a acreditar que a melhor maneira de ajudar a humanidade é buscar seu próprio interesse egoísta, e cada um deles concebe uma intenção distinta com vistas a esse fim; isto é, cada um tem uma intenção que expressaria como "eu tenho a intenção de fazer minha parte para ajudar a humanidade, buscando meu próprio interesse egoísta e não cooperando com ninguém". Suponhamos também que os membros do grupo sustentem a crença recíproca (uns a respeito dos outros) de que cada um tem a intenção de ajudar a humanidade buscando seus próprios interesses egoístas e de que essas intenções provavelmente darão certo na prática. Isto é, podemos supor que cada um tenha sido tão bem doutrinado pela faculdade de administração que todos creem que seus esforços egoístas contribuirão para ajudar a humanidade.

Consideremos agora A, um membro dado da classe de formandos na faculdade de administração.

1. A tem a intenção de buscar seus próprios interesses egoístas sem consideração por mais ninguém, e é assim que tem a intenção de fazer sua parte para ajudar a humanidade.
2. A crê que as precondições de êxito estão dadas. Em particular, acredita que outros membros de sua classe de formatura também buscarão seus próprios interesses egoístas e que é assim que ajudarão a humanidade.
3. Como sabe que seus colegas se formaram na mesma ideologia egoísta em que se formou, A crê que existe

uma crença recíproca entre os membros de seu grupo baseada no fato de que, se cada um buscar seus próprios interesses egoístas, isso constituirá um benefício para a humanidade.

Logo, A satisfaz as condições de Tuomela-Miller, mas, ainda assim, não tem uma intencionalidade coletiva. Não há uma intenção-nós. Há até mesmo uma ideologia, que ele e os outros aceitam, segundo a qual a intenção-nós é algo que não deve existir.

É preciso distinguir esse caso daquele em que todos os graduados pela faculdade de administração se reúnem no dia de formatura e fazem o pacto de saírem todos juntos e ajudarem a humanidade, buscando cada um seus próprios interesses egoístas. O último, ao contrário do primeiro, é um caso de intencionalidade coletiva. É possível buscar objetivos coletivos cooperativos por meios individuais, como demonstra também o seguinte exemplo. Suponhamos que um dos membros de um time de beisebol perca sua carteira durante o jogo. Suponhamos que os membros raciocinem que as chances de encontrá-la aumentam se cada um agir separadamente; e cada um procura a carteira a seu modo, ignorando os outros. Começam então a buscar a carteira de modo coordenado e cooperativo, agindo com total falta de coordenação e cooperação. Diferentemente do contraexemplo original, esses são casos autênticos de comportamento coletivo.

Poderíamos evitar esses contraexemplos interpretando a noção de "fazer sua parte" de tal modo que os impedíssemos? Acho que não. Somos tentados a interpretar "fazer sua parte" como "fazer sua parte para alcançar o objetivo *coletivo*". Mas, se acatarmos isso, teremos incluído a noção de intenção coletiva na noção de "fazer sua parte". Estaremos, assim, diante de um dilema: se incluirmos a noção de intenção coletiva na noção de "fazer sua parte", a análise incorrerá em petição de princípio: estaríamos definindo as intenções-nós em função de intenções-nós. Se não interpretarmos "fazer sua parte" assim, a análise pecará por insuficiência. A não ser que a intenção-nós esteja embutida na noção de "fazer sua parte", seremos capazes de apresentar contraexemplos como o que esbocei.

É possível formular de maneira bastante geral a razão pela qual as intenções-nós não podem ser reduzidas a intenções-eu, mesmo que estas sejam suplementadas por crenças, inclusive relativas a crenças recíprocas. A noção de uma intenção-nós, de intencionalidade coletiva, implica a noção de *cooperação*. Mas a mera presença de intenções-eu para alcançar um objetivo que coincidentemente se acredite ser o mesmo objetivo de outros membros do grupo não implica a presença da intenção de cooperar para alcançar esse objetivo. É possível ter um objetivo a partir do conhecimento de que outros também têm o mesmo objetivo, e é possível ter crenças, até mesmo crenças recíprocas, em relação ao objetivo compartilhado pelos membros de um grupo, sem necessariamente haver nenhuma cooperação entre os membros ou nenhuma intenção de cooperar entre eles.

Não consegui provar que tal análise jamais procederia. Não tenho por fim provar uma universal negativa. Mas o fato de as tentativas que testemunhei de fornecer uma análise redutiva da intencionalidade coletiva fracassarem por razões similares – a saber, não fornecem condições suficientes para a cooperação; é possível satisfazer as condições da análise sem ter intencionalidade coleti-

va – sugere que nossa intuição está certa: as intenções-
-nós são um fenômeno primitivo.

Contudo, minha afirmação de que há uma forma de intencionalidade coletiva que não é o produto de uma mente grupal misteriosa e, ao mesmo tempo, não é redutível a intenções individuais apresenta inúmeros problemas, e devemos agora tentar resolver alguns deles. Podemos expressar desta forma o problema mais difícil: qual é a estrutura das intenções-nós? Não teremos condições de responder a essa questão antes de responder a uma questão mais básica, que diz respeito ao modo como podemos conciliar a existência da intencionalidade coletiva com o fato de que a sociedade consiste inteiramente de indivíduos; e nenhum fato relacionado a conteúdos mentais individuais garante a existência de outros indivíduos. Creio que fatos como esses levaram as pessoas a acreditar que as intenções-nós devem ser redutíveis às intenções-eu.

Tudo o que dissermos sobre a intencionalidade coletiva precisa satisfazer às seguintes condições:

Restrição 1

Deve ser compatível com o fato de que a sociedade é constituída somente por indivíduos. Já que ela é inteiramente constituída por indivíduos, não pode existir uma mente grupal ou uma consciência grupal. Toda a consciência está nas mentes individuais, nos cérebros individuais.

Restrição 2

Deve ser compatível com o fato de que a estrutura da intencionalidade de um indivíduo tem de ser independente do fato de ele estar ou não entendendo as coisas corretamente, de ele estar ou não radicalmente equivocado sobre o que ocorre na realidade. E essa restrição se aplica tanto à intencionalidade coletiva como à intencionalidade individual. Um modo de expressar essa restrição é dizer que a explicação precisa ser compatível com o fato de que toda a intencionalidade, seja coletiva, seja individual, poderia pertencer a um cérebro num vidro ou a um conjunto de cérebros em vidros.

Essas duas restrições equivalem à exigência de que toda explicação que demos a respeito da intencionalidade coletiva e, portanto, do comportamento coletivo, deve ser compatível com nossa ontologia e nossa metafísica geral do mundo, ontologia e metafísica baseadas na existência de seres humanos individuais que são os depositários de toda a intencionalidade, individual ou coletiva[2].

Tese 3

A tese de que as intenções-nós são uma forma primitiva de intencionalidade, não redutível a intenções-eu mais crenças recíprocas, é compatível com essas duas restrições.

---

2. Os leitores hão de reconhecer que essas duas restrições aproximam-se do "individualismo metodológico" e do "solipsismo metodológico" como tradicionalmente interpretados. Quero evitar, se possível, afundar no pântano das polêmicas tradicionais. Por isso procuro apresentar uma versão dessas restrições que permita que sejam interpretadas como pré-teóricas, ou seja, segundo as exigências do senso comum.

A bem dizer, acho muito simples satisfazer a essas restrições. Basta reconhecer que há intenções cuja forma é: nós temos a intenção de praticar a ação A; e essa intenção pode existir na mente de cada agente individual que esteja atuando como parte do coletivo. Em casos como o do time de futebol, cada indivíduo terá um conteúdo intencional adicional, que em linguajar comum poderia ser expresso na forma "estou praticando a ação B como parte de nossa prática da ação A". Por exemplo: "estou furando a zaga como parte de nossa tabela". Precisamos notar apenas que toda a intencionalidade necessária para o comportamento coletivo pode pertencer a agentes individuais, muito embora a intencionalidade em questão se refira ao coletivo.

Nos casos descritos, se meu ato de empurrar o carro é somente uma parte do nosso ato de empurrar, ou se meu ato de furar a zaga faz parte da nossa tabela, a intencionalidade, tanto plural como singular, está em minha cabeça. Suponho, é claro, que nesses casos minha intencionalidade coletiva seja, de fato, compartilhada; suponho que nesses casos eu não esteja simplesmente agindo sozinho. Mas eu poderia ter exatamente a mesma intencionalidade mesmo que estivesse radicalmente equivocado, mesmo que a presença e a cooperação aparentes das outras pessoas fossem uma ilusão, mesmo que eu fosse vítima de uma alucinação, mesmo que eu não passasse de um cérebro num vidro. A intencionalidade coletiva em minha cabeça pode se referir significativamente a outros membros de um coletivo, quer esses membros existam de fato, quer não.

Como essa afirmação é compatível com a fantasia do cérebro no vidro, ela é *a fortiori* compatível com cada uma de nossas restrições. É compatível com a restrição 2 porque a formulação do cérebro no vidro é precisamente a forma mais extrema de enunciar essa restrição; e é compatível com a restrição 1 porque não precisamos supor que haja outro elemento na sociedade exceto indivíduos – isto é, a suposição é inteiramente compatível com o fato de que a sociedade é constituída inteiramente de indivíduos. É compatível com o fato de que não existe uma mente grupal ou consciência grupal, porque somente exige que postulemos que os estados mentais podem se referir a coletivos, mas que essa referência ao coletivo está fora dos parênteses que especificam o conteúdo proposicional do estado intencional. O pensamento na mente do agente se resume na forma "estamos fazendo tal e tal coisa".

Um aspecto perturbador da análise talvez seja o fato de que ela tolera uma forma de erro que não consiste apenas em não atender às condições de satisfação de um estado intencional, tampouco somente num colapso do *background*. Ela tolera o fato de que eu possa estar errado em supor que o "nós" do "nós temos a intenção de" realmente se refere a um nós; isto é, ela tolera o fato de que minha pressuposição de que minha intencionalidade é coletiva esteja equivocada não somente por eu ter uma crença errônea. Se minha intenção coletiva não é de fato compartilhada, realmente tenho uma crença errônea; mas, na análise proposta, não é só isso que pode estar errado. Ora, esse fato viola um pressuposto cartesiano muito profundo que tende a estar sempre presente em nosso pensamento. O pressuposto é o de que, se estou equivocado, isso só acontece porque uma de minhas crenças é falsa. Na minha explicação, porém, ocorre que não só posso estar errado sobre como as coisas são no mundo, mas também que posso estar errado sobre o que eu mesmo estou fazendo. Se na minha alucinação suponho que outra pessoa esteja me ajudando a empurrar o carro, se suponho que meu ato de empurrar seja apenas parte do nosso ato de empurrar, equivoco-me não só quanto à crença de que há outra pessoa empurrando, mas também quanto ao que eu mesmo estou fazendo. Pensei que meu ato de empurrar fosse parte do nosso ato coletivo de empurrar, mas não era isso o que eu de fato estava fazendo.

2. A notação

Volto-me agora para a notação. Qual é a estrutura formal da intencionalidade coletiva? Para expressar a estrutura de casos coletivos, precisamos nos lembrar da estrutura da intencionalidade de atos singulares. Por exemplo: o ato de levantar o braço tem dois componentes: um componente "mental" e um componente "físico". O componente mental não só representa como também causa o componente físico; e, porque a forma da causação é intencional, o mental causa o físico na medida em que o representa. Em linguagem comum, podemos dizer: quando tenho êxito, minha tentativa de fazer alguma coisa causa um efeito de certo tipo, porque isso é o que eu tentava conseguir. Na notação que me pareceu útil e compreensível, podemos representar esses fatos, quando o ato em causa é o de levantar o próprio braço, do seguinte modo:

i.a. (essa i.a. causa: meu braço sobe) CAUSA: MEU BRAÇO SOBE.

Os enunciados em letras minúsculas representam o componente mental. O tipo de estado intencional está especificado fora dos parênteses. Nesse caso, "i.a." representa a "intenção-na-ação" e as expressões dentro dos parênteses representam as condições de satisfação, ou seja, aquilo que deve acontecer para que o estado intencional seja satisfeito. Em se tratando de intenções, essas condições são causalmente autorreferenciais; ou seja, faz parte das condições de satisfação que o próprio estado cause um acontecimento do tipo representado no restante das condições de satisfação. Os enunciados em letras maiúsculas à direita representam os acontecimentos físicos reais no mundo. Se a i.a. for bem-sucedida, então o ato terá dois componentes, um "mental" e outro "físico", e a condição de satisfação do mental é que ele cause um acontecimento físico de certo tipo. Como estamos supondo que a i.a. foi bem-sucedida, a notação citada representa o fato de que ela efetivamente causa um acontecimento daquele tipo. Todos esses fatos resumem-se na referida notação.

Para que a notação fique perfeitamente clara, redijo por extenso uma paráfrase dela em linguagem comum, traduzindo-a não num diagrama da estrutura de uma intenção, e sim num período composto:

> Há uma intenção-na-ação cujas condições de satisfação são que a própria intenção-na-ação cause o fato de meu braço subir; e todos esses fenômenos mentais realmente causam no mundo físico o fato de meu braço subir.

Consideremos agora como isso funciona num caso um pouco mais complexo, que implica uma relação por-meio-de ou relação indireta. Suponhamos que um homem dispare um revólver puxando o gatilho. Ele tem uma intenção-na-ação cujo conteúdo é que essa mesma intenção-na-ação cause o movimento do gatilho, o qual, por sua vez, deve causar o disparo do revólver. Se a intenção for satisfeita, todo esse complexo evento poderá ser assim esquematizado:

i.a. (essa i.a. causa: puxa gatilho, causa: dispara revólver) CAUSA: PUXA GATILHO, CAUSA: DISPARA REVÓLVER.

Aqui, mais uma vez, as expressões em letras minúsculas representam os conteúdos da mente, e as expressões em letras maiúsculas representam o que acontece no mundo real. Como pressupomos que os conteúdos da mente sejam satisfeitos, podemos simplesmente deixar de lado a referência ao mundo real. Se satisfeitos, os conteúdos da mente poderão ser lidos diretamente no mundo. Introduzimos antes os dois-pontos, que são lidos (com os devidos ajustes) como "o fato de..." e nos permitem converter em termos singulares a frase ou outras expressões que se seguem. Aqui introduzimos a vírgula, que é lida como "que" e converte as expressões subsequentes numa oração relativa. Assim, o que nesse exemplo está entre parênteses deve ser lido em nossa língua do seguinte modo:

> Essa intenção-na-ação causa o fato de puxar o gatilho, o que causa o fato de disparar o revólver.

Apliquemos agora essas lições ao estudo do comportamento coletivo. Para tanto, vejamos outro caso.

Suponhamos que Jones e Smith estejam engajados num comportamento cooperativo. Suponhamos que estejam preparando um molho holandês. Jones mexe enquanto Smith despeja lentamente os ingredientes. Eles têm de coordenar seus esforços, porque, se Jones parar de mexer ou se Smith parar de despejar, o molho não dará ponto. Cada um tem uma forma de intencionalidade coletiva que pode ser expressa como "Nós estamos preparando um molho holandês". Trata-se de uma intenção-na-ação coletiva com a seguinte fórmula:

i.a. (essa i.a. causa: o molho é misturado).

O enigma é: como essa intenção coletiva causa alguma coisa? Afinal, os únicos agentes aí presentes são seres humanos individuais, e, de alguma maneira, a causação intencional tem de funcionar por meio deles e somente por meio deles. Creio que uma das chaves para entender a intencionalidade coletiva é ver que, em geral, as relações "por" e "por-meio-de" para alcançar o objetivo coletivo têm de terminar em ações individuais. Assim, poderíamos perguntar aos cozinheiros: "Como vocês estão preparando o jantar?" "Bem", responderiam eles, "em primeiro lugar, pela preparação do molho, e depois pela preparação da carne." Mas em dado momento alguém precisa poder dizer, por exemplo, "Eu estou mexendo." Nesses casos, o componente individual das ações coletivas desempenha o papel de meio para um fim. O mexer de Jones é meio para fazer o molho, no mesmo sentido em que puxar o gatilho é meio para disparar o revólver. Jones tem um conteúdo intencional que poderíamos expressar como:

Estamos fazendo o molho por meio do meu ato de mexer.

E Smith tem o conteúdo intencional:

Estamos fazendo o molho por meio do meu ato de despejar.

Do ponto de vista de cada agente, não há duas ações com duas intenções que cada um deles esteja realizando. Ou melhor: assim como no caso do revólver há somente uma intenção e uma ação – disparar o revólver por meio do ato de puxar o gatilho –, no caso coletivo cada agente tem somente uma intenção que representa sua contribuição para a única ação coletiva:

Jones: i.a. (essa i.a. causa: ingredientes são mexidos).
Smith: i.a. (essa i.a. causa: ingredientes são despejados).

Mas ainda não resolvemos o problema. No caso da ação individual, há uma única intenção que abarca as relações por-meio-de. Tenho a intenção de disparar o revólver por meio do ato de puxar o gatilho. Uma intenção, uma ação. A relação da intenção-meio com a intenção completa é simplesmente parte-todo: a intenção inteira representa tanto o meio quanto o fim, e ela o faz representando a relação por-meio-de de acordo com a qual a pessoa realiza o fim por meio do meio.

Mas como isso funciona quando o meio é individual e o objetivo é coletivo? A resposta a essa questão não é óbvia em absoluto. Façamos alguns testes. Nossa tendência é pensar que essas intenções contêm a intencionalidade coletiva do começo ao fim, que simplesmente existe uma classe especial de intenções coletivas e que isso é bastante. Nessa explicação, do ponto de vista de Jones, a intencionalidade seria formulada assim:

i.a. coletiva (essa i.a. coletiva causa: ingredientes são mexidos, causa: o molho é misturado)

Mas essa solução "coletivista" ou "socialista" não pode estar correta, porque exclui o fato de que Jones está dando uma contribuição individual para o objetivo coletivo. Se eu sou Jones, essa explicação não revela como a intencionalidade coletiva pode mover meu corpo. Sentimo-nos decerto inclinados a dizer: para que o molho seja misturado, é preciso que eu pessoalmente tenha a intenção de fazer alguma coisa.

A visão oposta, de acordo com a qual tudo é intencionalidade individual, solução "capitalista" ou "individualista", não se sai, todavia, melhor:

i.a. singular (essa i.a. singular causa: mexidos, causa: misturado).

Essa formulação não satisfaz porque é compatível com a possibilidade de não existir absolutamente nenhuma intencionalidade coletiva. Eu poderia mexer o molho, sabendo que você está fazendo algo que, junto com o meu ato de mexer, produzirá o resultado desejado e poderíamos fazer tudo isso sem nenhuma intencionalidade coletiva. Em suma, essa formulação é compatível com a afirmação de que a intencionalidade coletiva como tal simplesmente não existe, de que se reduz somente a um acúmulo de intencionalidades individuais; e já refutamos essa opinião.

Façamos outra tentativa. Procuremos apreender tanto os componentes coletivos como os individuais da seguinte maneira: suponhamos que a intenção coletiva seja considerada causa da intenção singular:

i.a. coletiva (essa i.a. coletiva causa: i.a. singular, causa: mexidos, causa: misturado).

A característica dessa análise que me leva a julgá-la necessariamente falsa reside no fato de que uma i.a. separada está no âmbito da i.a. coletiva. Isso implica que a intenção coletiva não será satisfeita a menos que me faça ter uma i.a. singular. E isso não pode estar correto, porque minha intenção coletiva não é a intenção de fazer que eu tenha uma intenção singular; é a intenção de realizar um objetivo coletivo para o qual minha intenção singular concorre como meio para um fim. Um indício desse erro é que isso é muito diferente do caso da ação singular usual, em que a intenção de disparar o revólver por meio do ato de puxar o gatilho consiste numa única intenção complexa, não em duas intenções nas quais o fato de uma causar a outra faz parte de suas condições de satisfação. Nos casos singulares, é claro, uma intenção pode causar em mim, por meio do raciocínio prático, uma intenção subsidiária. Mas, mesmo nesses casos, ela não tem necessariamente de causar a intenção subsidiária para ser satisfeita. No caso singular, há uma só intenção na cabeça do agente: disparar o revólver por meio do ato de puxar o gatilho. Ora, no caso coletivo, por que deveriam existir duas intenções na cabeça de cada agente?

Bem, tentemos começar de novo. Indaguemos intuitivamente o que ocorre. Intuitivamente, estamos intencionalmente preparando o molho e, se eu sou Jones, minha parte é mexer intencionalmente os ingredientes. Mas qual é a relação exata entre a intenção coletiva e a individual? Parece-me que é idêntica à relação entre a intenção de puxar o gatilho e a de disparar o revólver: assim como eu disparo o revólver por meio do ato de puxar o gatilho, Nós fazemos o molho por meio do Meu ato de mexer e do Seu ato de despejar. No que diz respeito à minha parte, Nós temos a intenção de preparar o molho por meio do Meu ato de mexer. Mas por acaso as duas intenções, a i.a. singular e a i.a. coletiva, não têm de ser separadas? Não, assim como não é necessário que existam duas intenções separadas quando disparo o revólver por meio do ato de puxar o gatilho. A verdadeira distinção entre o caso singular e o caso coletivo é o *tipo* de intenção envolvida, não a maneira como os elementos das condições de satisfação se relacionam uns com os outros. A forma da intenção no caso singular é realizar o objetivo B colocando em prática o meio A. Ou seja, não se trata somente de um tipo qualquer de i.a.; trata-se de um tipo de i.a que pode ser formulado como "realizar-B--por-meio-de-A". Assim, afigura-se que a notação que representa esse tipo de i.a. contém duas variáveis livres, "A" e "B"; e que essas variáveis são, em seguida, limitadas por orações, dentro dos parênteses, que funcionam como substantivos. O que estamos tentando dizer é que eu tenho uma intenção do tipo "realizar-B-por-meio--de-A" cujo conteúdo é: o ato de puxar-o-gatilho-na--qualidade-de-A causa o fato de o-revólver-disparar--na-qualidade-de-B. Podemos representar isso da seguinte maneira:

> i.a. B por meio de A (essa i.a. causa: A puxa gatilho, causa: B dispara revólver).

Do mesmo modo, na estrutura da ação coletiva há apenas uma i.a. (complexa); e não se trata de um tipo qualquer de i.a., e sim de um tipo que pode ser formulado como "realizar-B-coletivo-por-meio-de-A-singular". No âmbito da notação que representa o tipo de intenção, vinculamos essas variáveis a orações que funcionam como orações nominais singulares entre parênteses:

> i.a. B coletivo por meio de A singular (essa i.a. causa: A mexidos, causa: B misturado).

Não tenho certeza de que seja essa a análise correta, mas me parece melhor que as outras três que considerei. Ela admite tanto o componente coletivo quanto o individual nas intenções do agente. E o faz de modo a evitar a afirmação paradoxal de que o ato coletivo causa o ato individual. Ao contrário, o ato individual é parte do ato coletivo. A intenção de mexer é parte da intenção de misturar por meio do ato de mexer, assim como, no caso do revólver, a intenção de puxar é parte da intenção de disparar por meio do ato de puxar.

3. O pressuposto

Mas agora surge a próxima questão: que tipos de seres somos nós, que temos a capacidade de formar essas intenções? Em última instância, a resposta deve ser biológica, mas há um sentido mais restrito da questão do qual ainda podemos tratar: que capacidades e fenômenos gerais do *background* são pressupostos pelo esboço de intencionalidade coletiva que acabei de fazer? A manifestação de qualquer forma particular de intencionalidade coletiva exigirá habilidades particulares de *background*, a habilidade de mexer um molho ou de jogar futebol, por exemplo. Mas por acaso existem propriedades gerais e bem difundidas do *background* (mesmo que talvez não sejam universais) que digam respeito especificamente ao comportamento coletivo? Creio que sim, mas essas propriedades não são fáceis de caracterizar. Lembram aquilo a que os filósofos antigos aludiam quando afirmavam "O homem é um animal social" ou "O homem é um animal político". Além da capacidade biológica de reconhecer que as outras pessoas são significativamente semelhantes a nós, ao passo que as cachoeiras, as árvores e as pedras não o são, parece-me que a capacidade de fazer parte de um comportamento coletivo exige algo que se assemelha a um senso pré-intencional do "outro" como agente real ou potencial semelhante a nós mesmos nas atividades cooperativas. O time de futebol tem o senso de "nós contra eles", senso este que contrasta com o senso maior de um "nós" composto pelos "times que disputam a partida"; a orquestra tem o senso de "nós tocando diante deles", senso este que se insere no contexto de um "nós" mais amplo composto pelos "participantes do concerto". "No entanto", seria possível objetar: "certamente esse senso dos outros como agentes cooperativos é constituído pela intencionalidade coletiva". Não penso assim. O comportamento coletivo certamente corrobora o senso dos outros como agentes cooperativos, mas esse senso pode existir sem nenhuma intencionalidade coletiva; e, o que é mais interessante, a intencionalidade coletiva parece pressupor algum senso de comunidade para que possa funcionar.

De passagem, vale notar que a maioria das formas de comportamento competitivo e agressivo são formas superiores de cooperação. Dois homens que disputam uma luta de boxe profissional estão envolvidos numa forma de competição, mas trata-se de uma competição agressiva que só existe dentro de uma forma superior de cooperação. Cada pugilista tem a intenção de ferir o outro, mas ambos só têm essa intenção dentro da estrutura da intenção superior de cooperar entre si, envolvendo-se em comum numa luta de boxe. Eis a diferença entre uma luta de boxe e um espancamento num beco escuro. O que vale para a luta de boxe também vale para os jogos de futebol, a concorrência empresarial em geral, as disputas judiciais e, em muitos casos, até mesmo os conflitos armados. Entre os seres humanos, a maioria das formas sociais de comportamento agressivo exige uma cooperação de nível superior. Até para que uma pessoa insulte outra numa festa é necessário um nível de cooperação extremamente sofisticado entre os envolvidos.

Nem todos os grupos sociais estão sempre envolvidos em comportamentos que visam a um objetivo. Em boa parte do tempo, por exemplo, ficam sentados na sala de estar, vagando pelos bares ou sacolejando no trem. Ora, a forma de coletividade patente nesses casos não é constituída por uma intencionalidade voltada a um objetivo, porque não há objetivo nenhum. Esses grupos estão, por assim dizer, prontos para a ação, mas não estão envolvidos em nenhuma ação (não têm nenhuma intenção-na-ação coletiva), tampouco planejam alguma ação (não têm intenções coletivas prévias). Em compensação, possuem aquele tipo de consciência comunitária que é a precondição geral da intencionalidade coletiva.

Com base nessas reflexões, quero introduzir a seguinte tese:

Tese 4

A intencionalidade coletiva pressupõe, no *background*, um senso do outro como candidato à ação cooperativa, isto é, pressupõe um senso dos outros não só como simples agentes conscientes, mas também, efetivamente, como membros reais ou potenciais de uma atividade cooperativa.

Ora, qual é o argumento em favor dessa tese? Não conheço nenhum argumento decisivo. Entretanto, as considerações que me levam a adotar essa opinião são as seguintes. Pergunte a si mesmo o que é necessário você pressupor, mesmo tacitamente, para que possa ter intenções coletivas ou agir de acordo com elas. O que você tem de pressupor é que os outros são agentes iguais a você; que têm analogamente a consciência de que você é um agente semelhante a eles; e que essas consciências se aglutinam num senso de *nós* como agentes coletivos possíveis ou reais. Tais condições valem até para pessoas completamente desconhecidas. Quando saio pela porta de casa em direção à rua para ajudar a empurrar o carro de um desconhecido, faz parte do *background* que cada um de nós dois considere o outro como um agente individual capaz de fazer parte de um agente coletivo. Mas, em geral, esses pressupostos não são "crenças". Do mesmo modo que trato como sólidos os objetos a minha volta e o chão sob meus pés, sem que tenha ou precise ter uma crença específica sobre sua solidez; assim como trato os outros como agentes conscientes, sem que tenha ou precise ter uma crença específica sobre a consciência deles, assim também, diante das pessoas com as quais me envolvo dentro de um comportamento coletivo, trato-as como agentes conscientes engajados numa atividade cooperativa, sem que tenha ou precise ter uma crença específica nesse sentido.

Creio que, se conseguíssemos compreender plenamente nosso senso de *background* de que os outros são agentes possíveis, veríamos que certas tentativas de entender o caráter da sociedade estão redondamente enganadas. É tentador pensar que o comportamento coletivo pressupõe a comunicação, que os atos de fala do diálogo sejam o "fundamento" do comportamento social e, portanto, da sociedade. É talvez igualmente tentador julgar que o diálogo pressupõe o comportamento coletivo, que o comportamento social é o fundamento do diálogo e, portanto, de quaisquer sociedades nas quais a comunicação desempenhe um papel essencial. Obviamente, cada uma dessas opiniões tem aspectos que a recomendam. Mas aqui avento a hipótese de que não podemos explicar a sociedade nem em função do diálogo em particular nem do comportamento coletivo em geral, porque ambos, tanto o diálogo quanto o comportamento coletivo, pressupõem uma forma de sociedade para que possam entrar em funcionamento. O senso biologicamente primitivo do outro como candidato à intencionalidade compartilhada é condição necessária de todo comportamento coletivo e, portanto, de todo diálogo.

Podemos agora chegar à seguinte conclusão:

Tese 5

A notação e, portanto, a teoria da *intencionalidade*, associada a certa concepção do papel do *background*, é capaz de conciliar as intenções e ações coletivas.

Referências bibliográficas

Searle, John R. 1983. *Intentionality: an Essay in the Philosophy of Mind*. Nova York: Cambridge University Press. [Trad. bras.: *Intencionalidade*. São Paulo: Martins Fontes, 2002.]

Tuomela, Raimo and Kaarlo Miller. 1988. We-intentions. *Philosophical Studies* 53, pp. 367-89.

7. A EXPLICAÇÃO DA COGNIÇÃO[1]

O problema

Que tipos de explicações sistemáticas da percepção, da compreensão linguística, da ação racional e de outras formas de cognição podemos e devemos buscar nas ciências cognitivas? Em linhas gerais, a resposta é, a meu ver, bastante clara: estamos procurando *explicações causais*, e nosso tema são *certas funções* de um órgão biológico, o cérebro humano e animal.

Como acontece com qualquer outra ciência natural, há certas suposições que temos de fazer e certas condições que nossas explicações devem satisfazer. De forma específica, temos de supor que existe uma realidade totalmente independente das representações que faremos dela (não seria necessário dizer isso para uma geração intelectualmente mais saudável), e temos de supor que os elementos dessa realidade a que nos referimos em nossas explicações funcionam de modo autenticamente causal.

---

1. Publicado nesta edição com a permissão de John Preston (org.), *Thought and Language* (Cambridge: Cambridge University Press, 1997).

Nem todas as funções do cérebro importam à cognição, e por isso devemos tomar cuidado ao delimitar o âmbito das funções cerebrais em questão. A ciência cognitiva trata do funcionamento *cognitivo* do cérebro, sua relação com o resto do organismo e com o resto do mundo, assim como a ciência da nutrição trata do funcionamento digestivo do sistema digestivo e de sua relação com o resto do organismo e com o resto do mundo. Como outros órgãos, e na verdade como outros sistemas físicos, o cérebro tem diferentes níveis de descrição, e a ciência cognitiva diz respeito a todo e qualquer nível de descrição do cérebro que seja pertinente à explicação causal da cognição. Eles podem variar desde processos conscientes de tomada de decisão, no nível mais alto, até a estrutura molecular dos neurotransmissores, no nível mais baixo.

Caracteristicamente, os níveis superiores são propriedades causalmente emergentes do comportamento e da organização dos elementos do cérebro nos níveis inferiores. Consideremos um exemplo de explicação num desses níveis superiores, extraído do senso comum. Se explico meu comportamento de motorista no âmbito das leis de trânsito da Inglaterra dizendo que sigo a regra "Dirija pela esquerda", dou uma explicação causal autêntica referindo-me a um processo mental. A operação da regra é ela própria causada por ocorrências neuronais de nível inferior do cérebro e se realiza nele em nível mais alto que o dos neurônios individuais. Num sentido a meu ver inequívoco de "propriedade emergente", a operação da regra ao produzir meu comportamento é uma propriedade causalmente emergente do sistema cerebral. Outra maneira de expor a mesma questão é afirmar: podemos dar explicações causais autênticas que não estão no nível mais baixo, tampouco no nível dos neurônios etc., porque os níveis mais altos de explicação também são níveis reais. A referência a eles não é só força de expressão ou metáfora. Para ser um nível real, um suposto nível causal deve ter determinada relação com os níveis mais fundamentais, sendo, por exemplo, uma propriedade causalmente emergente desses níveis. Chamemos essa restrição – a saber, que na explicação da cognição temos de mencionar características reais do mundo real que atuam causalmente – de *restrição da realidade causal*.

Assim, para resumir essas restrições, estamos em busca de *explicações causais* do *funcionamento* do cérebro em diferentes *níveis de descrição*. Concedemo-nos total liberdade para falar de diferentes níveis de descrição, mas tal liberdade se restringe pela exigência de que os níveis sejam causalmente reais.

O ponto que aqui pretendo defender é que alguns dos modelos explicativos da ciência cognitiva, embora certamente não todos, não satisfazem a restrição da realidade causal. Também apontarei algumas revisões que farão que as explicações possam satisfazer a essa restrição.

A versão de Marr do modelo de processamento de informação

Meu cachorro, Ludwig, é muito bom em abocanhar bolas de tênis. Se alguém arremessa uma bola de tênis contra a parede, ele é capaz de pular e colocar a boca exatamente no ponto da trajetória em que a bola se encontra, quando então a agarra com os dentes. Nem sempre ele acerta, mas é de fato muito bom nessa brincadeira. Como Ludwig consegue fazer isso?

De acordo com os modelos explicativos atuais da ciência cognitiva, Ludwig realiza uma tarefa de processamento de informação de enorme complexidade. Ele recebe a informação na forma de um padrão bidimensional em sua retina, processa-a por meio do sistema visual, até produzir uma representação tridimensional do mundo exterior, e por fim fornece essa representação ao sistema motor de *output*. Os cômputos que ele está fazendo, mesmo para o módulo motor de *output*, não são de pouca monta. Eis um candidato para a primeira formulação de um dos algoritmos. Ludwig segue inconscientemente a regra: pule de tal maneira que o plano do ângulo de reflexão da bola seja exatamente igual ao plano do ângulo de incidência do impacto e coloque sua boca num ponto no qual a bola se encontre em arco parabólico, o nivelamento de cuja trajetória e de cuja velocidade seja uma função da velocidade de impacto vezes o coeficiente de elasticidade da bola de tênis, menos certa perda devida à resistência do ar. Isto é, com base no modelo computacional padrão de cognição, Ludwig computa inconscientemente grande número dessas funções, fazendo inconscientemente muita matemática.

Em rigor, a explicação de seu comportamento é igual à da pessoa que segue a regra "dirija à esquerda", exceto pelo fato de não ser possível, mesmo em teoria, que Ludwig esteja conscientemente ciente da operação da regra. As regras não só não estão de fato presentes na sua consciência como ele nem sequer poderia ter ciência de estar seguindo esse tipo de regra. Trata-se de um exemplo daquelas regras que chamei de "profundamente inconscientes" (Searle, 1992, cap. 7).

Esse modo de explicação nunca me pareceu suficientemente satisfatório. O problema não está somente em atribuir uma tremenda quantidade de conhecimento matemático inconsciente ao cérebro canino de Ludwig, mas, acima de tudo, em deixar de fora o dado crucial que reside no fato de que ele é um agente racional consciente tentando fazer alguma coisa. Esse modelo explicativo é mais adequado para alguém que constrói uma máquina, ou seja, um robô canino programado para apanhar bolas de tênis. Creio que o apelo intuitivo da abordagem consiste, na verdade, em que ela é capaz de predizer o comportamento de Ludwig, constituindo assim exatamente aquele tipo de informação que seria instalada num robô que simulasse o comportamento do cão.

Investiguemos então um pouco mais a fundo os pressupostos que fundamentam essa abordagem.

A formulação clássica dessa versão do paradigma explicativo da ciência cognitiva deve-se a David Marr (Marr, 1982), mas há concepções equivalentes em outros autores. Nesse paradigma, a ciência cognitiva é um tipo especial de ciência de processamento de informação. Estamos interessados em como o cérebro e outros sistemas funcionalmente equivalentes, como certos tipos de computadores, processam informação. Há três níveis de explicação. O mais elevado é o nível computacional, e Marr o define de acordo com as restrições informacionais disponíveis para mapear o caminho que leva da informação de *input*, recebida, para a informação de *output*, produzida. No caso de Ludwig, a tarefa computacional de seu cérebro consiste em receber informação acerca de uma matriz visual bidimensional e produzir representações de contrações musculares que farão que sua boca e a bola de tênis estejam no mesmo lugar ao mesmo tempo.

Acho intuitivamente que a concepção que Marr apresenta do nível computacional é muito clara. Se estivéssemos dando instruções a um programador de computadores a respeito da criação de um programa, informar-lhe-íamos em primeiro lugar a tarefa que gostaríamos que o programa desempenhasse. E a formulação desse resultado final é uma formulação da tarefa computacional a ser realizada no nível computacional.

Como se faz isso? Bem, isso conduz ao segundo nível, que Marr chama de nível algorítmico. Trata-se do seguinte. Toda tarefa computacional pode ser realizada de diferentes maneiras. A ideia intuitiva é que o nível algorítmico determina como a tarefa computacional é realizada por um algoritmo específico. Num computador, pensaríamos no nível algorítmico como o nível do programa.

Uma característica enigmática das versões da ciência cognitiva desse nível é a doutrina da decomposição recursiva. Níveis complexos se decompõem em níveis cada vez mais simples até chegar ao nível mais baixo, e nesse nível tudo é uma questão de zeros e uns, ou alguns outros símbolos binários. Isto é, não há um único nível algorítmico intermediário, mas uma série de níveis aninhados que se baseiam em processadores primitivos, e estes são símbolos binários. E o nível mais baixo de todos é o único real. Todos os outros são redutíveis a ele. Mas mesmo *ele* não tem realidade física. É implementado na física, como veremos, mas *o nível algorítmico não faz nenhuma referência a processos físicos*.

Eu costumava pensar que os cômputos que atribuí a Ludwig poderiam ser o nível causalmente real desse modelo, mas não é assim. Ele não faz mais do que manipular zeros e uns. O restante é mera aparência. Toda afirmação computacional que fizermos sobre Ludwig se reduzirá à afirmação de que ele manipula zeros e uns.

Para Marr, o nível inferior é o da implementação: de que modo o algoritmo realmente se implementa num *hardware* específico. Pode-se implementar o mesmo programa, o mesmo algoritmo, numa gama indefinida de diferentes *hardwares*, e talvez um programa implementado no cérebro de Ludwig, por exemplo, também pudesse ser implementado num computador comercial.

Desse modo, no modelo tripartite de Marr temos o seguinte quadro. A ciência cognitiva é essencialmente a ciência do processamento de informação num sentido muito especial dessa noção e se preocupa precipuamente em explicar o nível mais alto segundo o nível algorítmico. O que importa para a explicação da ciência cognitiva é o nível intermediário. Por quê? Por que explicar o cérebro no nível intermediário e não no nível do *hardware*? A resposta está na minha caracterização inicial do cérebro como um sistema *funcional*. Quando se trata de outros sistemas funcionais, como carros, termostatos, relógios e carburadores, estamos interessados em como a função se realiza no nível da função, não no nível da microestrutura. Assim, ao explicar o motor de um carro, falamos de pistões e cilindros e não das partículas subatômicas das quais o motor é composto, porque, *grosso modo*, pouco nos importa quais são as partículas subatômicas que fazem parte do sistema, desde que elas implementem os pistões e os cilindros. No caso de Ludwig, estamos interessados na regra inconsciente que ele realmente segue, e não na implementação neuronal do comportamento de seguir uma regra. E a regra que ele realmente segue deve ser inteiramente enunciável em função de zeros e uns, porque isso é tudo o que realmente ocorre. Com base nessa concepção, portanto, minha antiga caracterização da ciência cognitiva como ciência da função cerebral em um ou mais níveis de descrição estava equivocada. A ciência cognitiva é uma ciência de processamento de informação que, por acaso, é implementada no cérebro, mas que poderia igualmente ser implementada numa série indefinida de outros *hardwares*. Essa ciência explica o nível superior em função do nível intermediário, mas não está realmente preocupada com o nível inferior, exceto na medida em que este implementa o nível intermediário.

Um problema da análise tripartite de Marr da função cognitiva é que quase todo sistema pode ser analisado dessa maneira. E a questão não é somente que os relógios, carburadores e termostatos podem ser submetidos à análise tripartite (os adeptos do modelo clássico veem isso com bons olhos, como demonstração de que a cognição admite uma análise funcional semelhante à dos relógios etc.). A questão é que todo sistema minimamente complexo admite uma análise de processamento de informação.

Consideremos uma pedra que cai do alto de um penhasco. O "sistema", se assim posso descrevê-lo, tem três níveis de análise. A tarefa computacional da pedra consiste em imaginar uma maneira de chegar ao chão dentro de certa quantidade de tempo. Ela tem de computar a função $S = \frac{1}{2} gt^2$. No nível intermediário, há um algoritmo que executa a tarefa. O algoritmo instrui o sistema quanto aos passos a serem dados para combinar tempo e espaço de maneira correta. E existe a conhecida implementação de *hardware*, que depende das massas da rocha, da terra e do ar ambiente. Então, por que a pedra caindo não é um sistema de processamento de informação? Porém, se a pedra é, tudo é.

Essa é uma pergunta crucial para a ciência cognitiva, à qual vários autores responderam. De acordo com eles, precisamos distinguir entre um sistema que pode ser descrito por um cômputo e outro que realmente faz o cômputo. O sistema citado pode ser *descrito* por uma função computável, mas não *executa* esse cômputo porque (a) não há representações sobre as quais o cômputo possa operar e (b) *a fortiori* não há informação codificada nas representações. Uma autêntica ciência da cognição, uma ciência do processamento da informação, exige cômputos realizados com símbolos ou outros elementos sintáticos, e estes são as representações que codificam a informação processada pelo algoritmo. Essas condições não são satisfeitas pela pedra que cai, embora a pedra seja descritível computacionalmente.

Para dar validade a essa resposta, precisamos de definições ou descrições satisfatórias de "informação", "representação", "símbolo" e "sintaxe", para não mencionar "cômputo" e "algoritmo". E essas descrições têm de nos permitir explicar como a informação, a representação, e assim por diante, entram no sistema de tal maneira que satisfazem a restrição da realidade causal. A descrição terá de mostrar, em primeiro lugar, como a informação ingressa no sistema de forma intrínseca; e, a partir daí, como ela conserva seu caráter de informação ao longo de todo o processo. Além disso, terá de mostrar como o nível real de processamento de informação é uma propriedade emergente dos microníveis mais fundamentais. Para provar que isso ocorre em casos específicos, não será suficiente afirmar, como fez Marr, que uma disposição visual bidimensional na retina serviu de *input* para o sistema; temos também de dizer o que há nessa disposição visual que a torna um dado de informação, e qual é o conteúdo da informação.

Examinei boa parte da bibliografia sobre essa questão e não consegui encontrar uma definição satisfatória de representação, de informação ou das outras noções que seriam a solução dos nossos problemas. Palmer e Kimchi (*apud* Palmer, 1999), para seu mérito, admitem que não fazem a menor ideia do que seja informação no sentido que lhe atribuem. Quero explorar a noção de informação um pouco mais a fundo. A questão básica do presente artigo é: podemos conferir um sentido empírico aos conceitos básicos do modelo de processamento da informação, sentido esse que seja capaz de tornar a versão de processamento da informação da ciência cognitiva uma disciplina empírica legítima?

Seguir uma regra

Para elucidar a afirmação de que o agente cognitivo está seguindo regras inconscientemente, precisamos entender, primeiro, em que consiste o comportamento de seguir regras. Consideremos um caso em que parece claro e certo que o agente segue uma regra. Quando dirijo na Inglaterra, sigo a regra: dirija do lado esquerdo da rua. E, se moro na Inglaterra por algum tempo, descubro que já me acostumei a dirigir do lado esquerdo e não tenho de pensar conscientemente na regra. Mas soa natural dizer que ainda sigo essa regra, mesmo sem pensar nela. Essa explicação satisfaz a restrição da realidade causal. Quando digo que sigo uma regra, quero dizer que há em mim um conteúdo intencional intrínseco, o conteúdo semântico da regra, que funciona causalmente para produzir meu comportamento. Esse conteúdo intencional está situado num nível emergente do processamento cerebral. A regra tem a direção de adequação mundo-regra e a direção de causação regra-mundo.

Quero explorar algumas das características desse tipo de explicação para verificar se é possível aplicá-las ao modelo cognitivo de processamento da informação à moda de Marr. Enumero abaixo algumas características do comportamento implicado em seguir uma regra que me parecem importantes:

1. A característica mais importante é a que já mencionei: o conteúdo intencional da regra deve atuar causalmente na produção do comportamento em questão. Para tanto, é necessário que ele esteja num nível emergente do funcionamento cerebral. Essa é a maneira pela qual, na vida real, as explicações baseadas em regras satisfazem a restrição da realidade causal. Na ciência cognitiva, qualquer explicação do fenômeno de seguir regras também tem de satisfazer essa restrição.

2. Do ponto de vista do agente, seguir uma regra é um ato normativo. O conteúdo da regra determina para o agente o que é certo e o que é errado, o que é sucesso e o que é fracasso.

3. Esta terceira característica é consequência da primeira. A regra deve ter certa forma aspectual, que Frege chamou de "modo de apresentação". Daí por que regras equivalentes quanto à extensão podem diferir em sua força explicativa. Embora o comportamento observável seja o mesmo para os dois casos, pode acontecer de eu estar seguindo uma regra e não outra. Por isso, as explicações baseadas em regras devem mencionar certas formas aspectuais específicas; essas explicações são intensionais-com-s. Por exemplo: a regra "Em ruas de mão dupla, dirija à esquerda" é, quanto à extensão, equivalente à regra "Dirija de modo que o volante esteja o mais próximo da linha central da rua", dada a estrutura dos carros ingleses que dirijo. Mas, na Inglaterra, sigo a pri-

meira regra e não a segunda, embora as duas pudessem prever igualmente bem meu comportamento.

4. Em comportamentos comuns regidos por regras, estas são conscientes ou, pelo menos, acessíveis à consciência. Mesmo quando sigo uma regra irrefletidamente, ainda assim me é possível pensar nela. Nem sempre tenho consciência da regra, mas posso facilmente tornar-me consciente dela. Mesmo que a regra esteja tão enraizada em meu inconsciente que eu não consiga pensar nela, é necessário que seja um tipo de coisa que *poderia ser* consciente.

5. A acessibilidade à consciência implica uma quinta exigência. Os termos nos quais a regra está formulada devem pertencer ao repertório cognitivo do agente em questão. É característica geral das explicações intencionalistas, das quais as explicações baseadas em regras são um caso especial, que o aparato ao qual a regra recorre deve estar em posse do agente. Se pretendo explicar por que Hitler invadiu a Rússia, tenho de usar termos que fazem parte do repertório conceitual de Hitler. Se postulo uma fórmula matemática de que Hitler nunca ouviu falar, que não poderia ter dominado e de que não poderia ter consciência, a explicação não pode ser uma explicação intencionalista. É peculiaridade da cognição, observada frequentemente quando se discutem as características especiais da explicação histórica, que explicações que apelam a estados e processos cognitivos devem lançar mão de conceitos disponíveis ao agente.

6. Esta sexta característica é raramente assinalada: seguir uma regra é, em geral, uma forma de comportamento voluntário. Cabe a mim seguir ou violar a regra. A regra, de fato, funciona causalmente, mas a regra como

causa, mesmo a regra junto com um desejo de seguir a regra, não oferece condições causalmente suficientes.

Isso é típico de explicações racionais do comportamento. É comum dizer que as ações são causadas por crenças e desejos; mas, entendida como uma enumeração das condições causalmente suficientes, essa afirmação será falsa. Uma prova da racionalidade do comportamento é a existência de uma lacuna entre os conteúdos intencionais (as crenças, os desejos, a consciência das regras etc.) e a ação propriamente dita. Ainda precisamos nos levantar e fazer o que havíamos decidido fazer, mesmo quando a regra exige que o façamos. Chamarei de "lacuna da ação voluntária" ou só "lacuna" essa lacuna entre a regra e outros fenômenos intencionais, que são a causa, e a ação, que é seu efeito.

7. Uma característica relacionada com a lacuna: as regras estão sempre sujeitas à interpretação e à interferência de outras considerações racionais. Assim, por exemplo, não sigo a regra "dirija do lado esquerdo da rua" cegamente: se há um buraco ou um carro parado que bloqueia a rua, eu os contornarei. Nesse sentido, pode-se dizer que essas regras são regras *ceteris paribus*.

8. A última característica da regra é que ela deve operar em tempo real. Para o comportamento real regido por regras, a explicação baseada nelas exige que o tempo de sua aplicação e que o tempo do funcionamento causal sejam coextensivos.

Então, para resumir, temos oito características das explicações intencionais baseadas em regras. Primeiro, o conteúdo intencional da regra deve ter função causal. Segundo, ela estabelece um padrão normativo para o agente. Terceiro, as regras apresentam uma forma aspectual, e portanto as explicações baseadas nelas são intensionais-

-com-s. Quarto, a regra deve ser consciente ou acessível à consciência. Quinto, as regras devem ter conteúdos semânticos contidos no repertório cognitivo do agente. Sexto, o comportamento governado por regras é voluntário, e portanto, devido à lacuna do comportamento voluntário, a explicação por regra não oferece condições causalmente suficientes. Sétimo, as regras estão sujeitas à interpretação e à interferência de outras considerações. E, finalmente, oitavo, a regra deve operar em tempo real.

Comparemos o que foi levantado com as formas cognitivistas de explicação à maneira de Marr. Nelas, somente as características 1 e 3 estão inequivocamente presentes. Ora, um problema da restrição da realidade causal nas explicações da ciência cognitiva é que não está claro como é possível apresentar essas duas características na ausência das outras seis. Não é por acaso que essas oito características andam juntas, pois as explicações baseadas no ato de seguir uma regra são casos típicos das explicações intencionalistas do comportamento racional. Como é possível, literalmente, que Ludwig siga uma regra de conteúdo semântico específico se para ele essa regra não é normativa, não é acessível à sua consciência mesmo em teoria, está permeada de conceitos totalmente externos a seu repertório, não é aplicável voluntariamente, não está sujeita à interpretação e parece operar instantaneamente, e não em tempo real?

Distinções preliminares

Nesta seção, quero repassar certas distinções fundamentais. Em primeiro lugar, precisamos recordar a conhecida distinção entre o comportamento *regido por re-*

gras ou *guiado por regras*, de um lado, e o comportamento *descrito por regras*, de outro. Quando sigo uma regra, como a lei de trânsito inglesa que me manda "dirigir do lado esquerdo", o conteúdo semântico real da regra desempenha um papel causal em meu comportamento. A regra não se limita a prever meu comportamento: ela é parte da causa de meu comportamento. Nesse aspecto, difere das leis da natureza: estas, embora descrevam meu comportamento e inclusive as causas deste, não causam o comportamento que descrevem. É possível generalizar a distinção entre o comportamento guiado por regras e o descrito por regras, entendendo-a como uma distinção entre um comportamento *guiado pela intencionalidade* e outro *descrito pela intencionalidade*. Todas as descrições têm intencionalidade, mas a peculiaridade das explicações intencionais da cognição humana consiste em que o conteúdo intencional da explicação funciona causalmente na produção do *explanandum*. Se digo "Sally bebeu porque estava com sede", a sede funciona causalmente na produção do comportamento. *É importante termos essa distinção em mente porque, para que uma ciência cognitiva do processamento da informação satisfaça a restrição, não basta que a intencionalidade da informação simplesmente descreva a produção da cognição que o processamento da informação explica; é preciso que ela atue causalmente na produção dessa cognição. Caso contrário, não há explicação causal.* Para satisfazer a restrição da realidade causal, o nível algorítmico deve ter função causal.

Creio que as explicações da ciência cognitiva padrão reconhecem esse ponto quando distinguem entre fenômenos que podem ser descritos por uma função e outros que computam de fato uma função. Trata-se de um caso especial da distinção geral entre descrito por regras e guiado por regras.

A segunda distinção importante diz respeito às características da realidade relativas ao observador e as que são independentes dele. É basilar para toda a nossa visão científica de mundo a distinção entre as características que existem independentemente do observador, do planejador ou de qualquer outro agente intencional e as que são dependentes de seus observadores, usuários etc. Muitas vezes o mesmo objeto terá os dois tipos de características. Os objetos em meu bolso têm características independentes do observador, como certa massa e certa composição química, mas também têm características relativas ao observador: um dos objetos, por exemplo, é uma nota de dez libras esterlinas, e outro é um canivete suíço. Quero descrever essa distinção da seguinte maneira: trata-se da distinção entre as características do mundo relativas ao observador (ou à intencionalidade) e aquelas que são independentes dele (ou da intencionalidade). Dinheiro, propriedade, casamento, governo, pronúncia correta da língua inglesa, bem como canivetes, banheiras e motores de carro são coisas relativas ao observador; força, massa e atração gravitacional são coisas independentes dele.

A expressão "relativo ao observador" não significa algo arbitrário ou irreal. O fato de uma coisa ser um canivete, uma cadeira ou um belo dia para fazer um piquenique é relativo ao observador, mas não é arbitrário. Não é qualquer coisa que pode ser usada como um canivete, uma cadeira ou um belo dia para fazer piquenique. O problema da relatividade perante o observador é que as características relativas a ele, naquelas descrições, existem somente em relação a observadores humanos. O fato de que este objeto em minha mão tenha certa massa não é relativo ao observador, mas é independente dele. O fato de que o mesmo objeto seja um canivete é relativo ao fato de agentes humanos o terem projetado, vendido, usado, e assim por diante, como um canivete. Um mesmo objeto, características diferentes: algumas delas são independentes do observador, outras são relativas a ele.

As ciências naturais têm a peculiaridade de tratar das características independentes do observador – como força, massa, ligação química etc. –, e as ciências sociais têm a peculiaridade de tratar das características relativas ao observador – como dinheiro, propriedade, casamento e Estado. Como de praxe, a psicologia fica no meio. Algumas partes da psicologia tratam de características relativas ao observador, mas a psicologia cognitiva, a parte que constitui o núcleo da ciência cognitiva, trata de características independentes do observador, como percepção e memória.

Sempre que um objeto tem uma característica relativa ao observador, como a de ser um canivete ou uma cédula de dinheiro, necessariamente existem agentes que usam ou consideram as entidades em questão como um canivete ou como dinheiro. No entanto, e este é um ponto importante, ainda que o dinheiro e os canivetes como tais sejam sempre relativos ao observador, o fato de algum observador tratar certos objetos como dinheiro ou como canivetes não é relativo a ele, mas independe dele. É fato intrínseco sobre mim que eu trate este objeto como um canivete, embora o fato de esse objeto ser um canivete exista somente em relação a mim e a outros observadores. As atitudes dos observadores em relação aos quais determinadas entidades podem ser descritas como "relativas ao observador" não são elas próprias relativas a ele.

Essa é a razão pela qual as explicações das ciências sociais podem satisfazer a restrição da realidade causal, embora as características descritas por elas sejam características relativas ao observador. Assim, por exemplo, se digo "O aumento das taxas de juros norte-americanas causou um aumento no valor de câmbio do dólar em relação à libra esterlina", essa é uma explicação *causal* perfeitamente legítima, embora libras esterlinas, dólares e taxas de juros sejam todos relativos a seus observadores. Os mecanismos causais atuam nessa explicação, embora atuem por meio dos atos de investidores, banqueiros, cambistas, especuladores e por aí afora. Nesse aspecto, o aumento do valor do dólar não é semelhante ao aumento da pressão de um gás quando aquecido. O aumento da pressão do gás é independente do observador; o aumento do valor do dólar é dependente do observador. Mas em ambos os casos a explicação pode ser causal. A diferença se evidencia no fato de que a explicação dos fenômenos relativos a um observador faz referência implícita a agentes humanos.

A terceira distinção é uma aplicação da segunda. Trata-se da distinção entre intencionalidade *intrínseca* ou original e intencionalidade *derivada*. Se agora estou com sede ou com fome, a intencionalidade de meu estado é intrínseca a esses estados – ambos envolvem desejos. Se relato esses estados em enunciados como "Estou com sede" ou "Estou com fome", as frases também são intencionais porque têm condições de veracidade. Mas a intencionalidade dos enunciados não é intrínseca a eles na qualidade de sequências sintáticas. Esses enunciados derivam seu significado da intencionalidade dos falantes da língua. Estados mentais como crenças, desejos, emoções, percepções e assim por diante têm intencionalidade intrínseca; mas enunciados, mapas, quadros e livros têm somente intencionalidade derivada. Nos dois casos, a intencionalidade é real e literal, mas a intencionalidade derivada deriva necessariamente da intencionalidade intrínseca ou original de agentes reais humanos ou animais.

Quero que essa distinção pareça óbvia, porque acho que de fato é. E acho também que constitui um caso especial da distinção, igualmente óbvia, entre relatividade e independência perante o observador. A intencionalidade derivada é relativa ao observador; a intencionalidade intrínseca é independente dele.

E mais: existem atribuições intencionais que não se referem a nenhum desses dois tipos de intencionalidade. São atribuições tipicamente metafóricas, atribuições "como se". Dizemos coisas como "Meu gramado está com sede porque estamos na estiagem" ou "Meu carro está com sede porque consome muita gasolina". Na minha opinião, trata-se de afirmações metafóricas inofensivas, de parco interesse filosófico. Significam, mais ou menos, que meu gramado ou meu carro estão numa situação semelhante e se comportam de maneira semelhante à de um organismo que está literalmente com sede.

Não se deve confundir a intencionalidade "como se" com a intencionalidade derivada. Esta sim é uma intencionalidade autêntica, mas deriva da intencionalidade intrínseca de agentes intencionais reais na qualidade de falantes de uma língua. Portanto, é relativa ao observador. Mas a intencionalidade "como se" não é intencionalidade de modo nenhum. Quando afirmo que um sistema tem uma intencionalidade "como se", não lhe atribuo intencionalidade. Estou afirmando apenas que o sistema se comporta como se tivesse intencionalidade, embora não a tenha de fato.

Resumindo: precisamos distinguir entre o comportamento guiado por regras e o comportamento descrito por regras. Precisamos distinguir entre as características independentes do observador e as características relativas ao observador. E precisamos ainda distinguir a intencionalidade independente do observador (ou intrínseca) tanto da intencionalidade dependente do observador (derivada) quanto da intencionalidade "como se".

Informação e interpretação

Agora quero aplicar essas distinções ao modelo de processamento de informação da explicação cognitiva. Defendo a ideia de que, para que o modelo inspirado em Marr tenha força explicativa, é preciso que o comportamento a ser explicado pelas regras de processamento de informação seja guiado por regras, e não apenas descrito por regras. Ele só poderá satisfazer essa condição se a informação for intrínseca ou independente do observador. Para traçar a distinção entre Ludwig e a pedra caindo, temos de mostrar que Ludwig segue realmente uma regra e que isso só pode ocorrer porque ele tem um conteúdo intencional intrínseco adequado. Podemos agora oferecer uma formulação preliminar do problema do modelo clássico. Todas as noções fundamentais desse modelo são relativas ao observador: *informação, representação, sintaxe, símbolo* e *cômputo,* no sentido em que esses termos são tipicamente empregados na ciência cognitiva, são todas noções relativas ao observador; consequentemente, o modelo clássico, em sua forma atual, não satisfaz a restrição da realidade causal. A seguir, tentarei formular esse ponto de maneira mais precisa.

Examinemos essas noções, começando pelas de "símbolo" e "sintaxe". Dou por óbvio que um sinal, uma forma ou um som são um símbolo, uma frase ou outro aparato sintático somente em relação a alguns agentes que lhes atribuem uma interpretação sintática. E, embora seja menos óbvio, a meu ver também é verdade que uma entidade pode ter uma interpretação sintática somente se também tiver uma interpretação semântica, porque os símbolos e os sinais são elementos sintáticos somente em relação aos significados que possuem. Os símbolos precisam simbolizar alguma coisa, e as frases precisam significar alguma coisa. Não há dúvida de que os símbolos e as frases são entidades sintáticas, mas a interpretação sintática exige uma semântica.

Quando chegamos à noção de "representação", as coisas se complicam. Uma representação pode ser tanto relativa ao observador como independente dele. Assim, mapas, diagramas, quadros e frases são todos representações, e todos são relativos ao observador. Já crenças e desejos são representações mentais, e são independentes do observador. Ademais, um animal pode ter representações mentais como crenças ou desejos sem dispor de nenhuma entidade sintática ou simbólica. Ludwig, por exemplo, quando quer comer ou beber, não precisa usar nenhum símbolo ou frase para ter seus desejos caninos. Simplesmente sente fome ou sede. A complicação vem do fato de que crenças e desejos independentes do observador às vezes se expressam por meio de frases etc., ou seja, de elementos relativos a ele.

Com efeito, alguns filósofos afirmaram que todas as crenças e todos os desejos são "atitudes proposicionais", no sentido de serem atitudes que têm por objeto proposições, frases ou quaisquer outras formas de representação. Eu considerava inofensivo esse equívoco, mas não é bem assim. Se acredito que Bill Clinton é presidente dos Estados Unidos, tomo de fato uma atitude em relação a Clinton, mas não em relação a determinada frase ou proposição. A frase "Clinton é o presidente dos Estados Unidos" é empregada para expressar minha crença, e a proposição de que Clinton é o presidente dos Estados Unidos é o conteúdo de minha crença. Mas não tenho nenhuma atitude em relação à frase ou à proposição. Na verdade, a proposição, interpretada tal como nela acredito, *é* exatamente idêntica à minha crença. Não é o objeto da crença.

A doutrina das atitudes proposicionais constitui um grave equívoco porque leva a conceber como verdadeiro um conjunto de entidades existentes na cabeça, quais sejam, as representações mentais; e supõe-se que ter uma crença ou um desejo é ter uma atitude em relação a uma dessas entidades simbólicas. Agora, para todos os efeitos, a questão é que a existência de representações mentais intrínsecas, como crenças e desejos (estados intencionais, como prefiro chamá-los), não depende de nenhum esquema representacional ou sintático. E, quando existe um artifício sintático, este, sendo dependente do observador, herda seu estatuto sintático e semântico do conteúdo intencional intrínseco da mente, e não o contrário. O ponto crucial da presente discussão é que todas as entidades sintáticas são relativas ao observador.

A distinção entre características independentes do observador e dependentes do observador aplica-se à informação. "Informação" é nitidamente uma noção intencional, porque informação é sempre informação *sobre* alguma coisa, e a informação por excelência é: isto e aquilo estão acontecendo. Nesse sentido, a tematicidade* é a qualidade que define a intencionalidade, e o conteúdo intencional de tipo proposicional é típico da intencionalidade. Assim, não é de surpreender que as distinções entre os diferentes tipos de atribuições intencionais possam aplicar-se à informação. Se digo "Conheço o caminho para San José", atribuo a mim mesmo uma informação que não depende de nenhum observador. Ela é intrínseca ou independente do observador. Se digo "Este livro informa como chegar a San José", ele contém literalmente a informação, mas a interpretação do que está escrito nele, enquanto informação, depende de intérpretes. A informação é dependente do observador.

Existem também as atribuições de informação do tipo "como se". Se digo "Estes anéis contêm informação sobre a idade da árvore", não se trata de uma atribuição literal de intencionalidade. A madeira não expressa nenhum conteúdo proposicional. O que estou realmente dizendo, ao pé da letra, é que uma pessoa instruída pode inferir a idade da árvore a partir do número de anéis, porque há uma covariação exata entre o número de anéis da árvore e sua idade em anos. Creio que, devido ao uso corrente da noção de "informação", sobretudo como consequência da teoria da informação, muitos diriam que o tronco literalmente contém informação. Creio ainda que pensam que se expressam literalmente quando dizem que o DNA contém informação. Conquanto seja perfeitamente razoável, esse significado de "informação" acaba sendo diferente, pois separa informação e intencionalidade. A "informação" contida nos anéis da árvore ou

---

* Em inglês: *aboutness*. (N. do T.)

no DNA não tem nenhuma realidade psicológica. Nem a árvore nem o DNA têm conteúdo proposicional, tampouco intencionalidade, no mesmo sentido em que os pensamentos que me passam pela cabeça têm intencionalidade original ou as frases nos livros têm intencionalidade derivada.

Desses três tipos de atribuição intencional, somente a informação intrínseca é independente do observador.

Sobre qual tipo de informação versam as teorias de processamento da informação da ciência cognitiva? Bem, a informação "como se" não serve. Para que a explicação satisfaça a restrição da realidade causal, é preciso que se refira a algum fato informacional real. Por que a informação derivada não satisfaz a restrição da realidade? Afinal, se podemos dar explicações científicas autênticas sobre o fluxo de dinheiro na economia, por que não poderíamos dar explicações científicas sobre o fluxo de informação no sistema cognitivo, ainda que a informação, como o dinheiro, seja um fenômeno relativo ao observador? A resposta imediata é que, no caso da economia, os agentes que tratam estes e aqueles fenômenos como dinheiro são parte do assunto que estamos estudando. Na ciência cognitiva, porém, se queremos uma explicação do processamento de informação dos processos cognitivos do agente, não podemos aceitar uma explicação na qual o processamento de informação dele existe somente em relação à sua intencionalidade, porque assim não teríamos explicado a intencionalidade da qual depende todo o seu processo cognitivo. Teríamos, em suma, cometido a falácia do homúnculo. Se, por outro lado, pensamos que a informação existe somente em relação a nós – o observador –, não satisfazemos a restrição da realidade causal, porque não identificamos um fato independente da teoria que explica os dados que esta deveria explicar. Assim, para satisfazer a restrição da realidade causal, as explicações da ciência cognitiva precisam recorrer à informação intrínseca ao agente, à informação independente do observador.

Cômputo e interpretação

Ora, por que uma exigência tão severa? Por que não podemos simplesmente dizer que o cérebro se comporta como outro computador qualquer? Somos capazes de oferecer explicações causais dos computadores comuns, explicações que satisfazem a restrição da realidade causal, mas que não nos obrigam a postular a intencionalidade intrínseca do computador.

A resposta é que a distinção entre ser independente do observador e relativo ao observador também se aplica ao cômputo. Quando somo 2 e 2 e obtenho 4, o cálculo aritmético é intrínseco a mim. É independente do observador. Quando digito "2 + 2" e obtenho "4" no meu computador, o cômputo é relativo ao observador. As transições de estado elétrico são somente isso – transições de estado elétrico – até que um intérprete as leia como cômputo. O cômputo não é intrínseco ao silício nem às cargas elétricas. Eu e outros como eu somos os homúnculos do computador. Assim, se dizemos que o cérebro faz um cômputo, precisamos determinar se é relativo ao observador ou independente dele. Se é independente, então temos de postular um homúnculo dentro do cérebro que esteja realmente manipulando os símbolos de modo que execute o cômputo, assim como estou conscientemente manipulando algarismos arábicos quando somo 2 e 2 para obter 4. Se é relativo, então supomos que um observador externo esteja atribuindo uma interpretação computacional aos disparos neuronais.

Creio que basta refletir sobre esse último ponto para perceber que ele é evidente; mas, já que nem todos pensam assim, vou me deter um pouco mais aí. Estamos cegos para o fato de que a atribuição computacional é relativa ao observador porque pensamos que, como o cômputo é caracteristicamente matemático, e como o mundo satisfaz a certas descrições matemáticas de forma independente do observador, daí decorre que o cômputo é independente do observador. Entretanto, há uma distinção sutil mas importante entre a independência de certos fatos matematicamente descritos perante o observador e a relatividade da exploração computacional desses fatos perante o observador. Consideremos o exemplo da pedra caindo de um penhasco. A pedra satisfaz a lei $S = \frac{1}{2} gt^2$, e esse fato é independente do observador. Mas note-se que, se quisermos, podemos tratar a pedra como um computador. Suponha-se que planejemos computar a altura do penhasco. Conhecemos a regra e a constante gravitacional. Precisamos apenas de um cronômetro. Podemos assim usar a pedra como um simples computador analógico para computar a altura do penhasco.

Qual é então a diferença entre o primeiro caso, em que a pedra é somente uma pedra descrita por regras, e o segundo caso, em que ela é um computador executando um cômputo que realiza exatamente as mesmas regras? A resposta é: no segundo caso, atribuímos-lhe – isto é, fazemos uma atribuição relativa ao observador – uma interpretação computacional. Mas o que é verdadeiro para a pedra é verdadeiro para todos os computadores. A especificidade do exemplo da pedra é que aí a lei da natureza e o algoritmo realizado coincidem. Num computador comercial, exploramos as leis da natureza para atribuir outros algoritmos a processos eletrônicos: adição, subtração, processamento de palavras e assim por diante. Mas o princípio geral é este: não podemos recorrer à analogia entre o computador e o cérebro para justificar o caráter especial do modelo tripartite quando aplicado ao cérebro, porque alguma coisa só é um computador em relação a uma interpretação computacional.

O que tentei mostrar com a analogia da pedra caindo é que uma mesma descrição matemática pode ser tratada quer como uma descrição de um processo independente do observador, quer como um cômputo relativo a ele. Que a pedra cai de acordo com as leis da física não passa de um fato a seu respeito. Não há nada relativo ao observador nisso. Mas, se tratamos esse fato computacionalmente, se pensamos que a pedra faz um cômputo, esse cômputo existe apenas em relação a nós.

Creio que se pode compreender melhor esse ponto com um exemplo mais simples. Se é fato que três vacas pastam num campo e duas vacas pastam no campo vizinho, ambos são fatos independentes do observador. Mas se decido usar esses fatos para fazer um cálculo matemático e somar 3 e 2 para obter 5, contando as vacas, o processo computacional de adição não é intrínseco às vacas pastando. A adição é um processo que realizo usando as vacas como uma calculadora.

Ora, o que é verdadeiro para a pedra e para as vacas no campo é verdadeiro para a computação em geral. Se estou conscientemente fazendo aritmética, esse cômputo é intrínseco. Se uma calculadora de bolso está fazendo aritmética, esse cômputo é relativo ao observador. Aliás, é digno de nota o fato de que ao longo dos anos a palavra "computador" mudou de significado. Quando Turing escreveu seu famoso artigo, em 1950, a palavra "computador" significava "pessoa que computa". Essa é a razão pela qual Turing intitulou seu artigo "Máquina de computar e inteligência" ("Computing Machinery and Intelligence"), e não "Computadores e inteligência". Hoje, "computador" mudou de significado: de fenômeno independente do observador passou a relativo ao observador. "Computador" agora se refere a uma classe de artefatos. Essa mudança no significado de "computador", como a mudança no significado de "informação", contribuiu para obnubilar a distinção entre a intencionalidade intrínseca e outras espécies de fenômenos e para instaurar as confusões que estou tentando desfazer aqui.

Processamento de informação no cérebro

É possível agora formular com mais precisão a questão decisiva referente ao modelo clássico. Que fato corresponde exatamente à afirmação de que há um nível algorítmico de processamento de informação no cérebro? E que fato corresponde exatamente à afirmação de que todas as coisas que ocorrem nesse nível se reduzem a um nível de processamento primitivo que consiste inteiramente na manipulação de símbolos binários? E esses processos de informação computacional são independentes do observador ou relativos a ele?

O primeiro passo é perguntar o que pensam os próprios proponentes do modelo. A resposta não é tão clara quanto deveria ser, mas creio que é mais ou menos a seguinte. Nesse nível, o cérebro funciona como um computador comercial comum. Assim como há símbolos no computador e estes são portadores de informação, também há frases na cabeça e estas são portadoras de informação. Assim como o computador é um aparelho de processamento de informação, assim também é o cérebro.

Essa resposta é inaceitável. No computador comercial, como já vimos, os símbolos, as frases, a representação, a informação e o cômputo são todos relativos ao observador. Do ponto de vista intrínseco, o computador é somente um circuito eletrônico complicado. Para que o computador satisfaça a restrição da realidade causal, temos de recorrer a programadores, planejadores e usuários que atribuem uma interpretação ao *input*, aos processos intermediários e ao *output*. Em relação ao computador comercial, somos os homúnculos que dão sentido a toda a operação.

Esse tipo de resposta jamais funcionaria com Ludwig, porque, o que quer que ele seja além disso, o fato é que ele é um agente intencional consciente tentando fazer alguma coisa, tentando pegar a bola de tênis. E tudo isso é intrínseco a ele, nada disso é relativo ao observador. Queremos saber como ele de fato opera, intrinsecamente, e não apenas quais tipos de atitudes poderíamos adotar em relação a ele ou quais interpretações computacionais poderíamos lhe impor.

Ora, por que não é possível que Ludwig esteja computando intrinsecamente? Por que não é possível que esteja executando inconscientemente algoritmos do mesmo modo que executo conscientemente o algoritmo numa conta de divisão? Podemos dizer que ele o faz, mas, se dissermos isso, teremos abandonado o modelo, porque agora o mecanismo causal explicativo não é o algoritmo, mas o agente mental interno que percorre intencionalmente as etapas do algoritmo. Essa resposta, em suma, comete a falácia do homúnculo. Se somos obrigados a postular o comportamento de Ludwig executar intencionalmente o cômputo da trajetória parabólica, e se em seguida temos de explicar isso por seu comportamento de percorrer intencionalmente milhões de etapas binárias, não estamos explicando o comportamento de Ludwig tentar apanhar intencionalmente a bola por meio de um algoritmo. Isso porque agora o mecanismo explicativo de seu sistema continua sendo sua intencionalidade irredutível. Segundo a ideia do modelo de processamento de informação, a informação no sistema é transportada pelos cômputos que se operam sobre a sintaxe. A semântica apenas vai de carona. Mas, com base na análise que acabamos de fazer, é a sintaxe que vai de carona. A intencionalidade intrínseca do agente faz tudo. Para compreender esse ponto, note-se que a explicação psicológica de meu ato de fazer uma conta de dividir não é o algoritmo, mas meu *domínio* do algoritmo e minha *intencionalidade* que percorre as etapas do algoritmo.

O desfecho pode ser expresso na forma de um dilema para o modelo clássico: as noções cruciais podem ser entendidas quer num sentido relativo ao observador, quer num sentido independente do observador. Se forem entendidas no primeiro sentido, a explicação fracassará por não satisfazer a restrição da realidade causal. Se forem entendidas no segundo, fracassará por incorrer na falácia do homúnculo. É o homúnculo quem faz tudo. Resta escolher entre um homúnculo exterior (relativo ao observador) ou um homúnculo interior (independente do observador). Nenhuma das duas opções é aceitável.

A obediência a uma regra profundamente inconsciente

Creio que um modo de responder ao meu argumento seria oferecer uma prova convincente de que existem casos contrários. Existem exemplos convincentes e não problemáticos de obediência a uma regra computacional profundamente inconsciente?

Em outro contexto, argumentei que uma forma aspectual específica exige, pelo menos em princípio, a acessibilidade à consciência. Em muitos casos, como na visão às cegas, por exemplo, o conteúdo não é de fato acessível à consciência, mas precisamente por essa razão entendemos esses casos como patológicos e explicamo-los em razão de déficits, repressão e assim por diante. Não repetirei esse argumento, mas tentarei formular aqui outra pergunta: existem exemplos não problemáticos de obediência a uma regra profundamente inconsciente?

Se dispuséssemos de alguns exemplos convincentes, diminuiriam nossas dúvidas sobre o princípio geral. Se concordássemos que existem casos de seguir uma regra nesse sentido técnico que se afasta de nossa noção consensual de seguir uma regra, e se concordássemos ainda que essas explicações têm autêntico poder explicativo causal, encontraríamos pelo menos um bom início de uma justificação para uma estratégia geral de postular, na ciência cognitiva, uma explicação baseada nas regras profundamente inconscientes. Os dois exemplos que me vêm sendo apresentados são, em primeiro lugar, a operação do *modus ponens* e outras regras lógicas e, em segundo, a operação do reflexo ocular vestibular (VOR). (Há certa ironia sobre o VOR, porque eu o apresentei como um exemplo óbvio, segundo eu pensava, de um caso que em princípio parecia satisfazer a restrição da realidade causal, mas era evidente que não a satisfazia [Searle, 1992, pp. 235-7].)

Examinarei um a um esses exemplos. As pessoas são perfeitamente capazes de fazer inferências lógicas. Elas o fazem, segundo a explicação, seguindo regras das quais são totalmente inconscientes e que nem sequer poderiam formular sem ajuda profissional. Assim, por exemplo, as pessoas fazem inferências usando o *modus ponens* e com isso seguem a regra do *modus ponens*, embora não saibam formular esta regra e não disponham desse conceito.

Bem, vejamos como isso funciona. Eis uma típica inferência por meio do *modus ponens*. Antes da eleição de 1996, eu acreditava que, se conseguisse ganhar no Estado da Califórnia, Bill Clinton venceria a eleição. Depois de examinar os resultados das pesquisas na Califórnia, cheguei à conclusão de que Clinton ganharia na Califórnia e, assim, inferi que venceria a eleição. Ora, como fiz essa inferência?

A explicação da ciência cognitiva seria: quando fez a inferência, você estava na verdade seguindo uma regra inconsciente. Trata-se da regra do *modus ponens*, a regra segundo a qual se você dispõe das premissas "p" e "se p, então q", você pode inferir validamente "q". Parece-me, contudo, que em casos como esse a regra não desempenha nenhum papel explicativo. Se creio que Clinton ganhará na Califórnia e que ele vencerá a eleição se ganhar na Califórnia, isso já é suficiente para me permitir inferir que ele ganhará a eleição. A regra nada acrescenta à explicação de minha inferência. A explicação da inferência é que posso ver que a conclusão decorre das premissas. Mas será que a conclusão não decorre das premissas só porque instancia a regra do *modus ponens* – não extrai sua validade do *modus ponens*? Creio que a resposta a essas perguntas é: não. O *modus ponens*, interpretado como regra computacional sintática, é simplesmente um padrão que usamos para descrever inferências que são válidas *independentemente*. Não seguimos a regra do *modus ponens* para fazer a inferência. Ao contrário, fazemos a inferência válida e, depois, o lógico formula a chamada regra do *modus ponens* para descrever um número infinito dessas inferências válidas. Mas as inferências não derivam sua validade do *modus ponens*. Ao contrário, o *modus ponens* deriva sua validade da validade autônoma das inferências. Pensar de outra maneira leva ao paradoxo de Lewis Carroll (Carroll, 1895). Assim, parece-me, o *modus ponens* não desempenha nenhum papel explicativo numa inferência do tipo que acabei de descrever.

Mas o que dizer das inferências de prova teórica puramente formais? Suponhamos que eu tenha um punhado de símbolos e infira "q" a partir de "p" e "p → q". Ora, parece-me que, quando subtraio o conteúdo semântico das proposições, aí sim a regra do *modus ponens* passa a desempenhar um papel. Mas então, justamente porque há essa regra, já não estamos falando de inferências válidas como parte dos processos cognitivos humanos. Estamos falando de um análogo formal dessas inferências válidas em algum sistema formal de prova teórica. Ou seja: se você dispõe de uma regra que diz que, sempre que existem os símbolos "squiggle blotch squaggle" ("risco borrão rabisco"), seguidos por "squiggle", você pode escrever "squaggle", ela é uma regra autêntica. A regra informa o que você pode fazer em certas circunstâncias e tem todas as características, uma por uma, que descrevi como típicas do comportamento regido por regras, ou das explicações baseadas em regras. Mas essa não é a operação da regra do *modus ponens* no raciocínio comum. A rigor, se concebemos o *modus ponens* como uma descrição real da operação dos conteúdos mentais, ele não desempenha nenhum papel explicativo nas inferências válidas. Se o concebemos como uma regra de prova teórica que descreve operações realizadas sobre símbolos sem significado, aí sim ele desempenha um papel, mas esse papel não é o de explicar como realmente fazemos inferências em processos cognitivos comuns, e sim o de explicar como podemos representar a estrutura formal ou sintática dessas inferências em sistemas artificialmente criados.

Volto-me agora para o reflexo ocular vestibular. Parece que seguimos inconscientemente a regra: "Mova o globo ocular de maneira igual e oposta ao movimento da cabeça", quando de fato não seguimos nenhuma regra desse tipo. Há no cérebro um intrincado mecanismo reflexo que produz esse comportamento. Julguei que a questão era óbvia, mas nem tanto. Recentemente, alguns de meus críticos afirmaram que existem até estados computacionais subdoxásticos intrínsecos ao sistema situados num nível mais refinado do que a regra que acabei de enunciar. Martin Davies afirma:

> Outra maneira de descrever o VOR é vê-lo como um sistema no qual ocorre certo processamento de informação, não só a partir de movimentos da cabeça com certa velocidade em direção a movimentos dos olhos com certa velocidade, mas também a partir de representações da velocidade dos movimentos da cabeça em direção a representações da velocidade dos movimentos dos olhos. É apenas diante desse segundo tipo de descrição que se pode cogitar creditar ao sistema o conhecimento tácito das

regras que relacionam a velocidade da cabeça com a velocidade dos olhos. (Davies, 1995, p. 386)

Essa suposição do "conteúdo semântico" nos estados de *input* e *output* é uma condição necessária, mas não suficiente, para o conhecimento tácito das regras. A condição suficiente é que "as várias transições *input-output* que estão em conformidade com a regra tenham a mesma explicação causal" (*ibid.*).

O VOR satisfaz facilmente a essa condição, e é por isso que ele seria um caso tácito de conhecimento inconsciente de regras e de comportamento regido por regras. Para sustentar isso, Davies oferece várias formulações de descrições computacionais do VOR extraídas de David Robinson, Patricia Churchland e Terry Sejnowski (Churchland & Sejnowski, 1993). Ele julga erroneamente que eu esteja argumentando que as atribuições computacionais são de somenos importância. Mas não é isso o que me preocupa. Estou falando da *realidade psicológica* das atribuições computacionais. Não vejo razão para tratar a descrição computacional do VOR diferentemente da descrição computacional do estômago ou de outros órgãos. Minha questão é: existe um nível causal distinto do nível da neurofisiologia, no qual o agente esteja de fato executando inconscientemente certas tarefas computacionais e de processamento de informação para mover seus olhos? Não encontro nada na explicação de Davies que permita supor que a postulação desse nível satisfaz à restrição da realidade causal. Que fato concreto justifica a ideia de que os núcleos vestibulares realizam operações especificamente mentais no nível da intencionalidade intrínseca? Não vislumbro resposta a essa questão. Não é uma objeção à utilidade dos modelos computacionais do VOR mostrar que são modelos da neurofisiologia e não exemplos de processos psicológicos reais: eles estão no nível do processamento de informação neurônica relativo ao observador, sem intencionalidade intrínseca. Uma coisa é fazer uma descrição computacional de um processo, e outra muito diferente é executar de fato um processo mental de computação.

Conclusão

Segundo a explicação que proponho, as descrições computacionais desempenham na ciência cognitiva exatamente o mesmo papel que desempenham em outros ramos da biologia ou em outras ciências naturais. Exceto nos casos em que um agente está de fato fazendo intencionalmente um cômputo, a descrição computacional não identifica um nível causal separado do nível da estrutura física do organismo. Quando elaborar uma explicação causal, sempre pergunte a si mesmo a que fato causal corresponde a afirmação que você está fazendo. No caso das descrições computacionais de processos cerebrais profundamente inconscientes, os processos são descritos por regras, e não regidos por regras.

E o que vale para o cômputo vale *a fortiori* para o "processamento de informação". É possível descrever o "processamento de informação" realizado pelo cérebro como é possível descrever o do estômago ou o de um motor de combustão interna. Mas, para que esse "processamento de informação" seja psicologicamente real, a informação precisa ser intrinsecamente intencional. As explicações da ciência cognitiva que empregam a noção de "profundamente inconsciente" em geral não satisfazem a essa condição.

Gostaria de concluir esta discussão com um diagnóstico do que me parece ser o erro. Os seres humanos têm muita dificuldade para aceitar formas de explicação não animistas e não intencionais. Em nossa cultura, só viemos a aceitar plenamente essas explicações no século XVII. Nossas formas paradigmáticas de explicação são intencionais: como porque estou com fome, bebo porque estou com sede, dirijo do lado esquerdo porque é isso que diz a lei do trânsito. É muito custoso apreender a ideia de que há explicações mecânicas que não mencionam a intencionalidade. Uma forma de animismo ainda sobrevive em certos projetos de pesquisa da ciência cognitiva. A obediência a uma regra no nível subdoxástico do cérebro, de que fala Marr, é uma forma de animismo. Ora, como esses processos postulados não são conscientes, nem sequer acessíveis em teoria à consciência, postulamos que o organismo está seguindo uma regra "profundamente inconsciente". Esse é o erro do animismo primitivo. E esse erro é reiterado por outro: somos iludidos pela intencionalidade aparente dos computadores, termostatos, carburadores e outros sistemas funcionais que projetamos. Parece-nos óbvio que esses sistemas têm um nível intencional de descrição. De fato, os manuais correntes de ciência cognitiva apresentam a descrição de nível intermediário do termostato, dada por Marr, como se essa explicação de nível algorítmico satisfizesse evidentemente à restrição da realidade causal. A meu ver, porém, é claro que não a satisfaz. No caso dos termostatos, aparelhamos os sistemas físicos para se comportarem como se seguissem regras computacionais. Mas o cômputo intencional do termostato é totalmente relativo ao observador. É somente porque projetamos e usamos esses sistemas que podemos dar explicações intencionais de seu funcionamento. Ora, o que vale para o termostato vale para outros sistemas funcionais, como relógios, carburadores e, acima de tudo, computadores. Assim, cometemos dois erros. O primeiro consiste em preferir o animismo às explicações naturalistas, e o segundo consiste em não fazer a distinção entre relatividade perante o observador e independência perante o observador. Em particular, não conseguimos distinguir os casos de autêntica intencionalidade intrínseca daqueles em que a intencionalidade é relativa ao observador. A intencionalidade dos termostatos, carburadores, relógios e computadores é cem por cento relativa ao observador.

A situação em que estamos é análoga a esta: suponha-se que os carros fossem fenômenos naturais e que não soubéssemos como funcionam. Seríamos tentados a pensar que boa parte do que fazem depende de um processamento computacional de informação. Por exemplo: poderíamos tentar explicar o sistema de velocímetro dizendo que ele computa a velocidade do carro em quilômetros por hora com base no *input* de informação sobre a rotação da roda em revoluções por minuto. Poderíamos até mesmo imaginar o algoritmo pelo qual o velocímetro mapeia as rpm em km/h. Mas essa explicação não tem absolutamente nenhuma realidade causal. O mecanismo causal real é que um pequeno gerador elétrico está ligado a uma roda, de tal maneira que o aumento das rpm faz aumentar a eletricidade gerada. Um amperímetro ligado à agulha do mostrador se desloca para cima ou para baixo conforme a eletricidade aumenta ou diminui. No que se refere à causação, é só. Do ponto de vista intrínseco, não há cômputo nem informação. Tudo é física convencional; o cômputo e a informação estão em nós, são relativos ao observador. Não há nada de errado com o cômputo e a informação relativos ao observador. Afinal, foi para isso que projetamos o sistema de velocímetro. O erro está em confundir a atribuição de cômputo e processamento de informação relativos ao observador com uma explicação causal.

Mas o que é mais difícil de compreender é que muitas das descrições intencionais de processos cerebrais também são relativas ao observador e, consequentemente, não nos dão uma explicação causal. Qual é, então, o modelo correto para as explicações da ciência cognitiva? E como explicar boa parte da aparente racionalidade da cognição sem postular um comportamento regido por regras no nível intermediário de Marr? Para responder a isso, parece-me que precisamos nos lembrar de como Darwin resolveu um problema semelhante mostrando de que modo a aparente teleologia da estrutura das espécies poderia ser explicada sem postular um nível qualquer de intencionalidade. No estilo darwiniano de explicação, substituímos um nível explicativo por dois. Em vez de dizer "o peixe tem a forma que tem para sobreviver na água", dizemos (1) o peixe tem a forma que tem por causa de sua estrutura genética e (2) o peixe que tem essa forma sobreviverá melhor do que o que não tem. Note-se que a sobrevivência ainda consta da explicação, mas já não como um objetivo. É somente algo que acontece. Analogamente, não devemos dizer "o globo ocular se move porque está seguindo a regra do reflexo ocular vestibular". Devemos dizer que o globo ocular se move por causa da estrutura do sistema visual – é somente um processo mecânico. Não há nenhuma *obediência* a uma regra. A regra, contudo, realmente *descreve* o comportamento do globo ocular, e o globo ocular satisfaz essa descrição por razões essencialmente darwinianas. O globo ocular que se comporta dessa maneira produzirá uma imagem retiniana mais estável, e os organismos que dispõem de uma imagem retiniana mais estável terão maior probabilidade de sobreviver do que aqueles que não dispõem dessa imagem. Analogamente, Ludwig não segue a regra da trajetória parabólica; em vez disso, imagina onde estará a bola e pula para colocar a boca nesse ponto. Depois de muita prática, ele se torna hábil. A coordenação entre suas patas e seus olhos pode ser descrita pela regra da trajetória parabólica, mas na verdade ele não segue essa regra. Os cachorros capazes de desenvolver habilidades desse tipo têm maior probabilidade de sobrevivência do que aqueles que não as desenvolvem – ou, pelo menos, têm maior probabilidade de conseguir abocanhar bolas de tênis.

Referências bibliográficas

Carroll, L. 1895. What the Tortoise Said to Achilles. *Mind* 14, 278-80.
Churchland, P. S. & Sejnowski, T. J. 1993. *The Computational Brain*. Cambridge, MA: MIT Press.
Davies, M. 1995. Reply: Consciousness and the Varieties of Aboutness. In: C. MacDonald and G. MacDonald (orgs.). *Philosophy of Psychology: Debates on Psychological Explanation*. Oxford: Blackwell.
Marr, D. 1982. *Vision*. São Francisco: Freeman and Co.
Palmer, S. E. 1999. *Vision Science: From Photons to Phenomenology*. Cambridge, MA: MIT Press.
Searle, J. R. *A redescoberta da mente*, São Paulo: Martins Fontes, 2006.

8. EXPLICAÇÕES INTENCIONAIS NAS CIÊNCIAS SOCIAIS[1]

I

Há mais de um século ocorre um debate incessante para decidir se as formas de explicação adequadas às ciências sociais são essencialmente as mesmas ou se são radicalmente diversas das utilizadas nas ciências naturais. De um lado está a tradição filosófica empirista, que vai de John Stuart Mill, pelo menos, até os positivistas lógicos. De acordo com essa tradição, o modelo de lei abrangente, adequado às ciências naturais, é igualmente adequado a disciplinas como história, antropologia, linguística, economia e outras ciências sociais. De outro lado, está a tradição interpretacionista ou hermenêutica, que vai de Dilthey no século XIX, pelo menos, aos seguidores de Wittgenstein no século XX. De acordo com essa outra tradição, há modos específicos de explicação ade-

---

1. Publicado em *Philosophy of the Social Sciences* (vol. 21, n.° 3), pp. 332-44, 1991, York University, Toronto, e colaboradores; publicado nesta edição com a permissão de Sage Publications, Inc.

quados ao comportamento humano. Na segunda tradição, por exemplo, Dilthey afirma que um método específico, designado de *Verstehen* ("entendimento", literalmente), é essencial para as ciências sociais. E, mais recentemente, Charles Taylor (1985) afirmou que os seres humanos são únicos no sentido de que para eles os acontecimentos são *significativos* de uma maneira específica, e que portanto qualquer modo de explicação destinado a dar conta do comportamento humano deve explicar esse componente significativo.

Uma característica tácita desse debate, mas que está por trás de tudo, é a suposição comum de que estão em jogo problemas muito maiores. Supõe-se no mínimo que o problema seja uma versão da disputa entre materialismo, de um lado, e dualismo e idealismo, de outro. A tradição positivista repisa que o mundo físico é o único que existe e que, por conseguinte, os modelos materialistas de explicação, adequados à física e à química, devem ser adequados a todas as demais ciências; do contrário, não haveria explicação nenhuma. Na tradição interpretacionista, em compensação, é comum afirmar-se implicitamente que nem tudo pode ser reduzido à física e à química, que alguns fatos mentais específicos (humanos e sociais) têm um tipo de ontologia distinto da ontologia da física e da química. Essa disputa metafísica básica entre materialismo e dualismo nem sempre vem à tona nessas discussões, mas, a meu ver, é um dos motivos subjacentes pelos quais a disputa continua. De um lado, estão os que pensam com os positivistas que, se o mundo material é o único existente, então as formas de explicação que funcionaram bem nas ciências exatas em relação ao mundo material devem funcionar igualmente bem em todas as ciências. De outro lado, estão os que sentem com os interpretacionistas que uma explicação materialista como essa acaba sendo reducionista demais, na medida em que exclui as características específicas dos seres humanos, seu caráter mental ou espiritual. De acordo com essa visão, as formas mecânicas de explicação são impróprias para apreender as características específicas da vida e do comportamento humanos; e, nas suas versões mais extremas, as explicações propostas para o comportamento humano nem sequer chegam a ser explicações *causais*. Nas suas formas mais acirradas e polêmicas, os interpretacionistas veem os empiristas como filisteus obtusos, enquanto os empiristas veem os interpretacionistas como sentimentalistas desatinados.

O que pensar dessa disputa? Creio que devemos suspeitar dos termos nos quais foi tradicionalmente formulada. Para começar, as explicações das ciências naturais não empregam universalmente a forma de lei abrangente. Por exemplo: recentemente tive a oportunidade de folhear meia dúzia de manuais comuns sobre o funcionamento do cérebro. Não me lembro de ter visto um só caso de explicação na forma de lei abrangente, e, de fato, quase não há referências a "leis" do funcionamento cerebral. Nesses livros, a operação do cérebro é explicada da mesma maneira que seria possível explicar a operação de um motor de combustão interna. O cérebro é um sistema físico que realiza certas funções, e esses manuais descrevem como tais funções se realizam. As explicações são, de fato, causais, mas não fazem menção a leis abrangentes.

Além disso, embora sem negar que há uma disputa válida entre as concepções empirista e interpretacionista das ciências sociais, creio que é um equívoco concluir que essa disputa está centrada essencialmente no reducionismo ou no problema mente-corpo. A questão de saber se as ciências sociais exigem uma modalidade especial de explicação distinta daquela das ciências naturais pode ser formulada de modo que a torne independente do debate entre materialistas e dualistas. É possível, por exemplo, rejeitar completamente o dualismo, mas ainda assim defender a ideia de que as explicações do comportamento humano próprias das ciências sociais têm certas propriedades lógicas especiais. Quanto a mim, embora eu rejeite o dualismo e o materialismo tais como normalmente concebidos, ainda acho que há uma disputa interessante quanto à distinção entre as explicações das ciências sociais e as das ciências naturais. Minha opinião – para pôr as cartas na mesa – é que o mundo é inteiramente constituído de partículas materiais e sistemas compostos destas partículas (os materialistas estão certos nesse ponto), mas que o mundo também contém estados mentais subjetivos que atuam causalmente na produção dos comportamentos humano e animal (o que os materialistas costumam erroneamente negar). Assim, na discussão que se segue, refutarei duas suposições comumente aceitas: primeiro, que as explicações das ciências naturais são dadas sempre na forma de leis abrangentes e, segundo, que há uma ligação essencial entre a disputa sobre a natureza das explicações nas ciências sociais e a disputa entre materialistas e dualistas sobre o problema mente-corpo.

Parece-me que os interpretacionistas estão certos em pensar que os modos de explicação das ciências sociais são, em alguns aspectos, logicamente distintos dos modos de explicação que costumamos encontrar na física e na química. Neste ensaio, meu objetivo principal não é *provar* que o modo de explicação é diferente, mas apenas descrever algumas das diferenças *reais* com que deparamos e explorar suas consequências. É importante ter em mente que a ciência progride não só pela descoberta de fatos novos, mas também pela descoberta de novos tipos de explicação. Não surpreende que assim seja, porque a descoberta de fatos novos envolve quase sempre a descoberta de novos tipos de causas. Mesmo que limitemos nossa discussão às explicações causais, a descoberta de novos tipos de causas resultará na descoberta de novos tipos de explicação causal.

II

Não disponho de uma teoria bem elaborada sobre a natureza da explicação dos fenômenos sociais, e, por conseguinte, não tentarei aqui expor nada desse tipo. Meu objetivo, muito mais modesto, consiste em apontar certos aspectos característicos da estrutura das explicações que usamos de fato na explicação dos fenômenos sociais e chamar a atenção para algumas características da ontologia dos próprios fenômenos sociais. As teses básicas que pretendo defender podem ser formuladas como dois pontos distintos mas logicamente relacionados. Em primeiro lugar, é típico das explicações do comportamento humano, quer individual, quer coletivo, referirem-se à causação intencional. Darei adiante uma definição mais precisa da causação intencional, mas posso agora formular uma ideia intuitiva, segundo a qual as explicações do comportamento humano são mesmo causais (os empiristas têm razão nesse ponto), mas essas explicações, seja do comportamento individual, seja do coletivo, referem-se a um tipo especial de causação – exigem certa forma de causação mental ou, como prefiro designá-la, "intencional". Estados mentais intencionais como desejos e intenções representam certos tipos de estados de coisas, e a causação intencional é a forma de causação por meio da qual os estados mentais se relacionam causalmente com os próprios estados de coisas que representam. Assim, por exemplo, um homem cuja sede o leva a beber está envolvido num comportamento que pode ser explicado somente pela causação intencional, porque seu desejo de beber causa o próprio comportamento representado pelo conteúdo do desejo, isto é, seu ato de beber. O que é verdadeiro nesse caso muito simples é verdadeiro, em escala muito maior, na explicação de guerras, revoluções, movimentos sociais, fenômenos econômicos etc.

O segundo ponto que desejo frisar é a existência de uma classe de fatos sociais com certas características lógicas que os tornam muito diferentes dos fenômenos da física e da química. No caso de fenômenos como casamento, dinheiro, divórcio, eleições, compra e venda, contratação e demissão, guerras e revoluções, os fenômenos são – para falar em linhas gerais, por enquanto – permeados de componentes mentais. Além disso, os fatos em questão são autorreferenciais de modo um tanto estranho, porque somente podem ser os fatos que são se as pessoas implicadas pensarem que eles são esses fatos.

Creio que a melhor maneira de explorar as diferenças entre as explicações das ciências naturais e as explicações das ciências sociais é enumerar as diferenças mais notáveis entre as características básicas dos dois tipos de ciências. Quero começar enumerando características óbvias, a fim de que, pelo menos nesta etapa do argumento, o que eu disser não pareça controverso.

Eis a primeira e a mais óbvia das características: não obtivemos nas ciências sociais o mesmo êxito que alcançamos nas ciências físicas. Não temos nada na sociologia ou na história que se compare ao rico aparato teórico que desenvolvemos na física, por exemplo. Num certo sentido, de fato, em sua maioria as ciências sociais não foram teoricamente muito além de um tipo de senso comum sistematizado. E o modo de explicação adequado às ciências sociais parece empregar categorias com as quais estamos todos familiarizados em nossa experiência comum pré-teórica. Um dos grandes enigmas da vida intelectual contemporânea, no alvorecer do século XXI, está em entender por que os métodos das ciências naturais não produziram nas ciências sociais resultados comparáveis aos que produziram em disciplinas como a física e a química.

A economia poderia parecer uma exceção, por ser uma disciplina matemática formalizada, repleta de termos técnicos, como propensão marginal para o consumo, efeito multiplicador e equilíbrio instável. Creio que a economia não constitui contraexemplo. Normalmente, o que o economista faz é reunir muitas suposições de senso comum, como o fato de que os consumidores tentam se dar bem e os negociantes tentam ganhar dinheiro, e então idealiza essas suposições (há quem diga que essas suposições são *super*idealizadas na teoria econômica) e elabora as implicações sistemáticas. Assim, aquele velho ditado da microeconomia, segundo o qual o empresário racional vende quando o custo marginal iguala o preço marginal, é de fato estrita consequência lógica de certas suposições de senso comum sobre o comportamento econômico "racional".

Uma segunda característica das ciências sociais já foi mencionada e, a meu ver, é a mais importante: a da causação intencional como forma de explicação nas ciências sociais. A causação intencional difere num aspecto fundamental dos outros tipos de fenômenos causais com os quais estamos familiarizados quando discutimos coisas como gravitação ou forças nucleares, pois ela é a forma de causação que envolve estados mentais intencionais em virtude do *conteúdo real* destes estados. A causação intencional é atribuída em afirmações como a seguinte:

> O general Robert E. Lee ordenou um ataque em Gettysburg porque temia que seus homens ficassem desmoralizados se recebessem ordem de retirada.

ou

> Muitos democratas votaram no candidato republicano por ocasião da eleição presidencial de 1988 porque não queriam um aumento dos impostos e acreditavam que Dukakis aumentaria o imposto de renda.

A causação intencional é uma noção razoavelmente precisa e pode ser assim definida: para quaisquer eventos x e y, x e y estão relacionados por causação intencional se e somente se: ou x causa y ou y causa x; ou x ou y são um estado intencional; e o termo que não é um estado intencional constitui as condições de satisfação ou parte das condições de satisfação do estado intencional (para uma discussão detalhada dessa questão, ver Searle, 1983, cap. 5).

Intuitivamente, a ideia é que os estados mentais são um tipo de representação mental, e a característica especial da causação intencional é que o conteúdo intencional causa o próprio estado de coisas que representa, ou é causado por ele. No caso do general Lee, o desejo de dar a ordem de atacar causou o ato de dar essa ordem, de modo que, em última instância, o desejo de atacar causou o ataque. Além disso, o desejo de atacar foi ele próprio causado pelo desejo de não desmoralizar as tropas ao ordenar uma retirada, junto com a crença de que qualquer outra coisa, exceto a ordem de atacar, causaria essa desmoralização. No caso dos democratas que votaram nos republicanos, seu desejo de votar contra o aumento dos impostos causou o desejo de votar contra o candidato democrata, e isso os levou a votar contra o candidato democrata.

Uma terceira distinção entre as ciências sociais e as ciências naturais é consequência direta da natureza da causação intencional. O conteúdo proposicional fornecido pelos teóricos ao explicar o comportamento deve ser idêntico ao conteúdo proposicional presente na mente real do agente ou dos agentes cujo comportamento está sendo explicado; caso contrário, o comportamento não é explicado de maneira adequada. Por exemplo: se explicamos o comportamento do general Lee em função de seus medos e explicamos o comportamento dos democratas em função de seus desejos, em ambos os casos a explicação será válida somente se o conteúdo real que especificamos como o conteúdo do medo ou do desejo for idêntico ao conteúdo que está na mente dos agentes que tiveram o medo ou o desejo. No caso da causação intencional, como ela funciona somente em virtude do conteúdo representativo que está na mente do agente, qualquer representação dela será simplesmente uma representação de uma representação e, na medida da sua exatidão, haverá uma identidade entre o conteúdo proposicional fornecido pelos teóricos e aquele que está na mente da pessoa ou das pessoas sobre as quais eles estão teorizando. Essa característica é totalmente diferente das explicações dadas nas ciências naturais. Nestas, simplesmente mencionamos os aspectos dos acontecimentos pelos quais eles estão causalmente relacionados uns com os outros. Assim, mencionamos fenômenos como gravidade, pressão, calor etc. Mas, como os fenômenos em questão não são eles mesmos mentais, não se coloca a questão da identidade entre os fenômenos a serem explicados e os fenômenos que ocorrem na explicação. Creio que é essa característica da explicação social que responde pelo fato, notado por diversos autores (por exemplo, Winch, 1958), de que os termos usados na explicação do comportamento humano devem ser acessíveis aos agentes cujo comportamento está sendo explicado. Não podemos, por exemplo, explicar o comportamento do general Lee em função do medo do comunismo, porque, até onde sabemos, Lee nunca ouviu falar de comunismo.

Deu-se um grande passo no desenvolvimento das ciências naturais quando a concepção medieval de que toda explicação seria essencialmente intencional foi substituída, no século XVII, por explicações que recorrem a leis da natureza gerais e não intencionais. Foi um avanço tremendo, que, entretanto, cegou-nos para o fato de que há fenômenos empíricos autênticos para os quais esse modelo de explicação, baseado em leis abrangentes, é insuficiente. Isto porque as leis abrangentes não têm a característica específica da explicação intencional: o conteúdo da explicação causal e o conteúdo mental na mente do agente cujo comportamento está sendo explicado devem ser idênticos, visto que a validade da explicação depende de que esse mesmo conteúdo tenha atuação causal na mente do agente. Simplificando bastante: quando explicamos o comportamento humano, tentamos explicar o comportamento das pessoas em função do que elas querem e do que fazem para tentar obter o que querem, considerando aquilo em que acreditam. Mas termos como "querer", "tentar obter" e "acreditar" são noções intencionais. Só podemos especificar desejos, tentativas e crenças particulares em função de conteúdos proposicionais específicos; mas, no caso de uma explicação, o conteúdo proposicional que especificamos deve ser idêntico ao conteúdo proposicional na mente do agente cujo comportamento está sendo explicado. Caso contrário, a explicação não será satisfatória.

Uma quarta característica dos fenômenos sociais também é consequência da intencionalidade: em relação a muitos deles, o fenômeno em questão só poderá existir se as pessoas acreditarem que existe. Por essa razão, com frequência o nome do fenômeno é parcialmente constitutivo do fenômeno nomeado. Esses fenômenos são totalmente diferentes de fenômenos físicos, como a gravidade ou a energia cinética, por exemplo, e de fenômenos biológicos, como doenças ou caracteres hereditários. Se algo é ou não é uma doença, ou se existem ou não certas relações de atração gravitacional entre duas entidades, esses fatos são completamente independentes do modo pelo qual são representados. Existem independentemente do que uma pessoa pense a seu respeito. Mas, no caso dos fatos sociais, as crenças e os termos que as pessoas usam são parcialmente constitutivos dos fatos. Darei alguns exemplos: em geral, certo tipo de material somente é dinheiro se as pessoas pensarem que é dinheiro. Certo conjunto de relações constitui um casamento, uma promessa, uma propriedade ou uma eleição, somente se as pessoas envolvidas pensarem que é dinheiro, casamento, propriedade ou eleição. Uma pessoa pode se enganar de vez em quando: posso estar casado sem saber que estou casado, ou posso ter uma nota falsa de um dólar sem saber que é falsa. Mas, quanto a esses tipos de fatos, é verdade lógica que não se pode enganar todo o mundo o tempo todo. Se todas as pessoas sempre pensarem que tal coisa não é dinheiro, então ela não é dinheiro. E o que vale para o dinheiro vale para eleições, propriedade privada, guerras, votação, promessas, casamentos, compra e venda, cargos públicos etc.

Para aqueles cujos paradigmas de realidade são fenômenos científicos como *quarks* e prótons, esses fenômenos sociais são desconcertantes. Existe uma vasta classe de fenômenos, uma vasta classe de fatos objetivos, na qual os fatos em questão implicam essencialmente as crenças das pessoas, na qual os fatos são os fatos que são somente porque as pessoas acreditam que são os fatos que são. O fato de o Oakland Athletics ter vencido o campeonato de 1989 é um fato objetivo, mas esse fato não é constituído somente pelos movimentos de certos corpos. É somente em razão de uma rede muito complexa de fenômenos intencionais que os movimentos desses corpos constituem o fato de o time de Oakland ter vencido o campeonato; e esses fenômenos são autorreferenciais na medida em que, por exemplo, os jogadores só jogam uma partida se acreditarem que estão jogando uma partida. Do mesmo modo, somente existe uma vitória se as pessoas concordarem que isso aconteceu. Suponhamos que eu dê uma grande festa e, nessa festa, milhares de pessoas sejam mortas ou feridas. Suponhamos que o número de vítimas seja comparável ao da batalha de Gettysburg. Ainda assim, enquanto as pessoas pensarem que se trata de uma festa e não de uma batalha, será uma festa e não uma batalha, não importa quantas forem as vítimas. Ora, isso parece paradoxal pela seguinte razão: em geral, quando alguém pensa que x é f, se o que essa pessoa pensa é verdadeiro, deve existir algo que faz x ser f, algo completamente independente do fato de ela pensar que x é f. Mas, nesse aspecto, muitos conceitos sociais são parcialmente autorreferenciais; parte do que constitui x como um f é as pessoas pensarem que x é f. Isso é paradoxal porque nossa noção de verdade exige uma distinção entre a representação do fato e o fato representado. Mas, nesses casos, a representação do fato é parcialmente constitutiva do fato representado ou, pelo menos, é isso o que acontece em relação aos participantes do fato. Como é possível, porém, que nossas crenças sobre os fatos sociais sejam verdadeiras se os fatos são parcialmente constituídos pelo fato de termos essas crenças? O paradoxo se desfaz quando percebemos que pensar que x é f, no caso de fatos sociais, é somente parte da constituição do fato de x ser f, e o conceito expresso por f, em todos esses casos, é simplesmente uma maneira de agrupar toda uma família de práticas sociais. No campo dos conceitos sociais, pensar que x é f implica pensar que padrões inteiros de comportamento e de relacionamentos sociais sejam adequados ao fenômeno em questão. Assim, pensar que algo é dinheiro, propriedade ou festa é não só uma questão de pensar que certos rótulos se aplicam, mas também pensar que um conjunto de atitudes e comportamentos é adequado à situação em seu contexto social. Mas é óbvio que o ato de pensar que essas atitudes são adequadas é, em si, parcialmente constitutivo dessa situação social.

A meu ver, não conseguiremos dar início a uma análise profunda das bases das ciências sociais enquanto não obtivermos uma explicação dos fatos sociais mais completa do que aquela que conseguimos até agora. Por explicação dos fatos sociais entendo uma explicação de sua *ontologia*. Os fenômenos que tentamos analisar aqui são tão óbvios e correntes que por pouco não os notamos. É óbvio para mim que esse pedaço de papel em meu bolso é uma nota de um dólar, assim como é óbvio para mim que assisti a uma partida de futebol no último domingo. Mas exatamente quais fatos acerca desse pedaço de papel fazem que esta seja uma nota de um dólar, exatamente quais fatos acerca dos movimentos que vi fazem que alguns dos organismos envolvidos tenham jogado uma partida de futebol americano? Convém observar que não basta dizer que o que constitui os movimentos próprios de uma partida de futebol é sua conformidade com as regras do futebol, porque exatamente os mesmos movimentos físicos poderiam ser executados como parte de uma dança, um exercício ao ar livre ou uma cerimônia religiosa. Além disso, não basta repisar o ponto óbvio segundo o qual o fato de que este pedaço de papel é uma nota de um dólar resulta do fato de que foi impresso pela Casa da Moeda dos Estados Unidos, porque isso só faz o problema recuar um passo. Que fato converte algo na Casa da Moeda, e por que reconhecemos que essa casa tem o poder de decidir se algo é ou não é uma nota de um dólar? Agora pretendo discutir brevemente os elementos básicos do aparato necessário para nos munir de uma análise da ontologia dos fatos sociais.

O primeiro elemento é a *autorreferencialidade*. Os fatos sociais diferem dos fatos naturais por conterem representações mentais. Mas diferem também de outros tipos de fatos mentais, porque as representações mentais são dotadas do elemento de autorreferencialidade que eu tentava agora mesmo esboçar. A coisa é o que é somente se as pessoas pensarem que ela é o que é.

As *regras constitutivas* são o segundo elemento. Em *Atos de fala* (Searle, 1969), tracei uma distinção entre regras constitutivas e regras reguladoras. Estas últimas regulam formas previamente existentes de comportamento. As regras constitutivas não só regulam, mas também criam a própria possibilidade de novas formas de comportamento. A regra que diz "dirija do lado direito da rua" regula a ação de dirigir, mas não cria a própria possibilidade de dirigir. É possível dirigir do lado esquerdo, no meio ou do lado direito da rua. Essa é uma regra reguladora. Mas as regras do xadrez não regulam desse modo a ação previamente existente de mover as peças pelo tabuleiro. Ao contrário, agir de acordo com pelo menos um subconjunto considerável dessas regras faz parte do que constitui jogar xadrez. As regras não só regulam, mas também são constitutivas de uma nova forma de atividade. Creio que observações semelhantes poderiam ser feitas a respeito das regras constitutivas do casamento, do dinheiro, da propriedade privada, do futebol americano etc. Não estou certo de que *todo* fato social exija sistemas de regras constitutivas, mas me parece que uma classe bem ampla de fatos sociais existe somente no interior de tais sistemas.

O terceiro elemento é a *intencionalidade coletiva*. Os fatos sociais exigem um comportamento social, e é característico do comportamento social que ele incorpore a intencionalidade coletiva. Esta se manifesta em formas cooperativas de comportamento, que tipicamente descrevemos quando dizemos que não somente *eu* faço alguma coisa e *você* faz alguma coisa, mas *nós* fazemos alguma coisa juntos. É digno de nota que a maioria das formas de conflito exija intencionalidade coletiva. Para que dois homens possam participar de uma luta de boxe profissional, por exemplo, é preciso que exista uma intencionalidade coletiva de nível mais alto que o da própria luta. Eles têm de cooperar para travar uma luta, a fim de que cada um deles tente surrar o outro. Nesse sentido, a luta de boxe é bem diferente de assaltar alguém num beco. O homem que cerca outro por trás num beco e golpeia sua cabeça não está envolvido num comportamento coletivo. Mas o homem que assalta um banco apontando uma arma para o caixa e pedindo dinheiro tenta criar uma intencionalidade coletiva. Esta, creio, é uma característica universal dos fatos sociais (para uma explicação teórica da estrutura da intencionalidade coletiva, ver Searle, 1990).

O quarto elemento é a *impregnação dos fatos pela linguística*. Não creio que seja possível haver fatos sociais sem linguagem. É possível haver comportamento coletivo sem linguagem, e de fato muitas formas de comportamento animal são formas coletivas de comportamento que expressam uma intencionalidade coletiva. Mas elas não constituem ainda o que chamo de fatos sociais. Há sem dúvida uma continuidade entre o comportamento coletivo na forma da intencionalidade coletiva animal e os fatos sociais humanos plenos, como eleger um presidente dos Estados Unidos. Apesar dessa continuidade, ainda creio que há uma razão profunda pela qual os fatos sociais plenos tenham de ser linguísticos. Essa característica resulta do já mencionado caráter autorreferencial dos conceitos. O dinheiro só é dinheiro se as pessoas pensarem que é dinheiro; um jogo só é um jogo se as pessoas pensarem que é. Mas é impossível ter esses pensamentos sem certo tipo de vocabulário. Não é necessário dispor da palavra "dinheiro" propriamente dita ou de algum sinônimo, mas deve haver um vocabulário adequado à compra, à venda e à troca em geral para que sejamos capazes de manifestar a intencionalidade coletiva que evoca as regras constitutivas da propriedade privada e da venda de bens em troca de dinheiro. Não compreendo cabalmente essa característica, mas a hipótese que estou esboçando poderia ser apresentada da seguinte maneira: não existem fatos sociais sem linguagem porque é característico de um fato social que, a fim de ser o fato social que é, ele seja considerado como tal; mas, para tanto, é preciso que exista algum mecanismo que expresse essa consideração. Em relação aos seres humanos, esse mecanismo é essencialmente linguístico.

O quinto elemento consiste em *inter-relações sistemáticas entre fatos sociais*. Os fatos sociais não existem isoladamente, mas somente num conjunto de relações sistemáticas com outros fatos sociais. Assim, por exemplo, para que alguém possa ter dinheiro numa sociedade, é necessária nessa sociedade a existência de um sistema de trocas de bens e serviços por dinheiro; mas, para tanto, a sociedade deve possuir um sistema de propriedade e direito de propriedade. Do mesmo modo, para que possa haver casamentos, as sociedades precisam dispor de determinadas formas de relações contratuais; mas, para tanto, precisam saber o que são promessas e obrigações.

Talvez os jogos deem a impressão de ser os contraexemplos desse princípio geral, porque é claro que os jogos são criados justamente a partir da ideia de que se destinam a ser formas de atividade que não se ligam ao resto de nossa vida da mesma maneira como os demais fatos sociais se ligam a ela. O jogo de beisebol de hoje não precisa ter amanhã nenhuma das consequências que amanhã e num futuro indefinido terão as guerras, as revoluções, as compras e as vendas. Entretanto, mesmo os jogos dependem sistematicamente de outras formas de fatos sociais. As posições do lançador, do batedor e de quem pega as bolas, por exemplo, envolvem direitos e responsabilidades e são ininteligíveis sem que esses direitos e responsabilidades específicos sejam compreendidos; estes, por sua vez, são ininteligíveis sem a noção geral de direitos e responsabilidades.

A primazia dos atos sobre os objetos é o sexto elemento. É tentador pensar os objetos sociais, em virtude da analogia com os objetos estudados pelas ciências naturais, como entidades que existem independentemente. É tentador pensar que um governo, uma nota de um dólar ou um contrato sejam entidades idênticas, enquanto classe, a uma molécula de DNA, uma placa tectônica ou um planeta: objetos que podem ser estudados como objetos. No caso dos objetos sociais, contudo, a gramática das orações nominais oculta de nós o fato de que, nesses casos, o processo é anterior ao produto. Os objetos sociais são sempre criados por atos sociais e, em certo sentido, o objeto é somente a possibilidade contínua da ação. Decorre do que tentei explicar até agora que os atos sociais são anteriores aos objetos sociais. Ou seja, os fatos fundamentais acima mencionados de que os conceitos sociais têm uma característica autorreferencial e de que a intencionalidade coletiva é essencial para a constituição dos fatos sociais determinam que os objetos sociais sejam eles próprios o produto da intencionalidade coletiva manifestada de maneira autorreferencial. Assim, o objeto em minha carteira realmente é uma nota de um dólar e é realmente um objeto. Contudo, seu caráter de nota de um dólar – na medida em que se opõe ao seu caráter de pedaço de papel pintado – é constituído por sua capacidade de funcionar numa série de atividades: comprar, vender, pagar contas etc. Além disso, os conceitos autorreferenciais mencionados servem para constituir atividades nas quais as pessoas se engajam graças à intencionalidade coletiva.

Conclusão

Se as explicações sociais têm características lógicas diferentes das explicações das ciências naturais, deve ser porque os fenômenos sociais têm características factuais logicamente diferentes dos fatos das ciências naturais. Creio que isso certamente ocorre e tentei identificar dois tipos de fatos em jogo: primeiro, que a forma da causação é essencialmente intencional; e, segundo, que os fatos sociais têm uma estrutura lógica diferente daquela dos fatos naturais.

Referências bibliográficas

Searle, J. R. 1969. *Speech Acts: an Essay in the Philosophy of Language*. Nova York: Cambridge University Press.
———. *Intencionalidade*. São Paulo: Martins Fontes, 2002.
———. 1990. Collective intentions and actions. In: *Intentions in Communication*, org. P. Cohen, J. Morgan e M. E. Pollack. Cambridge: MIT Press/Bradford Books. 6.º ensaio deste volume.
Taylor, C. 1985. *Philosophy and the Human Sciences: Philosophical Papers*. Vol. 2. Nova York: Cambridge University Press.
Winch, P. 1958. *The Idea of a Social Science and its Relation to Philosophy*. Londres: Routledge & Kegan Paul.

9. A INTENCIONALIDADE INDIVIDUAL E OS FENÔMENOS SOCIAIS NA TEORIA DOS ATOS DE FALA[1]

Desde os primeiros trabalhos sobre os atos de fala feitos por Austin, por Grice, por mim e por outros pesquisadores nos anos 1950 e 1960, distinguiram-se duas tendências aparentemente incompatíveis no âmbito dessa teoria. Uma delas, associada notoriamente ao nome de Grice (1957, 1969), trata a intencionalidade individual como a noção fundamental da teoria dos atos de fala. O significado é criado por atos individuais mediante os quais os falantes tentam causar efeitos nos ouvintes, fazendo-os reconhecer sua tentativa de causá-los. O significado é, portanto, o produto de atos individuais de significação. Numa análise griciana, não há indício de que convenções, regras ou práticas sociais participem minimamente da essência dos atos de fala. Uma segunda tradição, associada ao nome de Austin (1962) e também a

---

1. Publicado nesta edição, com autorização, a partir de original em *Semiotics and Pragmatics* (Proceedings of the Perpignan Symposium), organizado por Gerald Deladalle (Amsterdam: John Benjamins Publishing Co., 1989).

meu primeiro livro, *Speech Acts* [Os atos de fala] (1969), chama a atenção para o papel das instituições sociais na realização dos atos de fala. De acordo com esta tradição, as convenções sociais, as regras e os contextos de enunciação desempenham papel fundamental na determinação do ato de fala. O significado, segundo essa concepção, não é só um produto da intencionalidade individual, mas também o resultado de práticas sociais.

Há algo a dizer a favor de uma ou outra dessas duas abordagens? Em particular, são elas compatíveis ou podem vir a tornar-se compatíveis? Minha posição é que, se forem declaradas cuidadosamente, podem ser interpretadas de modo que se tornem compatíveis. Creio que ambas estão tentando dizer algo verdadeiro. A aparência de incompatibilidade advém do fato de não percebermos que podemos interpretá-las como respostas não rivais a questões diferentes em vez de interpretá-las como respostas rivais à mesma questão. Um dos principais objetivos deste ensaio é oferecer interpretações de cada uma delas que as tornem compatíveis entre si.

A fim de mostrar a compatibilidade básica dessas duas opiniões, começo descrevendo o argumento a favor de cada uma delas o mais enfaticamente possível. Para tanto, apresento primeiro uma explicação do significado na tradição subjetivista ou griciana. Em seguida, apresento uma explicação do significado na tradição objetivista, social ou wittgensteiniana. Finalmente, concluo mostrando que na verdade ambas são explicações do mesmo fenômeno visto de dois ângulos diferentes.

1. O significado como intencionalidade individual

Ao abordar o significado do ponto de vista da subjetividade individual, parece-me essencial traçar uma distinção fundamental que Grice não traça. As várias definições de significado dadas por ele, desde seu artigo inicial de 1957 até suas tentativas subsequentes de aperfeiçoar e refinar a definição original, baseiam-se na tentativa de definir o significado em função da intenção de um falante de causar efeitos em seus ouvintes. Numa palavra, Grice define o significado em função das tentativas de comunicação. A meu ver, isso é um equívoco. Argumentei em outro contexto (1983, capítulo 6; 1986) que, dentro da teoria dos atos de fala, precisamos distinguir entre a intenção de representar certos estados de coisas por meio de certas modalidades ilocucionárias e a intenção de comunicar essas representações a um ouvinte. A primeira intenção, a de representar, determina a força e o conteúdo do ato de fala. A segunda intenção, a de comunicar, é a intenção de causar no ouvinte o conhecimento da força e do conteúdo desse ato de fala. Por exemplo: quando afirmo para você que está chovendo, há uma distinção entre minha intenção de representar afirmativamente o estado de coisas de estar chovendo e minha intenção de comunicar essa representação a você. Ocorre algo semelhante com as promessas. Se prometo vir ver você na quarta-feira, precisamos distinguir entre minha intenção de me comprometer a vir ver você na quarta-feira e minha intenção de comunicar esse compromisso a você. A prova de que essa distinção é essencial pode ser formulada de maneira deveras simples: em muitos casos, é possível ter uma intenção representativa sem ter nenhuma intenção de comunicar o conteúdo dessa intenção representativa ao ouvinte.

É fácil ver por que a teoria dos atos de fala nos leva a confundir essas duas formas de intencionalidade expressas na realização do ato de fala. Se um ato de fala normal é bem-sucedido, ele envolve tanto a intenção representativa como a intenção comunicativa. Quando realiza um ato de fala, o falante normalmente tem duas intenções: a de representar um estado de coisas em um ou mais modos ilocucionários possíveis e a de comunicar o conteúdo dessa representação ao ouvinte. Caso essas duas intenções não se realizem, o ato de fala fica incompleto. Como os atos ilocucionários são a unidade básica do significado pretendido pelo falante e também a unidade básica da comunicação, é irresistivelmente tentador pensar que o significado é de algum modo idêntico à comunicação. Entretanto, dentro da teoria do significado, é preciso distingui-los.

Muitas objeções e muitos contraexemplos à definição de Grice baseiam-se nessa distinção. Sempre foi um empecilho para a explicação de Grice o fato de não lidar bem com casos de solilóquio ou casos nos quais o falante não se dirige a uma audiência, ou casos ainda nos quais o falante não tem a intenção de causar nenhum efeito na audiência. O seguinte exemplo ilustra a distinção.

Certa vez fui detido na alfândega da Iugoslávia por funcionários nada solícitos que não falavam inglês. A certa altura, cada vez mais contrariado, fiz-lhes algumas observações em inglês norte-americano coloquial. Ora, fiz isso sabendo que eles não entenderiam uma palavra. Entretanto, metáforas à parte, eu quis dizer tudo o que disse. Esse foi um ato de fala incompleto (felizmente, porque senão eu ainda estaria detido na fronteira da Iugoslávia), uma vez que os ouvintes nunca entenderam o que eu disse, nem eu pretendia que entendessem. Eu queria dizer o que disse, isto é, fui bem-sucedido na minha intenção de significar ou representar; mas não tinha a intenção de comunicar – e não comuniquei.

Na análise do ato de fala, precisamos distinguir a intenção de representar e a intenção de comunicar. Mas qual delas vem primeiro na teoria do significado? Parece-me que a intenção representativa é anterior. É anterior no sentido de que alguém não pode sequer ter a intenção de comunicar, a menos que tenha uma força ilocucionária e um conteúdo proposicional que pretenda comunicar, e isso em conjunto constitui o conteúdo da intenção representativa. Essa é a razão pela qual, no uso comum e coloquial de "significado", estamos prontos a dizer, a respeito de uma pessoa imbuída da intenção representativa, que ela quis dizer alguma coisa, muito embora seja possível que não tivesse a intenção de comunicá-la. Ou, a título de *slogan*: não há comunicação sem representação.

Na bibliografia sobre o assunto, há muitos contraexemplos à análise griciana, alguns dos quais se tornaram lendários. Segundo a proposta que estou formulando aqui, é possível evitar muitas das discussões acerca desses contraexemplos (muitas, mas não todas) traçando-se a distinção entre a parte do ato de fala que constitui propriamente a intenção de significado e a parte do que constitui a intenção de comunicar ao ouvinte essa intenção de significado.

Ora, o que são essas diferentes intenções? Se nos cabe analisar o significado em razão da noção de intencionalidade, não podemos falar vagamente sobre intenções de significação (ou representação) e intenções de comunicação. Temos de explicar precisamente qual é o conteúdo das intenções. E, para tanto, precisamos dizer alguma coisa sobre a natureza da intencionalidade. O que se segue é um breve resumo de algumas das características da intencionalidade descritas em *Intentionality* (1983).

A chave para entender a intencionalidade são as condições de satisfação. Um estado intencional, como uma crença, um desejo, uma esperança, um medo ou uma intenção, com determinada direção de adequação, é uma representação de suas condições de satisfação. Assim, a crença de que está chovendo representa o estado de coisas em que está chovendo, com a direção de adequação mente-mundo (ou seja, a mente se adapta ao mundo). O desejo de ir ao cinema representa alguém indo ao cinema, com a direção de adequação mundo-mente (ou seja, o mundo se adapta à mente). Se especificarmos completamente as condições de satisfação das intenções, contudo, veremos que a intenção tem algumas características especiais. À semelhança dos desejos, mas diferentemente das crenças, as intenções têm direção de adequação mundo-mente. Isso quer dizer: o objetivo da intenção não é representar as coisas como são (ou seja, do mesmo modo pelo qual se supõe que as crenças representem como as coisas são), mas produzir mudanças no mundo para que este, mais especificamente, o comportamento de alguém, se adapte ou se torne adequado ao conteúdo da intenção. Além disso, a forma pela qual se supõe alcançar, pela intenção, essa satisfação da direção de adequação implica a própria intenção atuando causalmente na produção de suas condições de satisfação. Assim, se tenho a intenção de ir à França, mas esqueço por completo essa intenção, e a caminho de Hong Kong acabo chegando na França totalmente por acaso, minha intenção original não foi realizada, embora o estado de coisas representado por ela, a saber, minha ida à França, tenha realmente ocorrido. Para especificar completamente as condições de satisfação de uma intenção, não só temos de especificar o que o agente tem a intenção de fazer, mas também temos de especificar que a própria intenção deve causar a ação do agente por meio da causação intencional. Isto é, as intenções têm condições de satisfação causalmente autorreferenciais. E vemos isso até nos casos mais simples. Se tenho a intenção de levantar meu braço, as condições de satisfação não são só que meu braço suba, mas também que a própria intenção cause o levantamento de meu braço.

Se a chave para entender a intencionalidade são as condições de satisfação, deve ser possível especificar, em razão de suas condições de satisfação, quais os tipos de intenções que constitutem as intenções de significação. De fato, isso é, a meu ver, razoavelmente fácil, mas para explicitá-lo precisamos parar um segundo e perguntar o que há de peculiar a ser explicado nas entidades dotadas de significado, como os atos de fala. Para esta nossa discussão, digno de nota sobre os atos de fala é que, na execução desses atos, os eventos e os objetos físicos comuns têm propriedades semânticas. O fato notável é poder-se afirmar que os ruídos que saem de minha boca ou as marcas que faço no papel são verdadeiros ou falsos, significativos ou insignificantes, pertinentes ou impertinentes e assim por diante. Ora, a questão à qual estamos tentando responder na teoria do significado poderia ser colocada *grosso modo* da seguinte maneira:

Como é possível que meras coisas do mundo venham a ter propriedades semânticas? Como é possível que a mente imponha intencionalidade a entidades que, interpretadas de determinada maneira, são somente objetos e eventos neutros como quaisquer outros? É possível responder a essa pergunta de modo muito simples. Se analisamos a intencionalidade em razão das condições de satisfação, e se é da essência do significado que entidades que não são em si mesmas intrinsecamente intencionais tenham condições de satisfação, a resposta é: a mente impõe intencionalidade a objetos e eventos no mundo na medida em que impõe intencionalmente condições de satisfação a outras condições de satisfação. Como isso funciona? Se digo alguma coisa e efetivamente quero significar aquilo que digo (ao contrário de dizer alguma coisa sem querer significar exatamente aquilo), as condições de satisfação de minha intenção original não são somente que essa intenção cause a produção de certos sons, mas também que esses mesmos sons tenham condições adicionais de satisfação – condições de veracidade no caso de assertivos, condições de cumprimento no caso de comissivos e condições de obediência no caso de diretivos. Assim, por exemplo, se digo em francês "il pleut souvent à Paris" e tenho não somente a intenção de que isso seja uma frase para praticar minha pronúncia, mas também a intenção de realmente fazer uma afirmação, isto é, quero realmente significar o que digo, as condições de satisfação de minha intenção são: (a) que a intenção cause a produção desses sons e (b) que os próprios sons tenham condições de satisfação, com a direção de adequação palavra-mundo – nesse caso, as condições de veracidade que consistem em realmente chover com frequência em Paris.

Esse último ponto merece esclarecimento. Quando faço uma afirmação, não tenho necessariamente a intenção de que ela seja verdadeira. É sempre possível mentir ou fazer uma afirmação insincera. Mas parte da definição de uma afirmação é ser um *compromisso* com a verdade. Mesmo que não tenha a intenção de fazer uma afirmação verdadeira, o falante tem a intenção de fazer uma enunciação para a qual a categoria de verdade, ou veracidade, é um padrão crítico. Uma afirmação necessariamente compromete o falante com a veracidade da proposição, quer ele creia que a proposição é verdadeira, quer não. Assim, as condições de satisfação da intenção que o agente tem quando faz uma enunciação não são que essa própria intenção tenha o fato de estar chovendo como uma de suas condições de satisfação (seria esse o caso de uma pessoa que tentasse fazer chover dizendo certas palavras), mas antes as condições de satisfação são que a enunciação produzida pela intenção tenha ela mesma condições de satisfação dotadas de certa direção de adequação – nesse caso, a direção palavra-mundo; as condições de satisfação, portanto, são condições de veracidade (as palavras expressam algo que verdadeiramente está no mundo).

Esse exemplo nos fornece um modelo para outros exemplos de como a mente confere intencionalidade a entidades que não são intrinsecamente intencionais, ao impor intencionalmente condições de satisfação a essas entidades. Mostremos como a análise se aplica a duas categorias adicionais de atos de fala: diretivos e comissivos. A maioria dos diretivos e comissivos, diferentemente dos assertivos, têm uma característica adicional de autorreferencialidade ademais das condições de satisfação do ato de fala. Isso se revela no fato de a ordem não ser inteiramente executada, e portanto não ser satisfeita, se a pessoa a quem se dá a ordem não agir como age por causa da ordem. Mais precisamente, as condições de satisfação da ordem não são somente que a coisa ordenada seja feita, mas sobretudo que seja feita porque foi ordenada. E essa é apenas outra maneira de dizer que as condições de satisfação da ordem são autorreferenciais à própria ordem – pois o que a ordem ordena é que ela mesma seja obedecida. Considerações análogas se aplicam às promessas. Se prometo vir à sua casa na quarta-feira à noite e me esqueço inteiramente da promessa, mas na quarta-feira decido ir à sua casa para lhe pedir dinheiro emprestado, então em certo sentido, ao chegar a sua casa, ainda não cumpri a promessa, porque a promessa não foi uma razão para eu fazer o que fiz. É claro que não quebrei a promessa, mas tampouco a mantive. Por que não? Porque a promessa promete não somente que certa ação ocorrerá, mas que ocorrerá como cumprimento da promessa. Colocando isso no jargão das condições de satisfação, as condições de satisfação da promessa não são somente que um ato ocorra, mas que ocorra por causa da promessa. Assim, as condições de satisfação da promessa são causalmente autorreferenciais à própria promessa, pois, a menos que esta atue causalmente na produção de seu próprio cumprimento, ela não se cumpre totalmente, ou seja, não é totalmente satisfeita.

Para resumir: a intenção que tenho quando dou uma ordem, como "Saia do quarto", envolve tanto (a) que a própria intenção cause a produção dos sons como (b) que os sons tenham como condições de satisfação, dessa vez com a direção de adequação mundo-mente, que o agente faça o que lhe foi ordenado e que a própria enunciação atue causalmente na produção do ato de ele fazer o que lhe foi ordenado. Isso é análogo às promessas: quando prometo vir ver você na quarta-feira, a intenção subjacente a minha enunciação é: (a) que a intenção produza a enunciação e (b) que a enunciação tenha como condições de satisfação, com a direção de adequação mundo--mente, que eu faça a coisa prometida e que a enunciação atue causalmente na produção do comportamento que constitui o cumprimento da promessa.

Note-se que até agora especificamos todas essas intenções de significação sem nenhuma referência a intenções de comunicação. É claro que, especialmente no caso das ordens, e mesmo no caso de alguns comissivos (como as promessas, ainda que não no caso de outros comissivos, como os juramentos), o ato de fala efetua-se somente se é entendido por um ouvinte – somente se, para usar o jargão de Austin, conseguimos um "entendimento ilocucionário". No caso dos três tipos de ato de fala que consideramos até aqui – assertivos, diretivos e comissivos –, a intenção de comunicação é simplesmente que o ouvinte reconheça a enunciação e reconheça que ela tem as condições de satisfação que o falante pretende que tenha. E tudo isso é apenas uma maneira de dizer que a compreensão consiste em reconhecer intenções de significação. Portanto, o que se deve acrescentar à intenção de significação a fim de termos não só uma intenção de significação, mas também uma intenção de comunicação, é a intenção de que a intenção de significação seja reconhecida. A comunicação bem-sucedida consiste no reconhecimento das intenções de significação do falante.

Talvez essas análises pareçam demasiado complexas, quando provavelmente estão supersimplificadas. A simplicidade, porém, nos permite perceber o esqueleto nu das formas de intencionalidade peculiares ao significado. A intuição subjacente à teoria dos atos de fala resume-se ao fato de que o estudo da linguagem faz parte do estudo geral do comportamento humano. Mas, para tirar proveito dessa intuição, para torná-la inteiramente explícita, precisamos mostrar tanto o que há de comum como o que há de diferente entre os atos de fala e outros tipos de ato. O que há de comum é que os atos de fala, como todos os atos, envolvem a produção intencional de certas consequências em cuja produção a própria intenção atua causalmente. O que é peculiar aos atos de fala é que, além da intenção de produzir movimentos corporais ou outros efeitos físicos, existe a intenção adicional de que o movimento corporal, nesse caso o ato de enunciação, tenha ele mesmo certas condições adicionais de satisfação que não estão relacionadas com a intenção original de maneira diretamente causal. No caso de diretivos e comissivos, a intenção é fazer a enunciação atuar causalmente na produção do resto das condições de satisfação, mas somente à guisa de intencionalidade adicional. Ou seja, no caso dos diretivos, não é que a enunciação cause diretamente alguma coisa, mas, se satisfeita, leva um agente, nesse caso, a pessoa a quem o diretivo foi emitido, a agir para produzir por meio de atos intencionais o resto das condições de satisfação da enunciação. O mesmo se dá com as promessas. No caso da promessa, o agente tem a intenção de que sua enunciação apresente condições adicionais de satisfação e que, se satisfeita, atue causalmente por meio de sua própria intencionalidade na execução da ação intencional que constitui o resto das condições de satisfação da enunciação.

Tudo isso dá conta de nossa compreensão intuitiva segundo a qual o que existe de específico nos atos de fala, o que os torna diferentes de outros tipos de comportamento, é o fato de terem significado. Se coço meu nariz, penteio meu cabelo ou ando por aí, meus atos em geral não têm significado no sentido semântico. Para terem significado, preciso pretender que, de certa maneira, sejam sinais; mas, em relação a mim, pretender que sejam sinais dessa maneira é precisamente impor-lhes condições de satisfação adicionais às simples condições de satisfação de minha intenção original, qual seja, que a própria intenção produza tais e tais movimentos corporais. Eis outra maneira de chegar a essa intuição muito simples: os atos de falar e escrever uma língua, sem considerar o que mais possam ser, consistem na produção de certos eventos físicos, como emitir sons da própria boca ou traçar marcas no papel. Nesse aspecto, são como qualquer outro comportamento humano. A particularidade é que esses sons e essas marcas adquirem propriedades semânticas, propriedades representacionais que os relacionam com o resto do mundo. Portanto, a resposta à questão "Como isso é possível?" é a seguinte: a mente impõe intencionalidade a esses sons e a essas marcas, isto é, impõe intencionalidade a entidades que não são de início intrinsecamente intencionais.

Afirmei que seria possível encontrar esta análise na tradição griciana, mas é claro que ela é muito diferente de tudo o que Grice pensava, e tenho certeza de que ele a julgaria pouco atraente. Por quê? Porque sua principal tese, a meu ver, era que o significado poderia ser analisado em função da intenção de comunicar. Essa é a fonte de muitas das dificuldades, ou talvez da maioria delas, com as quais sua análise deparou. Na análise que proponho aqui, separamos a comunicação da representação. E o âmago da intenção de significação é a intenção de representar, como mostra o fato de que uma pessoa pode dizer alguma coisa, querer significar exatamente o que diz e mesmo assim não ter a intenção de comunicar nada a ninguém.

2. O significado como um fenômeno social

Até aqui analisamos o significado e os atos de fala no contexto da intencionalidade individual, como se o sujeito solitário pudesse impor, de maneira solipsista, condições de satisfação a suas enunciações e, assim, conferir significado ao que do contrário seriam sons e marcas neutras no mundo. Mas há algo profundamente enganoso nessa explicação e algo obviamente ausente. Para evidenciar isso, podemos imaginar os seguintes tipos de situações absurdas. Seria possível que eu levantasse o braço agora e quisesse dizer afirmativamente "Está chovendo na Sibéria"? Pense qual cenário seria necessário para que eu fosse capaz de fazer isso. Uma solução simples seria termos criado de antemão, por algum motivo, um código de sinalização como parte, digamos, de um jogo ou de um mecanismo de comunicação sem palavras. Suponhamos que tivéssemos acordado que, se levanto o braço esquerdo, isso significa que está chovendo na Sibéria e que, se levanto o braço direito, isso significa que o sol está brilhando na Sibéria. Ora, tendo imaginado um acordo prévio desse tipo, é muito fácil imaginar que eu poderia levantar meu braço com essa intenção de significação. Mas, é claro, o acordo prévio é precisamente o estabelecimento de uma convenção, e a questão que isso suscita é: qual é o papel dessas convenções na constituição da possibilidade das intenções de significação? Além disso, o acordo foi, por si só, um ato de fala, ou então exigiu a realização de atos de fala, de modo que parecemos estar diante de um enigma tradicional da filosofia, que consiste em que, para explicar como os atos de fala são possíveis, temos de pressupor a execução de outros atos de fala.

Por isso temos agora de nos voltar para a segunda metade de nossa análise. Nossa questão é: qual é o papel de fenômenos sociais como convenções, regras, práticas etc. na realização dos atos de fala?

Se construíssemos um argumento para mostrar que a realização dos atos de fala, e portanto a criação de significado pelo falante, exige essencialmente práticas, regras e convenções humanas, creio que a forma básica do argumento teria de ser "transcendental", no sentido de que suporia a existência dos atos de fala e em seguida indagaria quais seriam as condições de sua possibilidade. A forma específica que essa questão transcendental assume é, creio, a seguinte: o que deve acontecer para que, em dada ocasião, pela expressão de minha intencionalidade, eu possa, apenas em virtude de minhas intenções, fazer uma afirmação, dar uma ordem ou fazer uma promessa?

Não tentarei aqui desenvolver esse argumento transcendental, mas apenas indicarei algumas de suas características e consequências. Admitindo que os fenômenos sociais constituam as condições de possibilidade dos atos de fala, então, com base nessa concepção, os aspectos socioconvencionais da linguagem não *substituem* a intencionalidade individual; ao contrário, essa intencionalidade só é capaz de funcionar uma vez *pressupostas* as regras, convenções e práticas sociais. Parafraseando uma questão de Wittgenstein, poderíamos perguntar: seria possível que só uma vez em toda a história do universo ocorresse de um ser humano fazer uma promessa a outro ser humano? E nossa tendência é responder "Não", porque a promessa é entendida como algo que faz parte de uma instituição ou prática geral: a instituição do prometer. E, para aprofundar essa intuição, poderíamos perguntar: que tipo de fato é esse, o de alguém fazer uma promessa? E parece que não pode ser um fato que envolva somente a pura intencionalidade humana e a percepção dessa intencionalidade por parte dos ouvintes. Por que não? Bem, o tipo de intenções que uma pessoa precisa ter para fazer uma promessa exige referência a fenômenos que logicamente exigem a existência de instituições humanas, da mesma maneira que os tipos de intenções que uma pessoa tem ao comprar e vender necessariamente fazem referência a instituições como propriedade e dinheiro. Assim, por exemplo, para fazer uma promessa, o falante precisa ter a intenção de se comprometer com uma obrigação. Mas a noção de obrigação não é, por assim dizer, uma noção de história natural, referida a um fenômeno natural, a alguma coisa que pode existir separadamente das práticas e das instituições humanas. E o mesmo se passa em relação a muitas das espécies mais interessantes de atos de fala. Por exemplo: se uma pessoa faz uma afirmação, sua enunciação a compromete com a veracidade da proposição expressa. E, para que seja uma afirmação autêntica, é preciso que a pessoa tenha a intenção específica de comprometer-se com a veracidade da proposição. Mas a noção de um compromisso nas afirmações, como a noção de uma obrigação nas promessas, também é uma noção institucional.

Quando escrevi *Speech Acts*, afirmei esta ideia em parte quando disse: primeiro, que a realização do ato de fala, e portanto a criação do significado, não era uma questão de fatos brutos, mas, pelo menos em relação a uma vasta classe de tipos de atos de fala, envolvia essencialmente fatos institucionais; segundo, que os fatos institucionais são possibilitados por sistemas de regras constitutivas; e, terceiro, que os mesmos sistemas de regras constitutivas poderiam ser invocados em diferentes línguas pelas diferentes convenções dessas línguas. O quadro que eu tinha naquela época era o seguinte: as diferentes línguas têm diferentes convenções para realizar o mesmo ato de fala. Por exemplo, o que posso conseguir em inglês dizendo "*I promise...*"*, consigo em francês dizendo "*Je promets...*" ou, em alemão, "*Ich verspreche...*". Mas essas três diferentes realizações convencionais são todas realizações da mesma regra constitutiva subjacente, a saber, a regra segundo a qual fazer uma promessa equivale a comprometer-se com a obrigação de fazer alguma coisa, normalmente para o benefício do ouvinte. E essa regra não é em si mesma uma convenção do inglês, do francês ou do alemão, mas é uma regra constitutiva da instituição do prometer.

Depois de escrever *Speech Acts*, concluí que, além de abarcar as regras constitutivas de várias instituições e a realização convencional dessas regras em línguas diferentes, uma análise completa também exige que se reconheça a existência de habilidades e práticas de fundo que capacitam os seres humanos a de algum modo se comunicar ou ter estados intencionais. Assim, além do aparato de fatos institucionais, regras constitutivas e diferentes realizações convencionais de regras constitutivas no significado literal das expressões, parece-me agora que precisamos também do que chamo de *background* (fundo). Considerarei agora, por ordem, vários desses elementos e discutirei como eles se relacionam com as condições de possibilidade de criação do significado pelo falante na execução de atos de fala.

---

* "Eu prometo...", em português. (N. do T.)

Convenções

A existência das convenções das línguas particulares não é uma condição necessária para a realização dos atos de fala em geral. Essas convenções não são condições de possibilidade da existência de atos de fala. Isso se mostra, por exemplo, no fato de uma pessoa poder realizar atos de fala direcionados a pessoas com as quais não compartilha uma linguagem comum. Contudo, para a expressão de um ato de fala razoavelmente complexo, como explicar a operação de um motor de combustão interna ou descrever a história do Império Romano, é necessário algum sistema de representação de tipo convencional, um sistema diferente dos gestos e mecanismos icônicos que uma pessoa é capaz de usar para indicar que está, por exemplo, com sede ou com sono.

Regras

Certos tipos de atos de fala pressupõem regras constitutivas; outros tipos, não. As afirmações e as promessas pressupõem regras constitutivas. Todos os atos de fala que pressupõem instituições extralinguísticas, como declarar que tais pessoas são marido e mulher, declarar guerra, adiar uma reunião e assim por diante, pressupõem regras constitutivas. Mas alguns atos de fala normalmente de tipo bastante simples, como saudações e pedidos elementares, ao contrário daqueles, não pressupõem sistemas de regras constitutivas. Por que não? Porque, em casos desse tipo, o conteúdo da intenção comunicada ao ouvinte não faz referência a algo que pressuponha a existência de regras constitutivas. Por exemplo: se faço um pedido elementar a alguém, preciso representar o estado de coisas que desejo que se produza; preciso ainda comunicar ao ouvinte a representação desse estado de coisas; e preciso, por fim, comunicar que meu ato de fala será satisfeito somente se o ouvinte produzir aquele estado de coisas em razão do fato de eu ter executado o ato de fala. Mas não preciso fazer referência a nenhuma noção institucional, como as de compromisso ou obrigação.

É possível agora formular de maneira genérica o critério para saber se um tipo particular de ato de fala pressupõe ou não regras constitutivas: o conteúdo da intenção de significação ou da intenção de comunicação faz referência a entidades que pressupõem a existência de regras constitutivas? No próprio critério está implícita uma importante pretensão teórica negativa, a saber, a de que os conceitos de representação e comunicação não são, eles próprios, institucionais nesse sentido. O conceito de impor condições de satisfação a entidades que não são intrinsecamente intencionais e o conceito de tentar levar os ouvintes a reconhecer a intenção de fazer isso não pressupõem, como tais, a existência de regras constitutivas, muito embora determinadas formas particulares dessas intenções exijam regras constitutivas. Na minha concepção atual, as noções de significação e comunicação não são, elas mesmas, noções institucionais.

Habilidades de background *comuns aos seres humanos*

Todos os fenômenos intencionais, quer sejam crenças, desejos, esperanças, medos ou outros, pressupõem capacidades não intencionais de *background* para que possam funcionar. Com isso, quero dizer que os estados intencionais somente determinam suas condições de satisfação e, portanto, somente funcionam como estados intencionais se for pressuposto um conjunto de capacidades que nos permitem aplicar os estados intencionais. A intencionalidade não é, por assim dizer, autointerpretante ou autoaplicativa. A maneira mais fácil de perceber esse fato consiste em constatar que uma mesma frase ou expressão, com o mesmo sentido literal, terá diferentes aplicações, por exemplo, determinará diferentes conjuntos de condições de veracidade, dadas diferentes práticas de *background*. Defendi essa ideia com certa minúcia em outros textos (1983, cap. 5; 1980), tomando como exemplos certos verbos comuns do inglês, como *cut* ("cortar") e *open* ("abrir"). Afirmo que um mesmo significado literal determina diferentes condições de satisfação uma vez dadas diferentes práticas de *background*. Assim, "corte" em "Corte a grama" tem uma interpretação diferente de "corte" em "Corte o bolo", não em razão de uma diferença no conteúdo semântico, mas por causa das práticas diferentes que adotamos em relação ao gramado e ao bolo. Os verbos de "Abra a porta" e "Abra o olho", analogamente, possuem o mesmo conteúdo semântico, mas têm interpretações muito diferentes, dadas as habilidades diferentes que se manifestam em nossas práticas. Para o que ora nos diz respeito, o ponto importante dessas habilidades de *background* é que elas mesmas não são representacionais. Não consistem num conjunto de regras, crenças ou outros tipos de representações. Nesses casos, "saber como" não pode ser reduzido a "saber que". O argumento em favor desse ponto é, primeiro, que, se tentarmos especificar as práticas de *background* como conjuntos de regras ou proposições, cairemos numa regressão infinita e não saberemos quando parar, porque cada uma das proposições também exige outras habilidades de *background* para que possa ser interpretada, de modo que o *background* jamais será completamente explicitado. Mas, em segundo lugar, em certo sentido também é impossível sequer começar esse tipo de análise, porque o conjunto de proposições que podemos descrever nunca é suficiente para fixar a interpretação correta do conteúdo intencional. A meu ver, a inferência correta a ser tirada destes argumentos confessadamente incompletos é que o próprio conjunto de capacidades que nos habilita a aplicar conteúdos intencionais não consiste nem poderia consistir, ele mesmo, em conteúdos intencionais.

Uma das implicações desse fato para a presente discussão é que a própria capacidade de simbolizar, a capacidade de representar, de usar objetos e estados de coisas como representações de outros objetos e estados de coisas, parece ser exatamente uma dessas capacidades de *background*. Provavelmente é inata nos seres humanos, uma vez que todos os seres humanos a possuem; e (pelo que nos consta) é muitíssimo mais desenvolvida nos seres humanos que nos outros animais. Se esta hipótese estiver correta, os sistemas de regras e convenções que constituem os mecanismos que efetivamente usamos para realizar os atos de fala se baseiam num *background* de capacidades mentais humanas que não são, elas próprias, regras e convenções, mas sim habilidades pré-intencionais de tipo não representativo.

A segunda tese sugerida por essa hipótese é que a ideia de que os outros organismos semelhantes ao nosso compartilham as mesmas capacidades de *background* é pré-condição de qualquer tentativa de comunicação. O exercício de minhas capacidades de representação não é mero ato solipsista; ao contrário, realiza-se num contexto em que essas capacidades são compartilhadas e os seres humanos se comunicam uns com os outros.

Na verdade, a tradição wittgensteiniana é repleta de discursos vagos sobre o papel das práticas sociais na linguagem e na criação do significado. Por acreditar que boa parte desses discursos envolve uma concepção confusa, que estabelece uma oposição entre o papel da subjetividade individual e o das práticas sociais, tentarei determinar agora, da maneira mais clara possível, a relação entre essas duas coisas. As capacidades sociais de que estamos falando só existem nas mentes dos agentes individuais, dos falantes individuais numa sociedade. Não há nenhuma prática social que exista, por assim dizer, fora daquilo que foi interiorizado nas mentes/cérebros dos falantes. As capacidades sociais se realizam inteiramente nos cérebros individuais dos membros de determinada sociedade. A característica que as torna práticas *sociais* é o fato de se referirem essencialmente a outros agentes da sociedade além do próprio falante. São sociais no sentido de que seu funcionamento exige e pressupõe o contato entre diferentes agentes na sociedade. Mas isso de maneira nenhuma impede que se realizem inteiramente nos cérebros individuais.

3. Conclusão

Este ensaio tem um objetivo muito limitado. Estou tentando mostrar de que modo é possível conciliar duas abordagens aparentemente incompatíveis da filosofia da linguagem e do significado. Segundo meu argumento, as abordagens que privilegiam, de um lado, a subjetividade individual e, de outro, as práticas sociais, não se acham realmente em conflito na qualidade de explicações do significado e dos atos de fala. As capacidades necessárias para a execução desses atos se realizam inteiramente na minha mente, e as execuções efetivas de determinados atos de fala são expressões de minha intencionalidade. Mas, assim como as expressões da minha intencionalidade se direcionam frequentemente a outros membros da sociedade, se direcionam *normalmente* a outros membros da sociedade, assim também as próprias capacidades fazem referência a outros membros da sociedade, precisamente porque são capacidades sociais. Meus atos de dialogar, comprar e vender e escrever artigos de filosofia só existem como parte de uma atividade social.

Referências bibliográficas

Austin, J. L. 1962. *How to do Things with Words*. Oxford: Oxford University Press.
Grice, H. P. 1957. Meaning. *The Philosophical Review* 79, 377-88.
———. 1969. Utterer's Meaning and Intentions. *The Philosophical Review* 78, 147-77.
Searle, J. R. 1969. *Speech Acts: an Essay in the Philosophy of Language*. Cambridge: Cambridge University Press.
———. 1980. The Background of Meaning. *Speech Act Theory and Pragmatics*, J. R. Searle, F. Kiefer e M. Bierwitsch (orgs.). Dordrecht: Reidel.
———. 1983. *Intencionalidade*. São Paulo: Martins Fontes, 2002.
———. 1986. Meaning, Communication and Representation. *Philosophical Grounds of Rationality*, R. Grandy e R. Warner (orgs.). Oxford: Oxford University Press.

10. COMO FUNCIONAM OS PERFORMATIVOS[1]

Os filósofos e os linguistas se sentem tão à vontade com a noção de performativo que parece que já se formulou uma teoria satisfatória a respeito do assunto. No entanto, nunca vi tal teoria, e neste ensaio quero propor a seguinte pergunta: como funcionam os performativos? Creio que a resposta não será apenas um exercício rebuscado de análise linguística, mas, ao contrário, poderá levar-nos a compreender algo da natureza da lingua-

---

1. Publicado nesta edição a partir de original em *Linguistics and Philosophy* (1989), 12, pp. 535-58, © 1989 Kluwer Academic Publishers, com a permissão da Kluwer Academic Publishers.

Uma versão anterior desse ensaio foi apresentada como palestra no Instituto de Verão da Sociedade Linguística Norte-Americana, em Stanford, 1987. Sou grato a muitas pessoas pelos proveitosos comentários e críticas, e quero agradecer especialmente a J. Boyd, Y. Matsumoto, T. B. Nguyen, D. Searle e E. Sweetser.

Existe agora uma vasta bibliografia sobre o assunto dos performativos e, naturalmente, sou grato aos autores cujas obras li. Em especial, desejo reconhecer minha dívida para com J. Austin, K. Bach, M. Bierwisch, C. Ginet, R. Harnish, I. Hedenius, J. Lemmon, J. McCawley, F. Récanati, J. Sadock, J. Urmson e G. Warnock. (Ver bibliografia.)

gem e da relação entre os atos de fala e as ações em geral. Alguns autores que trataram dos performativos[2] parecem pensar que o fato de certos verbos apresentarem ocorrências performativas é um fenômeno unicamente semântico, mas o enigma é: como poderia ser mera questão de semântica o fato de os verbos apresentarem propriedades tão notáveis? Não posso consertar o telhado dizendo "Conserto o telhado" e não posso fritar um ovo dizendo "Frito um ovo", mas posso prometer que irei visitar alguém dizendo apenas "Prometo que irei visitar você", e posso mandar que alguém saia do quarto dizendo apenas "Ordeno que você saia do quarto". Ora, por que isto e não aquilo? E como isso funciona? Talvez a opinião atual mais amplamente aceita seja a seguinte: as enunciações performativas são na realidade apenas asserções com valores de veracidade, como quaisquer outras asserções, e Austin estava errado em contrapor as enunciações performativas a outros tipos de enunciação[3]. A única característica específica do enunciado performativo é que o falante pode realizar indiretamente outro ato de fala ao fazer o enunciado. E a tarefa da teoria dos performativos consiste em explicar como o falante pode ter a intenção de executar e o ouvinte pode entender um segundo ato de fala a partir da realização do primeiro ato de fala, qual seja, o enunciado performativo.

Não encontrei nenhuma explicação dos performativos que me parecesse satisfatória. Neste ensaio, portanto, pretendo:

---

2. Por exemplo, McCawley (1979).
3. Creio que a primeira versão dessa opinião esteja em Lemmon (1962). Para uma formulação mais antiga, ver também Hedenius (1963).

(1) Caracterizar os performativos de modo tal que sejamos capazes de oferecer uma formulação (razoavelmente) precisa do problema.
(2) Formular as condições de adequação para qualquer solução.
(3) Demonstrar o fracasso de certas análises dos performativos.
(4) Introduzir os elementos do aparato necessário para resolver o problema.
(5) Sugerir uma solução.

1. O que é um performativo?

A palavra "performativo" tem uma história um tanto confusa, e por isso preciso esclarecer logo de início o uso que faço dela. Austin introduziu originalmente a noção de *performativos* para contrapô-los aos *constativos*. De acordo com ele, os performativos seriam *ações*, como fazer uma promessa ou dar uma ordem, enquanto os constativos seriam *dizeres*, como fazer uma afirmação ou dar uma descrição. Os constativos poderiam ser verdadeiros ou falsos, mas não os performativos. Essa distinção, porém, não funcionou, porque afirmar e descrever são ações do mesmo modo que prometer e ordenar, e alguns performativos, como as advertências, podem ser verdadeiros ou falsos. Ademais, é possível fazer asserções simples com verbos performativos explícitos, como em "Eu, por meio desta*, declaro que está chovendo".

---

* Em inglês, *hereby*. Neste capítulo, este termo foi sempre traduzido por "por meio desta". Embora o termo em português seja usado predominantemente na linguagem escrita e formal, ou mesmo oficial, usamo-lo, à falta de outro, para indicar o caráter autorreferente e executivo dos enunciados performativos. (N. do R. da T.)

Assim, durante algum tempo, pareceu que Austin queria dizer que toda asserção era performativa, o que tornaria a noção inútil. Também não funcionou a distinção entre performativos explícitos e implícitos, como a distinção entre "Prometo vir" (explícito) e "Tenho a intenção de vir" (implícito). Ela não funciona porque os casos implícitos não são performativos no mesmo sentido em que são performativos os casos explícitos. Se digo "Tenho a intenção de vir", estou fazendo literalmente uma asserção sobre minha intenção (embora, ao fazer essa asserção, eu também possa, é claro, estar fazendo indiretamente uma promessa).

Creio que a maneira correta de situar a noção de performativos no interior de uma teoria geral dos atos de fala é a seguinte: é possível realizar* certos atos ilocucionários mediante o ato de enunciar uma frase que contém uma expressão que nomeia o tipo de ato de fala em questão, como em "Ordeno que você saia do quarto". Essas enunciações, e somente elas, são descritas corretamente como performativas. Segundo meus critérios de uso, os únicos performativos são os que Austin chamou de "explícitos". Assim, embora toda enunciação seja de fato uma *realização* [*performance*]**, só uma classe muito restrita de enunciações são *performativas*.

Uma vez adotado esse uso, torna-se essencial distinguir entre enunciações performativas, frases performativas e verbos performativos. Entendo essas expressões

---

* Em inglês, *to perform* – daí o termo performatives. Há quem traduza o verbo por "performar" a fim de preservar a ligação com "performativo". Essa tradução, porém, introduz um barbarismo. (N. da R. T.)

** Em inglês, *performance*, palavra também derivada do verbo to *perform* e ligada a *performatives*, muito frequente ao longo deste capítulo. (N. da R. T.)

da seguinte maneira: uma *frase performativa* é uma frase cuja enunciação literal, em circunstâncias apropriadas, constitui a realização de um ato ilocucionário nomeado por uma expressão dessa mesma frase em virtude da ocorrência dessa expressão. Uma *enunciação performativa* é a enunciação de um elemento de frase performativa, tal que a própria enunciação constitui a realização do ato nomeado pela expressão performativa na frase. Um *verbo performativo* é simplesmente um verbo que pode ocorrer como verbo principal em frases performativas. Quando esse verbo ocorrer em tais frases dentro de uma enunciação performativa, falarei do *uso performativo* da frase e do verbo. A enunciação

(1) Saia do quarto!

pode constituir a *realização* [*performance*] *de* dar uma ordem, mas não é *performativa*, ao passo que a enunciação

(2) *Ordeno* que você saia do quarto.

seria em geral performativa.

Além disso, nem toda frase que contém um verbo performativo na primeira pessoa do presente do indicativo é uma frase performativa.

(3) *Prometo* vir na quarta-feira.

é uma frase performativa, mas

(4) *Prometo* muitas coisas a muita gente.

não é uma frase performativa. Em inglês, a maioria das enunciações performativas, embora não todas, contém ocorrências da primeira pessoa do singular do presente do indicativo do verbo performativo. Também há ocorrências do presente contínuo, como

(5) Estou *pedindo* que você faça isso por mim, Henry, estou *pedindo* que você faça isso por mim, pela Cynthia e pelas crianças.

Há enunciações performativas que usam verbos no plural, como

(6) *Empenhamos* nossa vida, nossa fortuna e nossa honra.

Além disso, algumas frases performativas apresentam-se na voz passiva:

(7) Por meio desta, fiquem os passageiros *avisados* de que todos os voos para Phoenix foram cancelados.

Às vezes, a expressão performativa não é um verbo e está numa frase ou oração à parte, como em

(8) Virei ver você na próxima semana, e isto é uma *promessa*.

Nem toda ocorrência de frase performativa constitui um uso performativo. Assim, por exemplo, (3) poderia ser usado para relatar uma prática habitual: "Toda vez que vejo você na terça, sempre faço a mesma coisa: prometo vir ver você na quarta."[4]

---

4. Note-se que restringi a definição de performativos a atos ilocucionários. De acordo com a minha definição, enunciações como "Estou falando agora" ou "Estou gritando" (ditas em voz bem alta) não são enunciações performativas.

2. Qual é o problema em relação aos performativos?

De um ponto de vista um tanto ingênuo (e numa formulação preliminar que teremos de rever mais tarde), o enigma dos performativos é o seguinte: como é possível existir uma classe de frases cujo significado é tal que podemos realizar a ação nomeada pelo verbo apenas por dizer literalmente que a estamos realizando? Como pode o significado determinar que dizer é fazer? Como o dizer *constitui* o fazer? Existem outras questões ligadas a essa: por que a classe de verbos é restrita como parece ser? Já disse que posso prometer dizendo "Eu, por meio desta, prometo", mas não posso fritar um ovo dizendo "Eu, por meio desta, frito um ovo". E mais: como uma única frase não ambígua pode ter, ao mesmo tempo, um uso literal performativo e um uso literal não performativo?

Outra questão crucial: por que, em certo sentido, não posso mentir, estar enganado ou enunciar uma falsidade com a parte performativa da enunciação performativa, se os enunciados normalmente podem ser mentiras, erros ou falsidades? Essa questão deve ser formulada com precisão. Quando digo "Bill prometeu vir ver você na semana passada", essa enunciação pode ser, como qualquer enunciado, uma mentira, um engano ou outra forma de falsidade. Mas, quando digo "Prometo vir ver você na semana que vem", essa enunciação poderia ser insincera (se não tenho a intenção de fazer o ato representado pelo conteúdo proposicional) e, na ausência de certos pressupostos, pode não ser uma promessa (se o ente ao qual me dirijo, por exemplo, não é uma pessoa e sim um poste); contudo, em relação à *força* de uma promessa, não posso mentir ou estar enganado, porque, num sentido que ainda precisa ser explicado, minha enunciação da frase e o fato de eu querer dizer literalmente o que digo dão à enunciação a força de uma promessa. Apenas a título de nomenclatura, chamarei isso de caráter "autogarantidor" das enunciações performativas.

Finalmente, há controvérsia quanto à análise semântica dos verbos performativos. Somos obrigados a dizer que esses verbos têm dois significados, um performativo e outro não? Ou dois sentidos? Ou o quê?

3. Condição de adequação

A quais restrições gostaríamos de satisfazer em nossa análise dos performativos? Primeiro, que a análise se encaixe numa explicação geral da linguagem. No plano ideal, os performativos não devem simplesmente destacar-se como estranhezas ou anomalias; antes, seria necessário que esses verbos, frases e enunciações recebessem suas propriedades levando em conta nossa explicação geral da linguagem. Nesse aspecto, melhor seria preservar a intuição de que as frases performativas são frases comuns no modo indicativo e que, como tais, são usadas para fazer enunciados que têm valores de veracidade, mesmo quando enunciadas performativamente. Também seria bom não ter de postular ambiguidades, considerando, em especial, que dispomos de indícios linguísticos independentes de que não existe ambiguidade entre o sentido performativo e o sentido não performativo dos verbos performativos. Podemos constatar uma espécie de redução por conjunção em exemplos como: a frase "John promete vir ver você na semana que vem e eu prometo vir ver você na semana que vem" é passível de ser parafraseada como "John promete vir ver você na semana que vem e eu também". Precisamos, além disso, explicar a ocorrência de "por meio desta" (ou outra expressão análoga) nas frases performativas. A dificuldade, porém, reside no fato de que devemos satisfazer essas restrições de modo que se explique a especificidade dos performativos, sobretudo o caráter autogarantidor mencionado anteriormente.

Para esboçar um quadro geral dos problemas, passo a enumerar as características principais das quais eu gostaria de dar conta.

(1) As enunciações performativas são realizações do ato nomeado pelo verbo principal (ou outra expressão performativa) na frase.
(2) As enunciações performativas são autogarantidoras no sentido de que o falante não pode estar mentindo, estar sendo insincero ou estar enganado sobre o tipo de ato que é realizado (embora possa estar mentindo, estar sendo insincero ou estar enganado sobre o conteúdo proposicional do ato de fala e possa não chegar a realizar o ato se algumas outras condições não forem cumpridas).
(3) As enunciações performativas realizam as características (1) e (2) em virtude do significado literal da frase enunciada.
(4) Elas têm a característica de admitir a cláusula "por meio desta", como em "Eu, por meio desta, prometo que virei ver você".
(5) Os verbos em questão não são ambíguos, mantendo a distinção entre um sentido performativo e outro não performativo, embora ocorram literalmente em ambas as formas, a performativa e a não performativa.

(6) As enunciações performativas não são atos de fala indiretos no mesmo sentido em que a enunciação "Você pode me passar o sal?" pode ser um ato de fala indireto de pedir ao ouvinte que passe o sal.

(7) As enunciações performativas, em virtude de seu significado literal, são enunciados com valores de veracidade.

(8) As frases performativas usam em geral um tempo raro em inglês, o chamado "presente dramático".

4. Análises anteriores

Não estou certo de que seja possível satisfazer a essas condições todas. Algumas delas talvez estejam incorretas, mas, seja como for, nenhuma das discussões que li ou ouvi sobre os performativos satisfaz a todas. Passarei em revista meus próprios escritos anteriores sobre o assunto. Em *Speech Acts* (Searle, 1969), entre outros escritos, apontei que, em geral, os atos ilocucionários têm a estrutura F(p), na qual "F" representa a força ilocucionária e "(p)", o conteúdo proposicional. Se a comunicação for bem-sucedida, o ouvinte será capaz de conceber, ouvindo a frase, qual é a força ilocucionária e qual é o conteúdo proposicional. Assim, na sintaxe há em geral um padrão indicativo da força ilocucionária e uma representação do conteúdo proposicional. Na frase "Está chovendo", o conteúdo proposicional expresso é que está chovendo, e a força ilocucionária do enunciado é indicada por fatores como a ordem das palavras, a entoação, o modo verbal e a pontuação.

Com base nessa explicação, defendi em *Speech Acts* a ideia de que o prefixo performativo é somente um indicador, como qualquer outro, da força ilocucionária. Em "Afirmo que está chovendo" e "Ordeno que você saia do quarto", os prefixos performativos "Afirmo" e "Ordeno" têm a função de tornar explícita a força ilocucionária da enunciação da frase. Até aqui, creio que a explicação procede, mas está incompleta, pois não explica como funcionam os performativos. Em particular, não explica de que modo a mesma sequência sintática ocorre em alguns casos como indicador de força ilocucionária e, em outros, como parte do conteúdo proposicional. Assim, pode-se dizer que a presente tarefa visa em parte a tentar completar a explicação iniciada em *Speech Acts*.

Nos *Foundations of Illocutionary Logic* [Os fundamentos da lógica da enunciação] (Searle e Vanderveken, 1985), Daniel Vanderveken e eu afirmamos que todas as enunciações performativas são casos de declarações. Estas, apenas para recordar, são atos de fala como "A reunião está adiada" ou "Por meio desta, a guerra está declarada", nos quais o objetivo ilocucionário do ato de fala é mudar o mundo, de modo que o conteúdo proposicional esteja adequado ao mundo pelo fato de o mundo ter sido modificado para se adequar ao conteúdo proposicional. Numa declaração que tenha a forma F(p), a realização bem-sucedida do ato de fala muda o mundo para que ocorra p. Assim, as declarações apresentam simultaneamente as duas direções de adequação, da palavra ao mundo e do mundo à palavra[5]. Ora, segundo essa explicação das enunciações performativas, assim como posso declarar adiada a reunião, também posso declarar uma promessa a ser feita ou uma ordem a ser dada, e uso um prefixo performativo para fazer essas coisas. Se lemos

---

5. Para uma explicação de todas essas noções, ver Searle (1979), cap. 1.

apenas a estrutura do ato de fala com base na estrutura superficial da frase, essa explicação parece obviamente correta. O conteúdo proposicional – por exemplo, de que eu lhe ordeno sair do quarto – torna-se verdadeiro pela enunciação da frase "Ordeno que você saia do quarto", e esta difere da enunciação da frase "Saia do quarto" porque, embora tal enunciação também evidencie que eu lhe ordenei sair do quarto, não ordena por meio de declaração. Não ordena representando que isso ocorra, e por isso difere de um performativo.

Em consequência da análise dos performativos como declarações, a estrutura ilocucionária de "Ordeno que você saia do quarto" fica sendo:

Declaro (que ordeno (que você saia do quarto)).

O conteúdo proposicional da declaração é: ordeno que você saia do quarto, embora o conteúdo proposicional da ordem seja: saia do quarto.

A meu ver, é correto dizer que todos os performativos são declarações, mas isso não responde efetivamente a nossa questão original, "Como funcionam os performativos?"; só a amplia para "Como funcionam as declarações?". Isso também gera consequências que costumam enervar os filósofos, do tipo: o que dizer do emprego de "Declaro" como prefixo performativo para uma declaração?[6] Usamo-lo para fazer uma declaração de uma declaração? E, sendo assim, onde irá parar tal regressão?

---

6. "Declaro", em inglês, também funciona como um prefixo assertivo, como em "Declaro que os conteúdos deste documento são verdadeiros e completos" ["I declare that the contents of this document are true and complete"].

A maioria das mais recentes tentativas de analisar os performativos trata-nos como enunciados[7] a partir dos quais é possível derivar outros atos de fala; e muitas dessas explicações tratam-nos como um tipo de ato de fala indireto. Afirmei antes que, já por intuição, os performativos não parecem atos de fala indiretos, mas uma abordagem que os trata como enunciados é bem tentadora, porque leva a sério o fato de uma frase performativa ser gramaticalmente uma frase comum no modo indicativo. Os esforços característicos para tornar procedente tal abordagem tratam as enunciações performativas como atos de fala indiretos, baseando-se numa analogia com formas do tipo "Você pode me passar o sal?", que se utiliza para pedir a alguém que passe o sal, ou "Está quente aqui dentro", que se emprega para pedir a alguém que abra a janela. A ideia é que o ato de fala literal é um enunciado e, em razão disso, por um mecanismo de implicação griciana, supõe-se que o ouvinte infira a intenção de realizar algum outro ato de fala. Não acho que essas explicações procedam, mas, para não deixar de levar em conta a que me soa melhor, examinarei brevemente a tese de Bach e Harnish.

De acordo com esses autores, "no caso de enunciações performativas, mesmo aquelas que não lançam mão do 'por meio desta', o ouvinte poderia normalmente raciocinar, e poder-se-ia ter a intenção de que ele raciocinasse, da seguinte maneira:

(1) Ele está dizendo 'Ordeno que você saia'.
(2) Ele está enunciando que me ordena sair.

---

7. Por exemplo: Lewis (1972), Bach (1975), Ginet (1979) e Bach & Harnish (1979).

(3) Se seu enunciado é verdadeiro, então ele deve estar me ordenando sair.
(4) Se ele está me ordenando sair, deve ser o seu enunciado que constitui a ordem. (O que mais poderia ser?)
(5) Presumivelmente, ele está falando a verdade.
(6) Portanto, ao enunciar que me ordena sair, ele está me ordenando sair"[8].

A meu ver, essa explicação é insatisfatória, porque nem sequer atende à mais incontroversa de nossas condições de adequação. Ou seja, não explica a natureza performativa e autogarantidora das enunciações performativas. Não satisfaz às condições (1) e (2). O fenômeno que estamos tentando explicar é: *como é possível* que um enunciado constitua uma ordem? A explicação acima simplesmente afirma, em (4), que ele constitui uma ordem. Na explicação de Bach e Harnish, o que estamos tentando explicar permanece inexplicável. Ademais, estávamos tentando explicar o caráter autogarantidor que os performativos têm, ao contrário de outros enunciados. Ora, se estamos certos em pensar que os performativos são autogarantidores, é redundante supor que precisamos da suposição extra de que o falante está dizendo a verdade (o passo 5, segundo Bach e Harnish), porque, no que diz respeito à força ilocucionária, não há nenhuma possibilidade de que ele pudesse deixar de dizer a verdade.

Essa explicação dá por certo que a enunciação pode constituir uma ordem; mas, se nos for permitido supor que as enunciações podem constituir estados de coisas

---

8. Bach e Harnish (1979), p. 208.

descritos pelas próprias enunciações, não obteremos uma explicação capaz de abarcar as diferenças entre frases que funcionam e outras que não funcionam como performativos, a exemplo de "Sou o rei da Espanha". Bach e Harnish não explicam por que sua análise funciona para o ordenar, mas não funcionaria para o seguinte:

(1) Ele está dizendo "Sou o rei da Espanha".
(2) Ele está enunciando que é o rei da Espanha.
(3) Se seu enunciado é verdadeiro, então ele deve ser o rei da Espanha.
(4) Se ele é o rei da Espanha, deve ser o seu enunciado que constitui o fato de ele ser rei da Espanha. (O que mais poderia ser?)
(5) Presumivelmente, ele está falando a verdade.
(6) Portanto, ao enunciar que é o rei da Espanha, ele está sendo o rei da Espanha.

Parece-me óbvio que "Ordeno que você saia" pode ser usado performativamente e "Sou o rei da Espanha" não pode, mas nada na explicação de Bach e Harnish esclarece a diferença. Por que um funciona e o outro não? Outra maneira de formular a mesma objeção é mostrar que eles contam com nossa compreensão de como a frase "Ordeno que você saia" pode ser usada performativamente, mas não explicam de que maneira ela pode ser usada assim.

Não obstante, continua tentadora a ideia de que as enunciações performativas são enunciados a partir dos quais o performativo de alguma maneira deriva. Basta examinarmos a sintaxe dessas frases. Assim, tentemos defender essa ideia até o fim. Estamos tentando explicar, primeiro, como o sentido literal da frase indicativa é tal que sua enunciação grave e literal é (ou pode ser) a realização do próprio ato nomeado pelo verbo principal.

5. Os performativos como assertivos

Antes de tudo, note-se que o "por meio desta" indica autorreferência. Ocorra o "por meio desta" explicitamente ou não, a enunciação performativa versa sobre si mesma. Em "Ordeno que você saia" ou "Ordeno, por meio desta, que você saia", o falante diz, em certo sentido, que a própria enunciação é uma ordem. Essas enunciações não são mais nem menos autorreferentes do que, por exemplo, "Este enunciado está sendo feito na minha língua"[9][*].

Mas, caso levemos a sério a ideia de que os performativos funcionam por enunciar que certa pessoa está realizando certo ato de fala, temos de mostrar, antes de tudo, de que modo as características desses enunciados autorreferentes são suficientes para constituir a realização do ato de fala nomeado pelo verbo performativo. Formalmente, poderíamos dizer que precisamos mostrar como (supondo que sejam satisfeitas certas condições contextuais) o enunciado "João fez um enunciado autorreferente dizendo que seu enunciado é a promessa p" implica, por uma questão de lógica, "John fez a promessa p". Bem, quais são as características desses enunciados, quais são as características dos performativos e

---

9. Muitos autores comentaram essa característica autorreferente. O primeiro talvez tenha sido Åqvist (1972).

* No original, *in English*. A fim de não causar estranhamento desnecessário ao leitor de língua portuguesa, optou-se, aqui e em casos semelhantes, por traduzir *English* pela expressão "minha língua". (N. do T.)

quais são as relações entre elas? As características em questão são estas:

(1) Um enunciado é um compromisso assumido intencionalmente com a veracidade do conteúdo proposicional expresso.
(2) Os enunciados performativos são autorreferentes.
(3) Uma característica constitutiva essencial de todo ato ilocucionário é a intenção de realizar esse ato. É uma característica constitutiva de uma promessa, por exemplo, que se tenha a intenção de que a enunciação seja uma promessa.

Nossa questão agora torna-se um pouco mais definida. Podemos mostrar como as duas primeiras características se combinam para garantir a presença da terceira? Podemos mostrar como o fato de alguém fazer um enunciado autorreferente a fim de fazer a promessa *p* é suficiente para garantir que esse alguém tinha a intenção de fazer a promessa *p*? Eu costumava achar que sim e, de fato, quando completei uma versão anterior deste artigo, imaginava ter chegado a uma boa demonstração de como isso funcionava. Agora já não penso assim, mas meu erro foi construtivo. Por isso vejamos os passos. Tentarei expor, com alguns pormenores, um argumento projetado para mostrar que um enunciado autorreferente no sentido de que a enunciação é a promessa *p* tem necessariamente a força de uma promessa; depois, tentarei mostrar por que o argumento não funciona.

Passo 1. Suponha-se que alguém faça um enunciado pronunciando, literalmente, a frase "Prometo vir ver você na semana que vem". Bem, como tal, essa frase é um enunciado, e um enunciado é um compromisso com a veracidade da proposição, de modo que o falante está comprometido com a veracidade da proposição de que promete vir ver o ouvinte na semana que vem.

Mas, em geral, a elaboração de um enunciado não garante que ele seja verdadeiro ou mesmo que o falante tenha a intenção de que seja verdadeiro. Com efeito, embora o enunciado o comprometa com sua veracidade, o falante pode estar mentindo ou estar enganado. Assim, do simples fato de a enunciação ser um enunciado de que ele promete, não podemos deduzir que se trate efetivamente de uma promessa.

Passo 2. O enunciado é autorreferente. Ele não só *trata de* uma promessa, mas também afirma, a respeito de si mesmo, que é uma promessa. Poderia ser parafraseado como "Esta enunciação consiste em fazer uma promessa de que virei ver você na semana que vem".

Mas o acréscimo da autorreferencialidade ainda não é, por si só, suficiente para garantir que o enunciado seja uma promessa ou até mesmo que seja intencionado como tal. Se digo "Esta enunciação está sendo feita em francês", o fato de ter feito um enunciado autorreferente não é capaz de garantir que ele seja verdadeiro ou até mesmo que se teve a intenção de que fosse verdadeiro.

Passo 3. Na enunciação da frase, o falante exprimiu uma pretensão autorreferente de veracidade no sentido de que sua enunciação seja uma promessa. Mas o que a tornaria verdadeira? Em que consistiria sua veracidade? Obviamente, consistiria no fato de efetivamente ser uma promessa. Mas em que consiste o fato de ser uma promessa? Considerando que, entre outras, as condições preparatórias são satisfeitas, *o fato de ser uma promessa consiste em ser intencionada como promessa*. Considerando que o ato de fala esteja correto em todos os outros aspectos, se ele é intencionado como promessa, então é uma promessa. Assim, nossa questão se reduz ao seguinte: como as outras características garantem a intenção de fazer uma promessa?

Passo 4. A principal característica do fato de uma enunciação ser uma promessa é ser intencionada como promessa. No entanto, e esse é o ponto crucial, se a enunciação é autorreferente; se as condições intencionadas de veracidade são que seja uma promessa; e se o componente principal dessas condições de veracidade, desde que realmente satisfeitas, é a intenção de que seja uma promessa, então a intenção de fazer o enunciado autorreferente de que a enunciação é uma promessa é suficiente para garantir a presença da intenção de que seja uma promessa; portanto, é suficiente para garantir que seja uma promessa. Por quê?

Passo 5. A intenção de classificar a enunciação como promessa é suficiente para a intenção de ser uma promessa, porque a intenção de classificá-la como tal encerra um compromisso. Nos assertivos, o compromisso é que a proposição seja verdadeira. Mas, neste caso, o compromisso com a veracidade, intencionalmente assumido, já encerra um compromisso com a intenção de que seja uma promessa. Contudo, essa intenção, nas circunstâncias apropriadas, é suficiente para que seja efetivamente uma promessa.

Assim, segundo esta explicação, embora os enunciados em geral não garantam sua própria veracidade, os enunciados performativos constituem exceções a essa regra por duas razões: primeiro, são autorreferentes e, segundo, a autorreferência diz respeito ao outro ato de fala realizado na mesma enunciação. Note-se que aqui a autorreferencialidade é decisiva. Se afirmo que prometerei ou que prometi, essas afirmações não encerram os compromissos da promessa real da mesma maneira que a afirmação "Este próprio ato de fala é uma promessa" encerra os compromissos tanto da afirmação quanto, consequentemente, da promessa.

Esse é, creio, o melhor argumento para mostrar que os performativos têm, primordialmente, a natureza de enunciados. O que há de errado com ele? Por muito tempo me pareceu correto, mas agora penso que contém um erro. E um erro, uma vez percebido, torna-se óbvio. Ei-lo: o argumento confunde *assumir o compromisso de ter certa intenção* com realmente *ter a intenção*. Se caracterizo enunciação minha como promessa, estou comprometido com o fato de essa enunciação ter sido feita com a intenção de ser uma promessa, mas isso não basta para garantir que realmente tenha sido feita com essa intenção. Eu julgava poder evitar essa objeção pela autorreferencialidade, mas não. O mero ato de descrever autorreferentemente uma de minhas próprias enunciações como promessa não basta para garantir que ela tenha sido feita com a intenção de ser uma promessa, embora seja suficiente para me comprometer com o fato de tê-la feito com essa intenção.

A questão é sutil, mas, mesmo contra a vontade, concluí que é decisiva. Por isso repito: a intenção de asseverar de modo autorreferente que uma enunciação é um ato ilocucionário de certo tipo, como uma promessa, não é suficiente para garantir a existência da intenção de, no caso, fazer uma promessa. Essa asserção de fato *compromete* o falante com a existência da intenção, mas o compromisso de ter a intenção não garante a *presença real* da intenção. E era isso o que precisávamos mostrar: que a asserção de algum modo garantia a presença da intenção performativa, mesmo quando fosse uma asserção autorreferente no sentido de ser um ato ilocucionário nomeado pelo verbo performativo.

Disso decorre que o esforço de mostrar que os performativos são um tipo de asserção cai por terra. O caráter performativo de uma enunciação não pode ser derivado de suas características literais como asserção. Cheguei à triste conclusão de que toda tentativa de derivar os performativos dos assertivos está fadada ao fracasso, porque os assertivos não têm capacidade de produzir a característica autogarantidora dos performativos; e, por não conseguir explicar tal característica, a análise tampouco explica a performatividade. A impossibilidade de satisfazer a condição (2) solapa automaticamente a satisfação da condição (1). A fim de derivar o performativo do assertivo, teríamos de mostrar que, dado o enunciado E de certas condições para o ato de fala, a conjunção de E com a proposição "*x* fez a asserção autorreferente de que prometeu *p*" implica "*x* prometeu *p*". Mas isso é impossível, porque a intenção assertiva por si só não garante a presença da intenção performativa.

6. Os performativos como declarações

Agora temos de voltar à prancheta de desenho. Estávamos tentando derivar o caráter declarativo dos performativos de seu caráter assertivo, o que não deu certo.

Sendo assim, reconsideremos o que está implícito na visão de que os performativos são declarações. Já vimos que, *grosso modo*, eles são declarações porque satisfazem a definição de declaração. Segundo esta, uma enunciação é uma declaração se a realização bem-sucedida do ato de fala é suficiente para produzir a adequação entre palavras e mundo, para tornar verdadeiro o conteúdo proposicional. De modo que as declarações têm a dupla direção de adequação, enquanto os assertivos têm somente a direção de adequação palavra-mundo[10]. Digamos que falhei até aqui porque minhas tentativas de derivar a dupla direção de adequação dos performativos a partir da direção simples de adequação das asserções malograram. Achei que pudesse ter êxito valendo-me da autorreferencialidade combinada com o significado léxico de alguns verbos específicos, mas aconteceu que esse aparato revelou-se muito precário.

Assim, convém perguntar: "Como funcionam as declarações em geral?" A resposta servirá para localizarmos as características especiais dos performativos.

Para produzir intencionalmente mudanças no mundo por meio de nossas ações, normalmente nossos movimentos corporais têm de encetar uma cadeia comum de causação física. Se, por exemplo, estou tentando martelar um prego numa tábua ou ligar o carro, meus movimentos corporais – descer o braço enquanto seguro o martelo, girar o pulso enquanto seguro a chave na ignição – causarão certos efeitos desejados.

Mas há uma importante classe de ações nas quais a intenção, o movimento corporal e o efeito desejado não

---

10. Ver Searle (1979), cap. 1, para discussão mais ampla sobre a noção de direção de ajuste.

estão relacionados dessa maneira pela causação física. Ao dizer "A reunião está adiada", "Declaro-os marido e mulher", "Declaro a guerra" ou "Você está despedido", a pessoa conseguirá mudar o mundo conforme o que está especificado nessas enunciações pela mera realização dos atos de fala que lhes são pertinentes. Como isso é possível? Bem, note-se que a enunciação literal de frases apropriadas não basta. E por duas razões. Primeira: em relação a muitas dessas enunciações, seria possível que alguém enunciasse as mesmas frases literalmente e estivesse fazendo apenas um relato. O diretor diz "A reunião está adiada" para adiar a reunião, mas eu poderia, depois disso, comunicar (relatar) a um colega que "A reunião está adiada"; meu significado é idêntico ao significado literal da frase dita pelo diretor, mas quem fez uma declaração foi ele e não eu. Segunda: mesmo que eu diga "A reunião está adiada" tendo com isso a intenção de adiar a reunião, não terei êxito porque me falta autoridade. Por que o diretor é bem-sucedido e eu não? Em geral, esses tipos de declarações exigem as quatro características enumeradas a seguir:

(1) Uma instituição extralinguística.
(2) Uma posição especial do falante e, às vezes, do ouvinte dentro da instituição.
(3) Uma convenção especial de que certas frases literais das linguagens naturais sejam consideradas realizações de certas declarações dentro da instituição.
(4) A intenção do falante, na enunciação dessas frases, de que sua enunciação tenha um estatuto declarativo, de que ela crie um fato correspondente ao conteúdo proposicional.

De modo geral, a diferença entre martelar um prego e adiar uma reunião é que, nesse último caso, a intenção de realizar a ação, tal como se manifesta no movimento corporal apropriado (aqui, as devidas enunciações) realizado pela pessoa autorizada e reconhecida pela audiência, é constitutiva da produção da mudança desejada. Quando digo, nesse contexto, que a intenção é constitutiva da ação, quero dizer que a manifestação da intenção na enunciação não exige nenhum efeito causal adicional parecido com o que obtemos ao martelar um prego ou ligar um carro. O adiamento da reunião exige apenas o reconhecimento da audiência.

Quanto mais formal a ocasião, menos se pode prescindir da condição (3). O falante deve proferir as expressões adequadas, caso contrário a enunciação não terá o efeito de casar eu e você, adiar a reunião e assim por diante. Em ocasiões informais, porém, muitas vezes não há uma expressão ritual específica. Posso dar meu relógio a alguém dizendo apenas "É seu", "Pode ficar com ele", "Eu lhe dou" etc.

As exceções mais notórias à afirmação de que as declarações exigem uma instituição extralinguística são as declarações sobrenaturais. Quando Deus diz "Faça-se a luz!", tomo essas palavras como uma declaração. Não se trata de uma promessa, não significa "Quando chegar o momento, farei a luz para você". Tampouco trata-se de uma ordem, não significa "Oh, Fulano, ligue a luz". *Fiat lux*, e a luz passa a existir. Os contos de fadas estão cheios de declarações feitas por bruxas, magos e feiticeiros de todo tipo. Nós, pobres mortais, não temos a capacidade de fazer declarações sobrenaturais, mas temos um poder quase mágico de produzir mudanças no mundo por meio de nossas enunciações, poder esse que nos é dado por uma espécie de acordo humano. Todas as instituições em questão são instituições sociais, e só enquanto for reconhecida é que uma instituição pode continuar funcionando para viabilizar a realização das declarações.

Quando nos voltamos para os performativos, a exemplo de "Prometo vir ver você", "Ordeno que você saia do quarto", "Afirmo que está chovendo", vemos que, como nossas declarações anteriores, eles também criam fatos novos, mas aqui os fatos criados são linguísticos: o fato de que se fez uma promessa, deu-se uma ordem, emitiu-se um enunciado. Para marcar essas distinções, tracemos a diferença entre declarações *extralinguísticas* – como adiar uma reunião, proclamar duas pessoas marido e mulher, declarar guerra – e declarações *linguísticas* – como prometer, ordenar e enunciar por meio de declaração. Tanto as linguísticas quanto as extralinguísticas são atos de fala e, nesse sentido, todas são linguísticas. Nos exemplos que consideramos, realizam-se todas por meio de enunciações performativas. Simplificando, a melhor maneira de conceber a distinção é esta: uma declaração é um ato de fala cujo objetivo consiste em criar um fato novo correspondente ao conteúdo proposicional. Às vezes, os fatos novos são atos de fala por si sós, como promessas, enunciados, ordens. A estes chamo de declarações linguísticas. Outras vezes, os fatos novos não são atos de fala adicionais, e sim guerras, casamentos, adiamentos, luz, transferências de propriedade e assim por diante. A estes chamo de declarações extralinguísticas. Quando diz "A reunião está adiada", o diretor realiza um *ato* linguístico, mas o *fato* que ele cria, o adiamento da reunião, não é *linguístico*. Por outro lado, quando digo "Ordeno que você saia do quarto", crio um fato novo, o fato de ordenar que você saia do quarto, mas esse fato é linguístico.

Visto que os fatos criados pelas declarações linguísticas são linguísticos, não precisamos de uma instituição extralinguística para realizá-los. A linguagem é por si só uma instituição suficiente para habilitar os falantes a fazer declarações como prometer ou ordenar. Evidentemente, também é possível que sejam necessários fatos extralinguísticos para a realização de uma declaração linguística. Por exemplo: preciso estar em posição de poder ou autoridade para dar ordens a alguém. E fatos tais como estar em posição de poder não são fatos da linguagem. No entanto, são condições exigidas pelas regras dos atos linguísticos. Nenhuma instituição não linguística é necessária para que eu dê uma ordem, e as regras para ordenar já especificam as características extralinguísticas do mundo necessárias para realizar uma ordem bem-sucedida e completa[11].

Todas as enunciações performativas são declarações. Nem todas as declarações são performativas, pela simples razão de que nem todas as declarações contêm uma expressão performativa. "Faça-se a luz!", por exemplo, não contém nada desse tipo. Mas toda declaração

---

11. Suponha-se que uma pessoa vista um aparelho transdutor sensível a sinais acústicos. Se, assim equipada, ela se aproxima de seu carro e diz "Eu, por meio desta, ligo o carro", o carro dá a partida. Ela realizou uma declaração? É claro que não. E por quê? Porque as propriedades semânticas não desempenharam nenhum papel. As propriedades acústicas não importam, exceto na medida em que são uma expressão ou um codificador da semântica. Outra maneira de expor a mesma questão é dizer que as declarações podem ser realizadas em qualquer língua, e não há um conjunto de propriedades físicas que qualquer declaração dada apresente em todas as suas ocorrências e somente nelas. Não se pode definir a declaração fisicamente.

que não é um performativo poderia ser um performativo: "Eu, por meio desta, decreto que haja luz!", por exemplo. A distinção importante não se dá entre as declarações que são performativas e as que não o são, mas entre as declarações que criam uma entidade linguística, um ato de fala como uma ordem, uma promessa ou um enunciado, e as que criam uma entidade não linguística, como um casamento, uma guerra ou um adiamento. A distinção importante dá-se, por exemplo, entre "Prometo vir ver você" e "Por meio desta, declaro a guerra".

Na teoria dos atos de fala, consideramos tradicionalmente os casos não linguísticos como casos prototípicos de declarações, mas também é importante ver quão grande é o aparato não linguístico que eles exigem. Considere-se o "divórcio". Contaram-me que, em certos países muçulmanos, um homem pode se divorciar de sua mulher proferindo três vezes a frase performativa "Eu me divorcio de você". Trata-se de um poder notável para um ato de fala, mas não acrescenta nada ao significado de "divórcio" ou a suas traduções. A capacidade de criar um divórcio por meio de um ato de fala declaratório resulta de poderes jurídico-teológicos e não de poderes semânticos.

7. Os performativos e o significado literal

Quando as declarações linguísticas normais estão codificadas em frases performativas como "Ordeno que você saia do quarto" ou "Saia, é uma ordem", elas não exigem uma instituição extralinguística. É suficiente o significado literal da frase. Mas agora surge a questão: como isso pode ser suficiente? Como pode o significado literal de uma frase indicativa normal codificar a realização efetiva de uma ação nomeada pelo verbo principal? E como pode o significado literal codificar tanto o significado performativo quanto o assertivo sem ser ambíguo? Não basta dizer que, num caso, o falante tem a intenção de que a enunciação seja um performativo e, no outro, que seja uma asserção. A questão é: como pode um mesmo significado literal acomodar as duas intenções?

Tais questões nos levam ao ponto nodal do argumento deste ensaio. Creio que é a incapacidade de vislumbrar uma resposta a essas questões – ou mesmo de formular as próprias questões – que gerou as opiniões, atualmente em voga, de que os performativos são uma espécie de ato de fala indireto no qual o performativo, supostamente não literal, resulta de algum modo da asserção literal por meio de mecanismos gricianos. Na minha concepção, a enunciação performativa é literal. O falante enuncia a frase e quer dizer literalmente o que disse. Se o chefe me diz "Eu, por meio desta, ordeno que você saia daqui", não preciso *inferir* que ele deu uma ordem, tampouco imagino que ele não disse exatamente o que quis dizer. Trata-se de algo muito diferente de "Por favor, você poderia sair do quarto?" dito como uma ordem para sair.

O aparato necessário para responder a essas questões inclui pelo menos os três elementos seguintes:

> Primeiro, precisamos reconhecer que existe uma classe de ações na qual a manifestação da intenção de realizar a ação, em contexto apropriado, é suficiente para a realização da ação.

> Segundo, precisamos reconhecer a existência de uma classe de verbos de cujo significado faz parte a noção de

intenção. Dizer que uma pessoa realizou o ato nomeado pelo verbo implica que ela o tenha feito intencionalmente; que, se não o fez intencionalmente, simplesmente não o fez e ponto final. Trata-se de uma característica típica dos verbos ilocucionários. Não posso, por exemplo, prometer não intencionalmente. Se eu não tinha a intenção de que minha enunciação fosse uma promessa, ela não foi uma promessa.

Terceiro, precisamos reconhecer a existência de uma classe de enunciações literais que são autorreferentes de um modo todo especial: elas não só *tratam de* si mesmas, mas também operam sobre si mesmas. São ao mesmo tempo *autorreferentes* e *executivas*.

Ora, reunindo esses três elementos, começamos a compreender como as frases performativas podem ser enunciadas como declarações linguísticas. O primeiro passo é perceber que, para todo tipo de ação passível de realização, a questão vem à tona espontaneamente: como a realizamos? Por quais meios a realizamos? Algumas ações, podemos realizá-las apenas manifestando a intenção de fazê-lo – em geral, os atos de fala inserem-se nessa classe. Normalmente, realizamos determinado tipo de ato ilocucionário enunciando um tipo de frase que codifica a intenção de realizar um ato daquele tipo; por exemplo: realizamos atos de fala diretivos enunciando frases no modo imperativo. Mas outra maneira de manifestar a intenção de realizar um ato ilocucionário é enunciar uma frase performativa. Essas frases são autorreferentes, e seu significado codifica a intenção de realizar pela enunciação da própria frase o ato nomeado nela. Estamos falando de uma frase desse tipo: "Eu, por meio desta, ordeno que você saia." A enunciação de uma frase assim funciona como um performativo e, logo, como uma declaração, porque (a) o verbo "ordenar" é um verbo intencional, (b) ordenar é algo que se pode fazer pela simples manifestação da intenção de fazê-lo e (c) a enunciação é ao mesmo tempo autorreferente e executiva, como indicam as palavras "por meio desta" conforme passo a explicar.

Em geral, a expressão "por meio desta" (ou outra expressão semelhante) soa um tanto pomposa. Bastaria dizer "Ordeno que você..." ou mesmo "Isso é uma ordem". Essas frases podem ser usadas seja somente para fazer asserções, seja como performativos, e os dois usos não se confundem (não há ambiguidade). A frase enunciada como uma asserção e a frase enunciada como um performativo significam exatamente a mesma coisa. Entretanto, quando é enunciada como um performativo, a intenção do falante é diferente de quando é enunciada como um assertivo. O significado performativo do falante inclui o significado da frase, mas vai além. No caso da enunciação performativa, a intenção é de que a enunciação constitua a própria realização do ato nomeado pelo verbo. A expressão "por meio desta" o explicita, e mediante o acréscimo dessas palavras o significado da frase e o significado performativo do falante coincidem. O "desta" é a parte autorreferente. O "por meio" é a parte executiva. *Grosso modo*, a expressão como um todo significa "por-meio-desta-própria-enunciação". Assim, se digo "Eu, por meio desta, ordeno que você saia do quarto", o todo significa: "Por meio desta própria enunciação, crio no mundo o fato de dar-lhe a ordem de sair do quarto." E é possível produzir um resultado no mundo pelo simples ato de dizer a frase porque (digamo-lo mais uma vez) a enunciação é uma manifestação (e não só uma descrição ou uma expressão) da intenção de ordenar que você saia do quarto mediante o próprio ato de fazer a enunciação. O todo implica "A intenção desta própria enunciação é dar-lhe a ordem de sair do quarto"; essa implicação deve ser considerada não só como a descrição de uma intenção, mas também como sua manifestação. E a manifestação dessa intenção, como vimos, é suficiente para que seja uma ordem.

Talvez seja importante sublinhar de novo um ponto que já defendi, a saber, que a intenção *assertiva* autorreferente não basta para dar conta do recado. A mera intenção de afirmar que a enunciação é uma ordem ou até mesmo que é intencionada como ordem não garante a intenção de dar uma ordem. Mas ter a intenção de que a enunciação *crie no mundo o fato* de ela ser uma ordem é suficiente para garantir a intenção de dar uma ordem. *E essa intenção pode ser inserida no significado de uma frase quando a frase codifica a autorreferencialidade executiva por meio de um verbo intencional.*

Para mostrar mais detalhadamente como a análise funciona, façamos outra dedução, desta vez a partir do ponto de vista do ouvinte. *En passant*, temos de ser capazes de mostrar como a enunciação de uma frase performativa constitui uma declaração e ao mesmo tempo, por dedução, uma asserção.

(1) F enunciou a frase "Eu, por meio desta, ordeno que você saia" (ou simplesmente "Ordeno que você saia", querendo dizer "Eu, por meio desta, ordeno que você saia").
(2) O significado literal da enunciação é tal que, por meio da própria enunciação, o falante *tem a intenção de* criar no mundo o fato de me dar a ordem de sair.
(3) Portanto, ao fazer a enunciação, F *manifestou a intenção* de, por meio da própria enunciação, criar no mundo o fato de me dar a ordem de sair.

(4) Portanto, ao fazer a enunciação, F manifestou a intenção de me *dar a ordem* de sair por meio da própria enunciação.
(5) As ordens são uma classe de ações em que a manifestação da intenção de realizar a ação é suficiente para sua realização, desde que sejam satisfeitas algumas outras condições.
(6) Pressupomos que essas condições estejam satisfeitas.
(7) F, por meio dessa enunciação, ordenou que eu saísse.
(8) F disse que me ordenou sair e criou no mundo o fato de me ordenar sair. Portanto, fez um enunciado verdadeiro.

Este último passo explica de que modo a enunciação performativa também pode ser um enunciado verdadeiro: as declarações, por definição, tornam verdadeiro seu conteúdo proposicional. Esta é a própria definição de uma declaração bem-sucedida: uma enunciação que muda o mundo efetivando a veracidade de seu conteúdo proposicional. Se digo "A reunião está adiada" e minha declaração tem êxito, torno verdadeiro meu enunciado. O mesmo se passa com "Ordeno que você saia do quarto". Mas importa frisar, na contramão da hipótese que considerei antes, que a veracidade do enunciado deriva do caráter declarativo da enunciação, e não o contrário. No caso das enunciações performativas, a asserção é derivada da declaração, e não a declaração da asserção.

Toda essa análise conduz a um resultado bastante surpreendente. Se perguntamos quais são as propriedades semânticas específicas da performatividade dentro da classe dos verbos intencionais, propriedades essas que permitem a uma subclasse sua funcionar como verbos performativos, a resposta parece ser, *grosso modo*, que não há nenhuma propriedade. Se Deus decidir fritar um ovo dizendo "Eu, por meio desta, frito um ovo" ou consertar o telhado dizendo "Eu, por meio desta, conserto o telhado", Ele não estará fazendo mau uso da língua. O fato de nós, seres humanos, sermos incapazes de realizar esses atos por meio de declaração decorre do funcionamento do mundo, não da semântica dos verbos no inglês. Não há nada na semântica desses verbos que nos impeça de intencioná-los performativamente; é só por um fato da natureza que isso não dará resultado. Se eu disser agora "Eu, por meio desta, ponho fim a todas as guerras e propicio a felicidade eterna da humanidade", minha tentativa de declaração fracassará, mas esse fracasso não se deve a limitações semânticas. Graças às limitações da natureza é que na vida real os performativos se restringem aos verbos que nomeiam ações nas quais a manifestação da intenção é constitutiva da ação e que (descontados os casos religiosos e sobrenaturais) esses verbos se limitam a declarações linguísticas e institucionais.

Há várias características semânticas que *bloqueiam* uma ocorrência performativa. Assim, por exemplo, é notório que "sugerir", "insinuar" e "gabar-se de" não podem ser empregados performativamente, porque implicam que o ato não se realizou de maneira explícita ou manifesta, e as enunciações performativas são completamente explícitas e manifestas. Mas não há uma propriedade *semântica* específica da performatividade que se ligue aos verbos e com isso os *capacite* para o uso performativo. No que diz respeito a seu significado literal, salvo se existir algum tipo de bloqueio, qualquer verbo que descreva uma ação intencional pode ser usado performativamente. Do ponto de vista linguístico, não há nada de errado com a enunciação "Eu, por meio desta, faço que todos os cisnes sejam roxos". A limitação, repito, não está na semântica, e sim no mundo. O mesmo se dá com os verbos perlocucionários. O que há de errado com "Eu, por meio desta, convenço (persuado, aborreço, divirto etc.) você" não é sua semântica, mas sua presunção. A limitação dos performativos é estipulada pelo fato de que é muito pequeno o número de mudanças que podem ser produzidas no mundo pelo mero ato de alguém dizer que opera essas mudanças por meio da enunciação que está fazendo. Para os seres humanos que não têm poderes sobrenaturais[12], as mudanças possíveis dividem-se em duas classes: a criação de fatos institucionais puramente linguísticos – como os que são criados ao se dizer "Eu, por meio desta, prometo vir ver você" ou "Ordeno que você saia" – e fatos institucionais extralinguísticos como "A reunião está adiada" ou "Declaro-os marido e mulher". Mas a propriedade semântica específica da performatividade desaparece. Aí não resta nada. Em seu lugar, encontramos convenções, regras e instituições humanas que permitem que certas enunciações tenham o efeito de criar no mundo o estado de coisas representado no conteúdo proposicional das próprias enunciações. Os fatos novos assim criados são essencialmente sociais, e o ato de criá-los só terá êxito se for bem-sucedida a comunicação entre falante e ouvinte. Daí a ligação entre o significado literal da frase enunciada e o fato institucional criado pela sua enunciação. "Prometo" cria uma promessa e "A reunião está adiada", um adiamento.

---

12. Mais uma vez deixo de lado os casos religiosos, como bênçãos, maldições, condenações etc.

8. Resumo e conclusão

A análise que proponho bate de frente com a maioria das maneiras atuais de pensar essa questão e com a visão que eu mesmo sustentava até há pouco, de modo que talvez seja útil resumir o que foi discutido até aqui.

Nosso problema é explicar como a enunciação literal de certas frases indicativas comuns pode constituir, e não só descrever, os atos nomeados pelo verbo principal (ou alguma outra expressão performativa) nessas mesmas frases. Nossa investigação mostrou que essa questão coincide com a questão de saber como a enunciação literal dessas frases pode manifestar necessariamente a intenção de realizar esses atos, visto que descobrimos que, para esses atos, a manifestação da intenção é constitutiva da realização. Assim, nosso enigma era: como pode a enunciação literal de "Eu, por meio desta, ordeno que você saia do quarto" constituir uma ordem tanto quanto a enunciação literal de "Saia do quarto" constitui um diretivo em geral, quando a primeira é obviamente uma frase indicativa comum, que aparentemente pretende descrever um comportamento da parte do falante?

Percebemos que era impossível derivar o performativo da asserção, porque esta não era suficiente por si só para garantir a presença da intenção em questão. A diferença entre a asserção de que você promete e o ato de fazer uma promessa é que, no segundo caso, temos de intencionar a enunciação como promessa, e não é possível que uma asserção garanta sozinha a presença dessa intenção. A solução do problema surgiu quando vimos que o caráter autogarantidor dessas ações deriva não só do fato de que essas enunciações são autorreferentes, mas também que essa autorreferência tem por objeto um verbo de cujo significado faz parte a noção de uma intenção, e os atos em questão podem ser realizados pela manifestação da intenção de realizá-los. Podemos realizar um desses atos por meio de uma enunciação porque esta pode ser a manifestação (e não apenas um compromisso com a existência) da intenção pertinente. Mas podemos, além disso, realizá-los por meio de uma enunciação performativa, porque esta é autorreferente em relação a um verbo que contém a noção da intenção que está sendo manifestada nessa mesma enunciação. A enunciação literal de "Eu, por meio desta, ordeno que você saia" é – em virtude de seu significado literal – uma manifestação da intenção de ordenar que você saia. E, por sua vez, isso explica por que, no que diz respeito à força ilocucionária, o falante não pode mentir ou estar enganado: supondo satisfeitas as outras condições do ato de fala, se ele tem a intenção de que sua enunciação tenha a força de uma ordem, então ela tem essa força, porque a intenção manifestada é constitutiva dessa força.

Até aqui, tentei dar uma explicação que satisfizesse a todas as nossas condições de adequação, exceto uma; isto é, tentei mostrar:

(1) Como as enunciações performativas podem ser realizações do ato nomeado pelo verbo performativo.
(2) Como são autogarantidoras no sentido referido.
(3) Como apresentam as características (1) e (2) em virtude de seu significado literal.
(4) Por que apresentam a característica de incluir o "por meio desta".
(5) Como conseguem tudo isso sem incorrer em ambiguidade entre um sentido performativo e um não performativo.
(6) Como funcionam sem ser atos de fala indiretos.

(7) Como é possível que sejam enunciados com valores de veracidade.

Resta somente responder:

(8) Por que apresentam esse peculiar tempo verbal, o presente dramático?

No inglês, esse tempo verbal é usado para indicar eventos que devem, por assim dizer, ser interpretados como simultâneos à enunciação. Assim, enquanto faz a demonstração, o professor de química diz:

> Verto o ácido sulfúrico na proveta. Então acrescento cinco gramas de carbono puro. Aqueço a mistura resultante no bico de Bunsen.

Nesses casos, a frase descreve um evento simultâneo a sua enunciação, e por essa razão Julian Boyd (numa conversa) chamou esse tempo verbal de "presente presente". Dá-se o mesmo, embora de modo menos óbvio, com o texto escrito de uma peça teatral. Devemos pensar que frases como "João senta" ou "Sally leva o copo aos lábios" não relatam um conjunto de eventos que ocorreram no passado, tampouco preveem o que acontecerá no palco, mas fornecem um modelo isomórfico, uma espécie de espelho linguístico de uma sequência de eventos. Ora, porque a enunciação performativa é tanto autorreferente quanto executiva, o "presente presente" é idealmente adequado a ela. "Prometo vir ver você" indica um evento que acontece aqui e agora, simultaneamente à enunciação, porque o evento é realizado por meio do ato de fazer a enunciação.

Nossa análise gerou duas consequências inesperadas ou, pelo menos, opostas às maneiras atuais de pensar essas questões. Primeiro, a maioria das análises contemporâneas tenta derivar o performativo da asserção, ao passo que na minha proposta o performativo, a declaração, é primário, enquanto a asserção é derivada. Segundo, resulta que não existe uma propriedade semântica capaz de definir os verbos performativos. Salvo a existência de alguma característica especial do verbo que implique não performatividade (como ocorre com "sugerir", "insinuar" e "gabar-se de"), todo e qualquer verbo que nomeia uma ação intencional poderia ser enunciado performativamente. As limitações que determinam quais terão êxito e quais fracassarão derivam de fatos sobre o funcionamento do mundo, e não dos significados dos verbos.

Examinando a bibliografia sobre o assunto, deparamos com dois conjuntos de intuições linguísticas aparentemente inconciliáveis e muito bem sustentadas. Um deles, representado exemplarmente por Austin (1962), insiste com ênfase que os performativos não são asserções, e sim elocuções de algum outro tipo. O outro insiste, com igual ênfase, que todos os performativos são obviamente asserções. Um de meus objetivos foi mostrar a verdade contida nessas duas intuições. Austin estava absolutamente certo em pensar que o propósito primário de dizer "Prometo vir ver você" não é fazer uma asserção ou uma descrição, e sim fazer uma promessa. Seus críticos estão absolutamente certos em afirmar que, ainda assim, quando alguém diz "Prometo vir ver você", esse alguém está fazendo uma asserção ou afirmação. O que meu argumento tenta mostrar é que não é a promessa que deriva da asserção, mas a asserção que deriva da promessa.

Referências bibliográficas

Åqvist, L. 1972. Performatives and Verifiability by the Use of Language. *Filosofiska Studier* 14, Universidade de Uppsala.
Austin, J. L. 1962. *How to do Things with Words*. Cambridge: Harvard University Press.
Bach, K. 1975. Performatives Are Statements Too, *Philosophical Studies* 28, 229-236.
Bach, K. e R. Harnish. 1979. *Linguistic Communication and Speech Acts*. Cambridge, MA: MIT Press.
Bierwisch, M. 1980. "Semantic Structure and Illocutionary Force". In: J. R. Searle, F. Kiefer e M. Bierwisch (orgs.). *Speech Act Theory and Pragmatics*. Dordrecht: D. Reidel, Publishing Company.
Ginet, C. 1979. Performativity. *Linguistics and Philosophy* 3, 245-65.
Hedenius, I. 1963. Performatives, *Theoria* 29, 115-36.
Lemmon, J. E. 1962. Sentences Verifiable by Their Use. *Analysis* 12, 86-9.
Lewis, D. 1972. General Semantics. In: D. Davidson e G. Harman (orgs.). *Semantics of Natural Language*. Dordrecht: D. Reidel, pp. 169-218.
McCawley, J. D. 1979. Remarks on the Lexicography of Performative Verbs *Adverbs, Vowels, and Other Objects of Wonder*, Chicago e Londres: University of Chicago Press. pp. 161-73.
Récanati, F. 1980. Some Remarks on Explicit Performatives, Indirect Speech Acts, Locutionary Meaning and Truth-value. In: J. R. Searle, F. Kiefer e M. Bierwisch (orgs.). Dordrecht: D. Reidel, pp. 205-20.
Sadock, J. 1974. *Toward a Linguistic Theory of Speech Acts*. Nova York: Academic Press.
Searle, J. R. 1969. *Speech Acts: an Essay in the Philosophy of Language*. Cambridge: Cambridge University Press.
———. 1979. *Expression and Meaning: Studies in the Theory of Speech Acts*, Cambridge University Press, Cambridge. [Trad. bras.: *Expressão e significado: estudos da teoria dos atos da fala*, São Paulo: Martins Fontes, 2002].
Searle, J. R. e D. Vanderveken. 1985, *Foundations of Illocutionary Logic*. Cambridge: Cambridge University Press.

Urmson, J. 1977. Performative Utterances. *Midwest Studies in Philosophy*: 2, 120-7.

Warnock, G. J. 1973. Some Types of Performative Utterance. In: I. Berlin *et al.* (orgs.), *Essays on J. L. Austin*. Oxford: Clarendon Press. pp. 69-89.

11. A CONVERSAÇÃO[1]

I

Por tradição, a teoria dos atos de fala versa sobre um assunto muito restrito. Os dois grandes heróis que atuam no roteiro dos atos de fala são "F" e "O": F vai até

---

1. Publicado neste edição com permissão de *On Searle on Conversation*, organizado por Herman Parret e Jeff Vershueren (Amsterdam: John Benjamins Publishing Co., 1992).

Este ensaio surgiu de uma palestra que proferi na Universidade de Campinas, Brasil, numa conferência sobre o diálogo realizada em 1981. Uma versão posterior foi apresentada numa conferência na Universidade Estadual de Michigan em 1984. Grande parte do ensaio aqui apresentado é simplesmente uma transcrição da palestra na Universidade Estadual de Michigan. Como essa palestra foi apresentada sem um texto e sem as notas, é um pouco mais informal do que os artigos publicados em geral. A versão original foi publicada como "Notes on Conversation" em *Contemporary Issues in Language and Discourse Processing*, organizado por D. G. Ellis e W. A. Donahue, Hillsdale, Nova Jérsei: Lawrence Erlbaum Associates, Inc., 1986. Agradeço a Dagmar Searle, Yoshiko Matsumoto e Robin Lakoff pelos comentários sobre a transcrição original. Fiz acréscimos, revisões e esclarecimentos nesta versão, por isso a mudança de título.

O e emite um sopro acústico. Se tudo correr bem, se todas as condições apropriadas forem satisfeitas, se a intencionalidade infundir-se no som produzido por F e se entrarem em jogo regras das mais diversas espécies, o ato de fala será bem-sucedido e completo. Depois, instaura-se o silêncio e nada mais acontece. O ato de fala está concluído, e F e O seguem cada qual seu caminho. A teoria tradicional dos atos de fala, portanto, encontra-se em grande medida restrita a atos de fala isolados. Mas, como sabemos, na vida real os atos de fala não são assim. Na vida real, a fala consiste, caracteristicamente, em sequências mais extensas de atos de fala: quer no discurso contínuo de um único falante, quer, o que é mais interessante, nas sequências de troca de atos de fala durante uma conversação, na qual alternativamente F se torna O, e O se torna F.

Ora, a questão surge naturalmente: poderíamos construir uma explicação da conversação semelhante àquela de que dispomos para os atos de fala? Poderíamos, por exemplo, construir uma explicação que nos fornecesse as regras constitutivas da conversação, assim como conhecemos as regras constitutivas dos atos de fala? Minha resposta é "não". Mas podemos dizer algo sobre a conversação, podemos ter intuições instigantes sobre sua estrutura. Assim, antes de concluir que jamais chegaremos a fazer uma análise da conversação semelhante à que fizemos dos atos de fala, vejamos que tipos de regularidades e princípios sistemáticos encontramos na estrutura conversacional.

O primeiro princípio a reconhecer (e trata-se de coisa óbvia) é que, num diálogo ou numa conversação, cada ato de fala cria um espaço de possibilidades no qual determinados atos de fala se configurarão como respostas adequadas. Assim como num jogo um movimento cria um espaço de contramovimentos possíveis e adequados, numa conversação cada ato de fala cria um espaço de possíveis atos de fala que serão adequados como resposta ao ato de fala anterior. Os rudimentos de uma teoria do jogo conversacional poderiam consistir na tentativa sistemática de explicar de que modo certos "movimentos" particulares, atos ilocucionários particulares, restringem a quantidade de possíveis respostas adequadas. A meu ver, porém, essa abordagem não nos levaria muito longe. Consideremos primeiro os casos mais favoráveis, de modo que se perceba quanto são específicos e incomuns. Refiro-me àqueles casos em que ocorrem relações sistemáticas entre determinado ato de fala e o ato de fala que lhe serve de resposta adequada. Os melhores casos são os erroneamente denominados "pares adjacentes", como pergunta/resposta, saudação/saudação, oferta/aceitação ou oferta/rejeição. Se considerarmos as sequências de perguntas e respostas, veremos que são muito rígidos os conjuntos de restrições que determinam quais respostas são idealmente adequadas a uma pergunta em particular. De fato, essas restrições são tão rígidas que a estrutura semântica da pergunta determina a estrutura semântica da resposta e combina com ela. Por exemplo: se dirijo a você uma pergunta do tipo sim/não, sua resposta, se for de fato uma resposta à pergunta, deve ser uma afirmação ou uma negação do conteúdo proposicional apresentado na pergunta. Se lhe dirijo uma pergunta--wh*, estou expressando uma função proposicional; toda resposta adequada deve preencher o valor da variável li-

---

* No original, *wh-question*. Essa expressão refere-se a perguntas em inglês que usam palavras iniciadas por wh, como *why* (por que), *what* ("o que"), *where* ("onde") e *who* ("quem"). (N. do T.)

vre. Do ponto de vista ilocucionário, a pergunta "Quantas pessoas estavam na reunião?" é equivalente a "Eu lhe peço: diga-me o valor de X em 'X pessoas estavam na reunião'". Isto é, as perguntas autênticas (em contraposição, digamos, às perguntas retóricas), pelo menos na minha taxonomia, são pedidos, são diretivos e são, em geral, pedidos de realização de atos de fala, nos quais a forma do ato de fala adequado como resposta já está determinada pela forma da pergunta.

Contudo, há algumas ressalvas curiosas a fazer. A primeira é esta: em *Speech Acts*[2], afirmei que as perguntas são pedidos de *informação*, o que sugere que toda pergunta pede uma asserção como resposta. Mas, pensando bem, trata-se de um equívoco óbvio. Quando o livro já estava na gráfica, o argumento me foi demonstrado muito vigorosamente. Uma sexta-feira à tarde, um garotinho me disse: "Você promete nos levar para esquiar neste fim de semana?" Ele estava pedindo uma *promessa*, e não uma *informação* factual. Estava pedindo que eu prometesse ou me recusasse a prometer, e é claro que esses atos de fala são diferentes de fazer uma asserção.

Uma segunda ressalva: afirmei que a estrutura das perguntas determina a estrutura das respostas e combina com ela. Mas é possível encontrar um evidente contraexemplo nos irritantes verbos auxiliares modais ingleses. Há casos em que a estrutura da interrogação não combina com a da resposta adequada. Se pergunto a você "Shall I vote for the Republicans?" ("Será que devo votar nos republicanos?") ou "Shall I marry Sally? ("Será que devo me casar com Sally?"), a resposta adequada

---

2. Searle, John R., *Speech Acts: an Essay in the Philosophy of Language*, Cambridge: Cambridge University Press, 1969, p. 66.

não é "Yes, you shall" ("Sim, será") ou "No, you shall not" ("Não, não será"), nem mesmo "Yes, you will" ("Sim, você fará isso") ou "No, you won't" ("Não, você não fará isso"). Estranhamente, a resposta adequada é um imperativo – "Yes, do" ("Sim, faça isso") ou "No, don't" ("Não, não faça isso"). Ou seja, "Shall I?" ("Será que eu?") não solicita uma resposta que use um verbo auxiliar modal; antes, parece exigir um imperativo e, portanto, do ponto de vista ilocucionário, exige um diretivo[3].

Uma terceira ressalva: uma pergunta muitas vezes pode ser respondida por um ato de fala indireto. Neste caso, embora a resposta seja semântica e pragmaticamente adequada, a sintaxe da resposta talvez não reflita a sintaxe da pergunta. Assim, em contexto adequado, a pergunta "Quantas pessoas estavam na reunião?" poderia receber uma das seguintes respostas:

Todos os convidados vieram.
Contei 127.
O auditório estava cheio.

não obstante nenhuma dessas frases combine com a forma sintática da função proposicional expressa na pergunta. São respostas num sentido em que as seguintes enunciações normalmente não seriam:

Não é da sua conta.
Como vou saber?
Não faça perguntas idiotas.

Além das perguntas, há outras classes de atos de fala que servem para determinar respostas adequadas. Um

---

3. Devo a Julian Boyd as discussões sobre esse ponto.

caso evidente são os pedidos diretos para que se realizem atos de fala. Enunciações como "Fale alguma coisa em português" ou "Conte-me como foi o último verão no Brasil" são pedidos diretos e francos para que o interlocutor realize determinados atos de fala, pedidos que, desse modo, restringem a forma de uma possível réplica adequada.

As classes acima constituem, é claro, duas classes de atos de fala presentes em conversações nas quais a sequência dialógica da enunciação inicial e da respectiva resposta tem coerência interna, no sentido de que o objetivo do primeiro ato de fala só é alcançado quando induz um ato de fala adequado como resposta. Que outras classes similares podemos descobrir?

Bem, uma terceira classe, bastante ampla, compõe-se dos casos em que o falante realiza um ato de fala que exige aceitação ou rejeição da parte do ouvinte. Uma oferta, uma proposta, uma aposta ou um convite, todos solicitam o ouvinte a dar uma resposta. A estrutura do ato de fala constrange o ouvinte a aceitá-lo ou a rejeitá-lo. Consideremos as ofertas. A oferta difere da promessa comum no seguinte aspecto: a oferta é uma promessa condicional e, de acordo com a forma geral do condicional, essa promessa se efetua somente se é explicitamente aceita pelo ouvinte. Assim, só estarei obrigado em relação a você por causa de minha oferta se você aceitá-la. As ofertas são comissivos, porém condicionais, e a condição é de um tipo muito especial, a saber, depende da aceitação do ouvinte. Já a aposta nem sequer chega a ser feita plenamente se não for aceita pelo ouvinte. Se digo a você "Aposto cinco dólares que os republicanos vencerão a próxima eleição", a aposta ainda não está completa. Só se tornará uma aposta se você a aceitar. A aposta só se efetiva de fato se você diz "Está apostado" ou algo semelhante.

Ao considerarmos casos como ofertas, apostas e convites, parece que obtemos enfim uma classe de atos de fala a partir dos quais podemos ampliar a análise para além de um único ato de fala, ou seja, a partir dos quais podemos discutir sequências. Mas, pelo visto, trata-se de uma classe muito limitada. No campo das asserções, não há esse tipo de restrição. Existem na verdade restrições conversacionais gerais de tipo griciano e de outros tipos. Por exemplo: se digo a você "Acho que os republicanos vencerão a próxima eleição" e você me responde "Acho que o governo brasileiro desvalorizou o cruzeiro outra vez", pelo menos na superfície esse seu comentário viola certo princípio de pertinência. Mas veja só: ao contrário do que ocorre com as ofertas e as apostas, a finalidade ilocucionária de meu ato de fala foi realizada apesar de tudo. Fiz uma asserção, e meu êxito na realização dessa finalidade ilocucionária não depende de você dar uma resposta adequada. Ao fazer seu comentário impertinente, você está no máximo sendo mal-educado, mudando de assunto ou se mostrando uma pessoa difícil. Mas nem por isso está violando uma regra constitutiva de certo tipo de ato de fala ou de conversação.

Há também certos tipos formais ou institucionais de sequências de atos de fala cujas regras exercem poder restritivo sobre essas sequências. Pensemos, por exemplo, nos procedimentos dos tribunais, nos debates formais ou nos procedimentos parlamentares. Em todos esses casos, vigora um conjunto de regras extralinguísticas que impõe uma série de restrições cerimoniais ou institucionais à sequência de enunciações. É de supor que os profissionais do ramo saibam exatamente o que dizer e em que ordem, porque o discurso aí é altamente ritualizado. O meirinho diz "Levantem-se todos!", e todos se levantam. Em seguida, ele diz: "O Tribunal Superior do Estado da Califórnia, condado de Alameda, está agora em sessão, com a presidência do Meritíssimo Juiz J. B. Smitherby." Então J. B. Smitherby vem e se senta. O meirinho diz: "Sentem-se e permaneçam em ordem", e todos então podem se sentar. O juiz, a partir daí, começa a conduzir o processo de maneira altamente ritualizada. Todo ato de fala incorreto está sujeito a um "protesto" que exige a arbitragem do juiz. Mas esse não é um bom exemplo de discurso natural. Quando assistimos a uma audiência no tribunal, ficamos impressionados com seu caráter artificioso, altamente estruturado e cerimonial. Esse exemplo, porém, dá o que pensar sobre a natureza da conversação em geral: uma conversação só pode prosseguir se existe uma estrutura de expectativas e pressuposições. Voltarei a esse ponto mais adiante.

II

Até aqui, vimos que a teoria tradicional dos atos de fala não foi de grande valia para nos indicar as regras sequenciais do discurso. Convém, portanto, continuar a discussão e ver se encontramos outros fundamentos para uma explicação teórica. Pretendo chegar à conclusão de que somos capazes de obter uma explicação teórica, que, porém, nada tem que ver com nossa explicação das regras constitutivas dos atos de fala. Volto-me agora para duas tentativas ou duas abordagens de explicação teórica a fim de mostrar em que sentido as julgo insuficientes. Ambas apresentam vantagens e também uma série de aspectos insatisfatórios. Primeiro, trato da abordagem de Grice e suas máximas sobre a conversação; em seguida, de um trabalho filiado à chamada "etnometodologia".

Comecemos com Grice[4]. Ele postula quatro "máximas" ou categorias: quantidade, qualidade, modo e relação. (Como todos sabem, essa terminologia, por ironia, foi tirada de Kant.) A quantidade tem que ver com o falar muito ou falar pouco. O modo tem que ver com a necessidade de clareza. A qualidade tem que ver com o fato de que as enunciações devem ser verdadeiras e apoiadas em provas. E a relação tem que ver com o fato de que as enunciações devem ser pertinentes à conversação. Embora eu reconheça que essas máximas sejam contribuições valiosas para a análise da linguagem, sua utilidade é deveras limitada para a explicação da estrutura da conversação. Por quê? Antes de tudo, as quatro não estão no mesmo nível. Por exemplo: a exigência de veracidade é de fato uma regra constitutiva *interna* da noção de afirmação ou asserção. Uma das regras constitutivas do ato de fazer uma afirmação é que a afirmação comprometa o falante com a veracidade da proposição expressa. Não há como explicar o que é uma afirmação sem explicar o que é uma afirmação verdadeira e sem explicar que, desconsiderando-se as outras variáveis, alguém que faça uma afirmação está comprometido com a veracidade da proposição que expressou ao fazê-la. O ser verdadeira é condição de satisfação de uma afirmação, e é defeito interno ela ser falsa. Mas as outras características gricianas não são semelhantes a essa. Os padrões de pertinência, brevidade, cla-

---

4. Grice, H. P., "Logic and Conversation", in *Syntax and Semantics*, vol. 3, *Speech Acts*, Peter Cole and J. L. Morgan (orgs.), Nova York, Academic Press, 1975.

reza etc., ao contrário da verdade, não são igualmente internos à noção de ato de fala. São restrições *externas* a esse ato, provenientes de princípios gerais de racionalidade e cooperação. Não é regra constitutiva do ato de fazer uma afirmação que a afirmação seja pertinente ao discurso circundante. É possível fazer uma afirmação perfeitamente satisfatória, na qualidade de afirmação, e mesmo assim mudar por completo o assunto da conversa. Note-se, a propósito, que nossa resposta a uma pessoa que muda o assunto da conversação é muito diferente de nossa resposta a uma pessoa que, por exemplo, mente.

Alguém poderia dizer: "Tanto melhor para Grice." Afinal, o que estamos tentando explicar é como *sequências* de atos de fala podem satisfazer à condição de ser coerentes internamente *de facto*, no sentido a que me referi antes, sem que haja necessariamente uma exigência interna de coerência, isto é, sem que haja uma exigência *de jure* proveniente do ato de fala inicial, uma exigência semelhante à que rege pares como aqueles iniciados por ofertas, convites e apostas. Poder-se-ia objetar que o que estamos buscando não são regras constitutivas de atos de fala particulares, e sim precisamente máximas de tipo griciano que desempenhem, em relação aos intercâmbios de falas, o papel que as regras constitutivas desempenham em relação às enunciações individuais. Em favor disso, poderíamos ressaltar o fato de que uma série de comentários aleatórios entre dois ou mais falantes não resulta numa conversação. Isso nos faz pensar que a pertinência talvez seja em parte um elemento constitutivo da conversação e, portanto, um elemento que a explica, assim como o compromisso com a verdade, por exemplo, é em parte um elemento constitutivo e, portanto, explicativo do ato de fazer uma afirmação.

A analogia é sedutora, mas, no final das contas, considero-a deficiente. No caso de um ato de fala, sabemos o que é necessário para que sejam satisfeitas suas condições de êxito e completude; mas, no caso de uma sequência de atos de fala numa conversação, ainda não sabemos o que é preciso para garantir uma continuidade pertinente. Para isso, temos de conhecer algo que por ora deve ser considerado externo à sequência, a saber, seu propósito. Mas o simples fato de se tratar de uma conversação não determina até aqui um propósito específico, porque as conversações como conversações não têm um propósito equivalente àquele que rege certos tipos de atos de fala como atos de fala desse tipo. As afirmações, as perguntas e os comandos, por exemplo, têm seus propósitos próprios pelo simples fato de serem afirmações, perguntas e comandos, e esses propósitos se incorporam em suas condições essenciais. Mas as conversações não têm uma condição essencial que lhes determine um propósito. Em relação a um propósito conversacional, uma enunciação numa sequência pode ser pertinente; em relação a outro, pode ser impertinente.

Os exemplos facilitam o entendimento. Imaginemos o que seria considerado pertinente durante uma conversa de bar em que um homem tenta conquistar uma mulher, em que as segundas intenções são a norma, em comparação com o contexto de uma conversa entre um médico e sua paciente, em que se exige completa franqueza. Podemos até mesmo conceber as mesmas duas pessoas dispondo das mesmas capacidades de *background* e valendo-se às vezes das mesmas frases, mas as restrições de uma resposta pertinente seriam muito diferentes nos dois casos. Suponha-se que a conversa tenha chegado ao seguinte ponto:

A: Há quanto tempo você mora na Califórnia?
B: Oh, há cerca de um ano e meio.

No bar, A poderia dar a essa afirmação a seguinte resposta pertinente:

A: Eu adoro morar aqui, mas não aguento mais os nevoeiros de Los Angeles.

Isso não é pertinente no consultório. Contudo, uma fala muito pertinente no consultório, mas decerto não no bar, seria:

A: E com que frequência você teve diarreia nos últimos dezoito meses?

Essa variabilidade é geral. Em "conversações" formais, como numa sala de tribunal, um enunciado pode ser suprimido dos autos por ser "impertinente" ou "descabido"*, e uma resposta pode ser igualmente suprimida por "não ter respondido à pergunta". Mas, em outras conversações formais, como num seminário de linguística, enunciações "impertinentes" e que "não respondem à pergunta" seriam consideradas pertinentes e válidas como respostas. Numa conversa entre amigos, entrariam em jogo ainda outros padrões.

O argumento que defendo é o seguinte: o compromisso com a verdade é um dos elementos constitutivos do ato de fazer uma afirmação e, portanto, um dos ele-

---

* *Irrelevant*, que significa "não vem ao caso", "não tem relação com o assunto em pauta". É um protesto comum de advogados e promotores nos tribunais americanos. (N. do R. da T.)

mentos que explicam o ato de fazer uma afirmação; mas, embora a pertinência seja "constitutiva" da conversação, ela não é um elemento que a explica. Isso porque aquilo que constitui a pertinência deriva de algo que está excluído do simples fato de tratar-se de uma conversação, a saber, os propósitos de seus participantes. Assim, não se pode explicar a estrutura geral da conversação em função da pertinência, porque aquilo que deve ser considerado pertinente ou impertinente não é determinado pelo fato de se tratar de uma conversação. O fato de uma sequência de enunciações ser uma conversação, por si só, não coloca nenhuma restrição ao que poderia ser considerado uma continuidade pertinente da sequência.

Podemos agora expor esse argumento mais amplamente, isto é, fazer um balanço geral dos limites da pertinência na análise da estrutura conversacional. Considere-se a sintaxe de "pertinente". Poderíamos dizer por alto: um ato de fala é pertinente (ou impertinente) em relação a um tópico, um assunto ou uma questão. Mas quando vemos, por exemplo, que um tópico tem de ser, como tal, um objeto de interesse para o falante e o ouvinte, podemos formular uma sintaxe mais profunda de "pertinente". A bem dizer, um ato de fala é pertinente (ou impertinente) em relação a um propósito, e um propósito é sempre o propósito de alguém. Assim, numa conversação, a forma geral seria: um ato de fala é pertinente para o propósito P de um ouvinte O ou de um falante F. O problema é que não existe um propósito geral das conversações como tais, de modo que o que há de ser considerado pertinente sempre terá de ser especificado em razão do propósito dos participantes, que pode ou não ser o propósito da conversação até ali. Se fizermos questão de que cada enunciado seja pertinente ao propósito prévio da conversação, a explicação se tornará circular, porque os critérios de pertinência não serão independentes dos critérios de identidade de cada conversação em particular; por outro lado, se não exigirmos a pertinência ao propósito da conversação, então valerá tudo, desde que seja pertinente a um propósito qualquer. Se assim fosse, não haveria nenhuma restrição à estrutura dos intercâmbios reais das falas.

Suponha-se que eu esteja conversando com meu corretor da bolsa de valores a respeito de investir ou não na IBM. De repente ele grita: "Cuidado! O lustre vai cair na sua cabeça!" Ora, seu comentário é pertinente? No que diz respeito a meu propósito de investir na bolsa, certamente não. Mas sem dúvida é pertinente para meu propósito de permanecer vivo. Assim, se entendermos esse intercâmbio como uma única conversação, ele fez um comentário impertinente. Se o entendermos como duas conversações, sendo que a segunda, que ele acabou de iniciar, diz respeito à minha segurança, ele fez um comentário pertinente. Mas em nenhum dos dois casos a pertinência explica a estrutura geral das conversações. Ao contrário, o propósito das conversações particulares explica o que se considera pertinente para esse propósito, mas nem sequer explica o que se considera pertinente para essa conversação, a menos que "essa conversação" seja definida em função desse propósito.

Das máximas gricianas, a mais favorável para explicar a estrutura das conversações parece ser a pertinência, e por isso me detive um pouco mais nesse ponto. Não creio que as máximas da quantidade e do modo deem conta do recado, por isso as deixo de lado. Ambas referem-se à eficiência na comunicação, mas não fornecem o aparato necessário para descer aos pormenores da estrutura conversacional. A eficiência é somente uma das muitas restrições às sequências de falas que encontramos no âmbito da conversação.

A meu ver, embora sejam muito úteis em seu próprio domínio, as máximas de Grice não nos oferecem, quanto à conversação, nada semelhante ao que as regras dos atos de fala nos oferecem no que se refere aos atos de fala individuais.

Voltemo-nos agora para os esforços de alguns sociolinguistas que estudaram a estrutura da conversação "empiricamente", como diriam eles. Uma das tentativas de explicar o fenômeno da tomada de palavra* nas conversações se encontra num artigo de Sacks, Schegloff e Jefferson[5]. Eles julgam ter identificado um conjunto de regras – de "regras recursivas", na verdade – referente à tomada de palavra nas conversações. Afirmam:

> Apresentamos a seguir um conjunto de regras básicas que parecem governar a construção da vez de tomar a palavra, regras que estipulam a transferência de vez a uma das partes e coordenam essa transferência de modo que se minimizem os hiatos e sobreposições. (1) Em relação a cada vez de tomar a palavra, no ponto inicial em que a transição se torna cabível numa unidade inicial de construção da vez: (a) Se até agora a vez foi construída de modo que envolvesse o uso de uma técnica de seleção-do-próximo por parte do atual falante, então a parte selecionada tem o direito e está obrigada a tomar a palavra da próxima vez, ninguém mais tem esses direitos ou obrigações, e a transferência ocorre nesse ponto. (b) Se até agora a vez foi

---

* Em inglês, *turn-taking*. (N. do T.)

5. Sacks, H., Schegloff E. A. e Jefferson, G. A Simplest Systematics for the Organization of Turn-Taking for Conversation. *Language*, 1974, 50, 1974, 696-735.

construída de modo que não envolvesse o uso de uma técnica de seleção-do-próximo por parte do atual falante, então a autosseleção para presidir a próxima fala pode, embora não precise, ser instituída. O primeiro falante adquire direitos à vez, e a transferência ocorre nesse lugar. (c) Se até agora a vez foi construída de modo que não envolvesse o uso de uma técnica de seleção-do-próximo por parte do atual falante, então o atual falante pode, embora não precise, continuar falando, a menos que outro se autosselecione. (2) Se no ponto inicial em que a transição se torna cabível numa unidade inicial de construção da vez não ocorre nem 1a nem 1b, e, seguindo a prescrição de 1c, o falante atual continuou a falar, então o conjunto de regras a-c aplica-se novamente no próximo ponto pertinente de transição e recursivamente em cada um dos ponto pertinentes de transição seguintes até que a transferência seja efetuada.

Eis a regra para a tomada de palavra nas conversações. Ela me deixou intrigado por um bom tempo, e minha conclusão é que (salvo engano meu) essa regra não se aplica à tomada de palavra nas conversações, simplesmente porque ninguém a segue nem poderia segui-la. A noção de regra está, afinal, estreitamente associada à noção de seguir uma regra. E afirmo que ninguém segue nem pode seguir essa regra de tomada de palavra. Ora, o que diz a regra quando formulada com clareza? Tenho a impressão de que Sacks, Schegloff e Jefferson afirmam o seguinte: numa conversação, um falante pode escolher quem será o próximo falante, por exemplo, dirigindo-lhe uma pergunta. Ou pode apenas se calar e deixar que outra pessoa fale. Ou pode continuar falando. Além disso, se decide continuar falando, então no próximo intervalo da conversação (chamado de "ponto em que a transição se torna cabível" ou "ponto pertinente de transição" –

transition relevance place) as mesmas três opções se apresentam. E isso torna a regra recursiva, porque, visto que se tem a possibilidade de continuar a falar, a regra pode ser aplicada repetidas vezes.

Ora, como descrição do que realmente acontece numa conversação normal, isto é, numa conversação em que nem todos falam ao mesmo tempo, a regra dificilmente poderia deixar de descrever o que acontece. É como se fosse uma regra para andar: se saímos para andar, podemos andar na mesma direção, mudar de direção ou nos sentar e com isso desistir de andar. Note-se que a regra de andar também é recursiva, porque, se tornamos a andar, as mesmas três opções se apresentarão na próxima vez que nos perguntarmos o que fazer – continuar a andar na mesma direção, mudar de direção ou sentar e desistir de andar. Como *descrição* do que acontece quando alguém sai para andar, isso simplesmente não pode ser falso, mas nem por isso estamos diante de uma *regra* recursiva para andar. A regra de andar é semelhante à regra de Sacks, Schegloff e Jefferson – beira a tautologia. Não chega a ser completamente tautológica porque sempre existem outras possibilidades. Enquanto estamos andando, podemos começar a pular ou a dar cambalhotas. Enquanto estamos falando, todos poderiam se calar e não dizer nada, ou começar a cantar, ou falar ao mesmo tempo, ou poderia existir uma ordem hierárquica rígida que determinasse a sequência das tomadas de palavra.

Mas a objeção efetiva à regra não se refere a seu caráter quase tautológico. Muitas regras são tautológicas e nem por isso são regras ruins. Por exemplo: os sistemas de regras constitutivas definem tautologicamente a atividade que constituem. As regras do xadrez ou do futebol definem tautologicamente o xadrez ou o futebol, e as regras dos atos de fala definem tautologicamente os vários tipos de atos de fala, como as afirmações e as promessas. Minha objeção efetiva àquele tipo de "regra" não reside aí, e sim no fato de que não se trata realmente de uma regra e, portanto, não tem poder explicativo. A noção de regra está logicamente associada à noção de seguir uma regra, e a noção de seguir uma regra está associada à noção de uma pessoa conformar seu comportamento ao conteúdo de uma regra *pelo fato de* tratar-se de uma regra. Por exemplo: quando dirijo na Inglaterra, sigo a regra: dirija do lado esquerdo da rua. Essa regra me parece autêntica. Por quê? Porque o conteúdo da regra desempenha um papel causal na produção de meu comportamento. Se outro motorista vier diretamente na minha direção em sentido contrário, eu desvio para a esquerda, isto é, conformo meu comportamento ao conteúdo da regra. Numa teoria da intencionalidade, diríamos que o conteúdo intencional da regra desempenha um papel causal na produção das condições de satisfação. A regra tem a direção de adequação mundo-regra, isto é, o objetivo dela é fazer o mundo – meu comportamento – adequar-se ao conteúdo da regra. E tem a direção de causação regra-mundo, isto é, a regra realiza o ajuste causando o comportamento adequado[6]. Essa é apenas uma maneira complicada de dizer que o propósito da regra é influenciar o comportamento das pessoas de certa maneira para que ele se ajuste ao conteúdo da regra, e que esta funciona como parte da causa da produção desse ajuste ou adequação. Não é simplesmente

---

6. Para mais explicações sobre essas noções, ver Searle, John R. *Intencionalidade*. São Paulo: Martins Fontes, 2002.

por acaso que dirijo do lado esquerdo da rua na Inglaterra. Faço-o *porque* essa é a regra de trânsito.

Note-se agora um fato decisivo para a discussão da regra de tomada de palavra nas conversações. É possível que existam diversas descrições extensionalmente equivalentes de meu comportamento regido por regras, e que nenhuma dessas descrições explicite realmente as regras que estou seguindo. Considere-se a regra: dirija do lado esquerdo da rua. Poderíamos descrever meu comportamento dizendo que dirijo do lado esquerdo; mas, dada a estrutura dos carros britânicos, poder-se-ia igualmente dizer que dirijo de tal maneira que, nas ruas de mão dupla, mantenho o volante perto da linha central e o passageiro mais perto da calçada. Em se tratando de carros britânicos, isso de fato acontece quando dirijo do lado esquerdo da rua. Mas não é essa a regra que estou seguindo. Ambas as "regras" oferecem descrições verdadeiras de meu comportamento e ambas fazem predições exatas, mas somente a primeira regra – a que postula que se dirija à esquerda – realmente exprime uma regra de comportamento, porque é a única cujo conteúdo desempenha um papel causal na produção do meu modo de agir. A segunda, como a regra de Sacks, Schegloff e Jefferson, descreve determinada consequência do meu ato de seguir a regra, uma vez que a direção está localizada à direita; mas não exprime a regra que efetivamente sigo. A chamada regra para tomada de palavra nas conversações, a exemplo de muitas pesquisas semelhantes de que tomei conhecimento, aproxima-se da segunda formulação da regra e não da primeira. Isto é, descreve o fenômeno de tomada de palavra como se fosse uma regra, mas não poderia ser uma regra porque ninguém a segue realmente. O fenômeno superficial de tomada de palavra é parcialmente explicável em função de regras mais profundas de sequenciamento dos atos de fala, regras que têm relação com os tipos de atos de fala internamente coerentes de que falamos antes. Mas às vezes o fenômeno de tomada de palavra não é em absoluto uma questão de regras.

Examinemos os casos previstos. Caso A: o falante corrente seleciona o próximo falante. Bem, os falantes quase nunca selecionam diretamente o falante subsequente. As pessoas não costumam dizer numa conversa: "Escolho você para falar em seguida" ou "Você fala em seguida". Às vezes, porém, isso acontece. Se um mestre de cerimônias se levanta e o apresenta como próximo falante, então você é o selecionado para falar em seguida. Ele certamente o selecionou para falar. Mas esses casos não são muito comuns. O que normalmente acontece é que o falante faz uma pergunta ou uma oferta a alguém. As "regras" que determinam que a segunda pessoa deve falar não são regras de "técnica de seleção do próximo falante", e sim consequências das regras que regem as perguntas ou ofertas. O fenômeno superficial da seleção do falante não é uma explicação do que está acontecendo; a explicação depende das regras de execução dos pares de atos de fala internamente coerentes. A regra segundo a qual "um falante seleciona o próximo falante" não é uma regra, e sim uma descrição extensionalmente equivalente de um padrão de comportamento que também se descreve, e sobretudo se explica, por um conjunto de regras de atos de fala.

Considere-se agora o segundo caso. Caso B: o próximo falante seleciona a si mesmo. Isso significa apenas que há uma interrupção e outra pessoa começa a falar. Essa "regra" diz que, quando há uma interrupção na conversa, alguém pode começar a falar, e quem começa a falar continua falando. Mas digo que isso nem sequer chega a ter a aparência de regra, porque não especifica o tipo pertinente de conteúdo intencional que desempenharia um papel causal na produção do comportamento. Como sabemos, o que costuma ocorrer na vida real é o seguinte: outra pessoa está falando e você quer muito dizer alguma coisa. Mas você não quer interromper o falante porque (a) é falta de educação e (b) é ineficaz, já que com duas pessoas falando ao mesmo tempo é difícil expor seu argumento. Assim, você espera uma ocasião para falar e então põe-se a falar rapidamente, antes que outra pessoa o faça. Ora, onde está a regra?

Caso C: o falante continua a falar. Afirmo novamente, e pela mesma razão, que isso não é uma regra. Ninguém a segue. Ela apenas diz que, quando está falando, você pode continuar falando. Mas você não precisa de uma regra para fazer isso.

Talvez outra analogia ajude a esclarecer o ponto principal em que insisto. Suponha-se que muitos pesquisadores em etnometodologia tenham feito observações empíricas sobre um jogo de futebol americano e tenham chegado à seguinte regra recursiva de agrupamento: organismos de colete de mesma cor são obrigados a se agrupar, e têm esse direito, em grupos circulares ao longo de intervalos estatisticamente regulares. (Chame-se isso de "lei de agrupamento circular periódico".) Depois, num "ponto pertinente de transição", organismos de colete de mesma cor agrupam-se linearmente (a lei de agrupamento linear). Então, o agrupamento linear é seguido pela interpenetração linear (a lei de interpenetração linear). A interpenetração linear é seguida pelo agrupamento circular e, assim, todo o sistema torna-se recursivo. Também se poderia formular com parâmetros temporais a formalização precisa dessa recursividade. A "regra" de Sacks, Schegloff & Jefferson é como a "lei" de agrupamento, na medida em que encontra regularidades em fenômenos explicáveis por outras formas de intencionalidade. A afirmação de uma regularidade observada, mesmo quando é preditiva, não é necessariamente a afirmação de uma regra.

Uma última observação sobre a natureza dos dados "empíricos" antes de concluir esta seção. Muitos pesquisadores intuem que um estudo sério da conversação deve provir de transcrições de conversações reais que ocorreram efetivamente. Estão certos, é claro, em pensar que o estudo de eventos reais permite conhecer muitas coisas que não seria possível apreender a partir somente da invenção de conversações imaginárias. Mas também é importante ter em mente que, no que diz respeito à teoria, o falante nativo tem prioridade sobre o registro histórico. Estamos dispostos a aceitar e a usar as transcrições de conversas em nossa cultura nativa apenas na medida em que as julgamos aceitáveis ou pelo menos possíveis. Se algum pesquisador aparecesse com uma conversação impossível, nós a rejeitaríamos imediatamente, porque dominamos nossa linguagem e nossa cultura. O fato de que uma conversação impossível possa ser historicamente real não tem nada que ver com o assunto. Assim, o seguinte fragmento:

B: Não sei se você falou com a Hilary sobre a situação do diário.
A: BEM, ela me EXPLICOU antes em TERMOS muito mais gerais... hummmmm... o que... você meio que está FAZENDO e...

B: ... do que tudo... se tratou... sim.
A: Ouvi dizer que você está nisso há nove ANOS.
B: ... Hummm... meu Deus isso é verdade sim sim claro que isso não é muito tempo no... ã, nesse tipo de... trabalho...[7]

é aceitável, porque o reconhecemos como um fragmento inteligível de uma conversação possível. Mas se A tivesse respondido:

A: A respeito do que portanto talvez salgado muito era poderia de deveria ser.

Ou se B tivesse dito:

B: UGGA BU BUBU UGGA

exigiríamos no mínimo algumas outras explicações para poder levar os "dados" a sério. O fato de os eventos realmente terem ocorrido não suscitaria, por si só, maior interesse teórico do que se um dos participantes tivesse caído por causa de um ataque cardíaco ou o outro tivesse vomitado. Para suscitarem interesse teórico, os fatos "empíricos" devem estar de acordo com nossas faculdades internas, e não ao contrário.

---

7. Extraído de Svartvik, J. e R. Quirk (orgs.). *A Corpus of English Conversation*. Lund: Gleerup, 1980, pp. 408-11, conforme citado por Wardhaugh, Ronald. *How Conversation Works*, Oxford: Basil Blackwell, 1985, pp. 202-3.

III

Já que essas "regras" não ajudam em nada, voltemos ao começo de nossa discussão. Eu havia dito que seria proveitoso se pudéssemos construir uma teoria da conversação equivalente à nossa teoria dos atos de fala. Não sou otimista. Examinei duas vias de investigação, mas creio que nenhuma delas nos levaria ao tipo de resultado que buscamos. A hipótese que subjaz ao meu pessimismo é esta:

> *A razão pela qual as conversações não têm uma estrutura interna no mesmo sentido em que a têm os atos de fala não é (como às vezes se afirma) que elas envolvem duas ou mais pessoas, mas que, enquanto tais, não têm um propósito ou um objetivo particular.*

Todo ato ilocucionário tem um objetivo ilocucionário, e é em virtude desse objetivo que é um ato de tal ou qual tipo. Assim, o objetivo de uma promessa é comprometer-se com uma obrigação; o objetivo de uma afirmação ou asserção é representar como as coisas são no mundo; o objetivo de uma ordem é tentar conseguir que uma pessoa faça alguma coisa; e assim por diante. É a existência de objetivos ilocucionários que nos permite construir uma taxonomia bem definida dos diferentes tipos de atos ilocucionários[8]. Mas as conversações não têm um objetivo interno desse tipo simplesmente por serem

---

8. Searle, John R. A Taxonomy of Illocutionary Acts. *Language, Mind and Knowledge*, Minnesota Studies in the Philosophy of Science, vol. XI, K. Gunderson (org.), University of Minnesota Press, 1975. Republicado em *Expression and Meaning: Studies in the Theory of Speech Acts*, Cambridge University Press, 1979.

o que são. Considerem-se as semelhanças e as diferenças entre os seguintes intercâmbios de falas:

> Uma mulher telefonando ao consultório do dentista para marcar uma consulta.
>
> Dois conhecidos encontrando-se na rua e parando para um rápido bate-papo sobre uma série de assuntos (o tempo, o resultado do futebol, o discurso do presidente na véspera).
>
> Um seminário de filosofia.
>
> Um homem tentando flertar com uma mulher num bar.
>
> Um jantar festivo.
>
> Uma família em casa num domingo vendo um jogo de futebol na televisão e discutindo o jogo, entre vários outros temas.
>
> Uma reunião do conselho de diretores de uma pequena empresa.
>
> Um médico examinando um paciente.

Quais são as chances de encontrar uma estrutura bem definida comum a tudo isso? Todas são "conversações"?

Evidentemente, todas têm um começo, um meio e um fim, mas uma garrafa de cerveja também os tem. Isso não é suficiente para constituir uma estrutura interna. A bibliografia sobre esse assunto é um pouco distorcida e parcial: não raro os autores escolhem as conversas telefônicas, que são mais fáceis de estudar. Mas as conversas telefônicas são bastante específicas, já que a maioria das pessoas, adolescentes à parte, tem um objetivo razoavelmente bem definido ao discar um número, diferentemente de dois colegas de trabalho que se encontram por acaso no corredor ou dois conhecidos que se esbarram na rua.

Malgrado meu pessimismo quanto a determinados modos de explicar a conversação, não digo que não possamos dar explicações teóricas de sua estrutura ou aventar elementos importantes e sugestivos nesse âmbito. Que tipo de aparato usaríamos para fazê-lo? Quero aqui mencionar uma ou duas características que, a meu ver, são cruciais para compreender a conversação e, na verdade, para compreender o discurso em geral.

Precisamos reconhecer, entre outras coisas, que as conversações implicam uma intencionalidade compartilhada. Elas são um paradigma de comportamento coletivo. Não se deve confundir a intencionalidade compartilhada na conversação com o tipo de "intencionalidade iterativa" discutida por Steven Schiffer[9] e David Lewis[10], que implica o que eles chamam de "conhecimento mútuo". No caso do conhecimento mútuo, eu sei que você sabe que eu sei que você sabe... que p. E você sabe que eu sei que você sabe que eu sei... que p. Schiffer e Lewis tentam reduzir o aspecto compartilhado a uma sequência iterativa – na verdade, uma sequência infinita de estados cognitivos reiterados que versam sobre a intencionalidade do parceiro de conversação. A meu ver, essa análise distorce os fatos. A intencionalidade *compartilhada* não se reduz a uma conjunção de estados intencio-

---

9. Schiffer, Steven. *Meaning*, Oxford: Clarendon Press, 1972.
10. Lewis, David. *Convention: a Philosophical Study*, Cambridge, MA: Harvard University Press, 1969.

nais individuais que têm por objeto os estados intencionais de outra pessoa. Para ilustrar esse ponto, eis aqui um exemplo muito elementar. Suponha-se que você e eu estejamos empurrando um carro. Quando estamos empurrando o carro juntos, não se trata apenas de eu empurrar o carro e você empurrar o carro. Não: meu ato de empurrar o carro faz parte do *nosso* ato de empurrar o carro. Assim, caso se verificasse que você não estava empurrando o tempo todo (você não fazia mais do que me acompanhar enquanto eu suava a camisa sozinho), então terei estado enganado não só a respeito do que você fazia, mas também a respeito do que *eu* fazia, porque eu não pensava somente que estava empurrando (quanto a isso eu estava certo), mas também que estava empurrando como parte do *nosso* ato de empurrar. E isso não se reduz a uma série de afirmações reiteradas a respeito da minha crença sobre a sua crença sobre a minha crença sobre a sua crença etc.

O fenômeno do comportamento coletivo compartilhado é um fenômeno social autêntico e está na base de muitos comportamentos sociais. Não enxergamos esse fato porque nos ofuscam os artifícios analíticos tradicionais, que tratam toda intencionalidade estritamente como uma questão do indivíduo. Creio que o reconhecimento da intencionalidade compartilhada e de suas implicações é um dos conceitos básicos de que carecemos para entender como funcionam as conversações. A ideia de que a intencionalidade compartilhada pode ser inteiramente definida em razão de crenças complexas e outros estados intencionais conduz a essas explicações incorretas do significado, segundo as quais precisamos dispor de um número muito grande de intenções para realizar atos de fala simples como dizer "Adeus", pedir mais uma bebida ou dizer "olá" a alguém na rua. São necessários, é claro, alguns estados intencionais; mas a explicação da intencionalidade individual torna-se bem mais simples quando percebemos que nos comportamentos coletivos, como as conversações, a intencionalidade individual deriva da coletiva. De acordo com o padrão de análise aqui proposto, quando duas pessoas se cumprimentam e entabulam uma conversação, elas iniciam uma atividade conjunta e não duas atividades individuais paralelas. Se essa concepção está correta, então a intencionalidade compartilhada é um dos conceitos de que precisamos para analisar a conversação.

Creio que precisamos também de outro conceito para entender a conversação e, na verdade, a linguagem em geral. É a noção do que chamo de *background*. Gostaria de desenvolvê-la brevemente. Consideremos uma frase e perguntemo-nos o que temos de saber para entendê-la. Por exemplo: "George Bush pretende candidatar-se a presidente." Para entender essa frase até o fim e, por conseguinte, para entender um ato de fala realizado na enunciação dessa frase, não basta que tenhamos uma porção de conteúdos semânticos colados uns nos outros. Mesmo que cheguemos assim a uni-los em conteúdos semânticos de grande extensão, isso não será suficiente. O que precisamos saber para entender essa frase são informações como as de que os Estados Unidos são uma república, de que as eleições presidenciais se realizam a cada quatro anos, de que nessas eleições concorrem candidatos dos dois maiores partidos da república e de que o candidato que obtém a maioria dos votos se torna presidente. E assim por diante. A lista não tem fim, e não podemos afirmar que todos os seus itens são absolutamente essenciais para o entendimento da frase, porque, por exemplo, poderíamos entendê-la muito bem mesmo sem nada saber sobre o colégio eleitoral. Mas não há como inserir toda essa informação no significado da palavra "presidente". Em "George Bush pretende candidatar-se a presidente", ela significa o mesmo que em "Mitterrand é o presidente da França". A palavra "presidente" não tem ambiguidade léxica; no entanto, o tipo de conhecimento que precisamos ter para entender essas duas enunciações não coincide. Quero dar um nome a toda essa rede de conhecimentos, crenças, opiniões ou pressuposições: eu a chamo simplesmente de "rede".

Se tentarmos seguir os fios da rede, se imaginarmos todas as coisas que temos de saber para entender a frase "George Bush pretende candidatar-se a presidente", alcançaremos afinal uma espécie de alicerce, que não poderemos considerar composto de apenas mais conhecimentos ou mais crenças. Chegaríamos a coisas como: as pessoas votam em geral quando estão conscientes; ou: existem seres humanos; ou: as eleições são em geral realizadas na superfície da Terra ou perto dela. Quero sugerir que essas "proposições" não se assemelham à crença autêntica que temos de que os estados maiores têm direito a mais votos que os estados menores. A *crença* autêntica que temos sobre o número de votos controlados pelo estado de Michigan tampouco assemelha-se à crença de que as eleições são realizadas na superfície da Terra ou perto dela. Se estivéssemos escrevendo um livro sobre as práticas eleitorais norte-americanas, não incluiríamos essa proposição. Por quê? Bem, de certa maneira, ela soa fundamental demais para ser considerada uma crença. Na verdade, é um certo conjunto de atitudes que adotamos em relação ao mundo. Existem conjuntos de aptidões, jeitos de lidar com as coisas, modos de comportamento, práticas culturais e um conhecimento geral de tipo biológico e de tipo cultural. Eles formam o que chamo de *background*, e o fato de que parte de nosso *background* seja a ciência de que as eleições se realizam na superfície da Terra ou perto dela *se manifesta* no fato de eu caminhar até o local de votação e não tentar embarcar numa nave espacial. Do mesmo modo, o fato de que a mesa diante de mim é um objeto sólido não se manifesta numa crença como tal, mas no fato de eu pôr coisas sobre ela ou me apoiar nela. São atitudes, práticas, modos de comportamento. Eis então, para nossos atuais propósitos, a tese do *background*: toda interpretação semântica, como aliás toda intencionalidade, funciona não só perante uma rede de crenças e outros estados intencionais, mas também mediante um *background* que não consiste num conjunto de conteúdos proposicionais, e sim em pressuposições que são, por assim dizer, pré-intencionais ou pré-proposicionais.

Para frisar bem quanto esse ponto é importante para interpretação semântica, considerem-se as diferentes interpretações dos verbos de ação, a começar com frases como, por exemplo, "X cortou Y". A interpretação que se atribui a "corta" altera-se radicalmente em frases diferentes, ainda que o conteúdo semântico não mude:

(1) Sally cortou o bolo.
(2) Bill cortou a grama.
(3) O barbeiro cortou o cabelo de Jim.
(4) O alfaiate cortou o tecido.
(5) Ele cortou a pele.

Para esta discussão, o que interessa nessas frases é que o mesmo conteúdo semântico ocorre em cada uma delas com o verbo "cortar" (especificamente, a palavra "cortou"), que no entanto recebe uma interpretação diferente em cada caso. Em 1-5, ele não é usado ambiguamente. Seu uso aqui contrasta com o uso que se faz dele em frases como "O presidente cortou os salários dos professores" ou (uma favorita de Austin) "Corte esse papo!" ou "Ele cortou caminho"*. Nossa tendência é dizer que nessas frases o verbo "cortar" é usado para significar algo diferente do que significa em 1-5. É possível mostrar que o verbo tem o mesmo significado nas frases 1-5 aplicando os critérios padronizados de univocidade. Assim, por exemplo, podemos formular uma redução por conjunção: "A General Electric acabou de inventar um novo aparelho capaz de cortar bolo, grama, cabelo, tecido e pele." Mas, se acrescentamos "salários, papo e caminho", a frase soa como uma piada sem graça. Só que, a despeito de significar sempre a mesma coisa em 1-5, "cortar" recebe uma interpretação diferente em cada caso. Assim, o conteúdo semântico por si só é incapaz de explicar por que entendemos cada frase a seu modo. Se considerarmos as ocorrências análogas em enunciados diretivos, veremos com clareza que entendemos de maneiras radicalmente diferentes essas diversas ocorrências do verbo "cortar". Se eu disser "Bill, corte a grama" e Bill apunhalar a grama com uma faca, tentar fatiá-la como um bolo ou for para o gramado com um par de tesouras na mão, num sentido importante ele terá deixado de fa-

---

* Em inglês, a frase original é "He can't cut the mustard", que significa "Ele não consegue dar conta do recado". Como na tradução não havia meio de manter o verbo "cortar", preferimos substituir a frase por algo que fizesse sentido em português. (N. do T.)

zer o que lhe pedi. Isto é, ele não terá atendido a meu pedido literal e inequívoco.

Como somos capazes de entender a palavra "cortou" nas frases 1-5 de maneiras tão diferentes se ela tem o mesmo conteúdo semântico em cada ocorrência? Alguém poderia dizer – e de fato já ouvi alguém dizer isso – que o próprio significado literal do verbo incorpora o fato de o interpretarmos diferentemente em diferentes contextos verbais. Interpreta-se "cortar" com "grama", como objeto direto, diferentemente de "cortar" com "bolo", como objeto direto. Desse modo, a explicação dependeria inteiramente da interação de conteúdos semânticos.

Mas essa explicação por si só não serve, porque se alteramos o *background* corretamente podemos interpretar o verbo "cortar" em "Corte a grama" como interpretamos "cortar" em "Corte o bolo". Na Califórnia, por exemplo, existem empresas que vendem gramados prontos. Elas simplesmente enrolam o gramado e o colocam no porta-mala de sua camioneta. Suponha-se que eu seja o gerente de uma dessas fazendas de gramado. Você pede duzentos metros quadrados de gramado e eu digo a meu funcionário: "Vá cortar duzentos metros de gramado para este freguês." Se nesse momento ele pegar o cortador de grama e começar a apará-la, eu o demitirei. Ou imagine que somos donos de uma padaria na qual trabalhamos com um superfermento que faz nossos bolos crescerem até o teto, sendo que temos de empregar um funcionário para talhar a parte de cima dos bolos. Suponha-se que eu diga a ele: "Cuidado – os bolos estão chegando no teto de novo. Comece a cortá-los!" Se ele começar a cortar os bolos em fatias iguais, eu o demitirei também. O que quero dizer é que não há uma maneira óbvia pela qual a concepção tradicional – acontextual –

da interpretação semântica das frases consiga dar conta do âmbito indefinido de tais fatos[11].

Então o que há de diferente nessas diferentes frases? O que nos permite interpretá-las diferentemente? Bem, temos algumas práticas de *background*. Sabemos o que é cortar a grama, sabemos o que é cortar um bolo e sabemos que ambas as ações são muito diferentes de cortar um tecido. Mas estamos falando de práticas humanas. O conhecimento que temos desses assuntos ou é o conhecimento derivado da rede ou é tão fundamental que não seria correto interpretá-lo como um "saber que..." proposicional. São apenas maneiras de nos comportar.

Agora atentemos para outro aspecto. Existem muitas frases sintaticamente aceitáveis em inglês, contendo o verbo "cortar", que simplesmente não são passíveis de interpretação. Suponha-se que eu diga a você: "Vá cortar aquela montanha!" ou "Sally cortou o café"*. Enquanto interpretamos 1-5 sem dificuldade, não sei como interpretar esses outros exemplos. Posso *inventar* uma interpretação para cada um deles, mas, ao fazê-lo, invento uma prática de *background* que fixa uma interpretação. Isso não requer muita imaginação. Suponha-se que chefiamos uma equipe de construção de estradas e estamos construindo estradas interestaduais. Temos duas maneiras de lidar com as montanhas: ou as aplainamos ou as cortamos bem no meio. Assim, se digo a meu funcioná-

---

11. Para saber mais sobre esse e outros exemplos, ver Searle, John R. The Background of Meaning. In *Speech Act Theory and Pragmatics*, J. R. Searle, F. Kiefer e M. Bierwisch (orgs.), Dordrecht: D. Reidel, 1980, pp. 221-32. Ver também: *Intencionalidade*, cap. 5.

* Cortar uma comida ou uma bebida (da dieta) é expressão corriqueira em português. Mas esse não é o caso em inglês. (N. do T.)

rio "Vá cortar aquela montanha", ele corta uma estrada bem no meio dela.

Muitos de meus alunos atribuem imediatamente uma interpretação metafórica a "Corte o café". Eles interpretam a frase como se significasse: dilua o café de alguma maneira. Mas podemos inventar outras interpretações. Se nos imaginamos adotando certas práticas, podemos até inventar interpretações literais. Note-se que, no caso de "O presidente cortou os salários", atribuímos-lhe imediatamente uma interpretação metafórica. Mas, com um pouco de criatividade e um presidente genioso, poderíamos dar-lhe uma interpretação literal. Suponha-se que os salários sempre sejam pagos na forma de maços de notas de um dólar e um presidente excêntrico insista em cortar o canto do "salário" de cada pessoa antes de pagá-lo. Esse caso seria estranho, mas temos aqui uma interpretação literal de "cortar". Ora, por que, sem esforço nenhum, fazemos uma interpretação metafórica e isso nos parece normal? A resposta, creio, é que sempre interpretamos uma frase mediante um *background* de práticas e no interior de uma rede de outras crenças e pressuposições que não fazem elas próprias parte do conteúdo semântico da frase. Supomos que a enunciação do falante tenha sentido, mas para dar-lhe sentido temos de ajustá-lo ao *background*. Nesse caso, a interpretação metafórica ajusta-se facilmente ao *background*, enquanto a interpretação literal exige a geração de um novo *background*.

O *background* é crucial para o entendimento da conversação, entre outras coisas, por causa do papel que desempenha na determinação da pertinência conversacional. Já vimos que a pertinência era, em geral, relativa ao propósito da conversação, mas agora, segundo creio, podemos aprofundar a questão ao entendermos que o propósito em si e aquilo que constitui a pertinência relativa a esse propósito dependerão dos *backgrounds* compartilhados pelos participantes. Uma das razões pelas quais não podemos obter uma explicação não circular de "pertinente" somente considerando a conversação é que aquilo que seus participantes consideram pertinente, o que vale como tal, é sempre relativo ao aparato cognitivo que eles associam à própria conversação. Ou seja, é sempre relativo à rede e ao *background*.

Para expor a operação do *background* na produção e na compreensão da conversação, gostaria de tomar um exemplo da vida real. A seguinte conversa ocorreu na televisão britânica imediatamente após a vitória do partido conservador, que conduziu pela primeira vez a sra. Thatcher ao poder na qualidade de primeira-ministra[12].

Primeiro falante: Acho que você sabe a pergunta que vou lhe fazer. Qual a resposta?
Segundo falante: Temos de esperar para ver.
Primeiro falante: Você gostaria?
Segundo falante: Tudo depende.

Duas coisas ficam bem claras nesse pequeno trecho. Primeiro, a quantidade de informação contida nos significados léxicos, isto é, nos conteúdos semânticos das palavras e das frases enunciadas, é mínima. A bem dizer, nenhum dos dois falantes diz muita coisa. Segundo, é claro que os dois entendem-se mutuamente à perfeição e que muita coisa está sendo transmitida. Ora, o que os

---

12. Foi Philip Johnson-Laird que me chamou a atenção para essa conversa.

dois falantes têm de saber para se entenderem mutuamente tão bem com base nesse conteúdo semântico mínimo? E o que nós, telespectadores, teríamos de entender para captar o que se comunicava nessa conversa? Bem, poderíamos começar enumerando os conteúdos proposicionais, conhecidos pelos telespectadores da televisão britânica e também pelos dois falantes, que lhes permitiram entender o trecho. A lista poderia começar da seguinte maneira. O primeiro falante é Robin Day, famoso âncora do telejornalismo britânico. O segundo é Edward Heath, o ex-primeiro-ministro conservador. É notório que o sr. Heath odeia a sra. Thatcher e que a sra. Thatcher odeia o sr. Heath. Ora, a questão que estava na cabeça de todo o mundo no momento em que o trecho ia ao ar era: "Heath aceitaria ser ministro no gabinete da sra. Thatcher?" É óbvio que o trecho, interpretado simplesmente como um conjunto de enunciações de conteúdo semântico literal, é ininteligível. A tendência natural é supor que se torna inteligível pelo fato de esses conteúdos semânticos adicionais estarem presentes nas mentes do falante, do ouvinte e da audiência. O que afirmo aqui é que nem esses conteúdos bastam. Ou melhor, que são suficientes apenas porque eles mesmos dependem de um conjunto de capacidades que não são em si conteúdos semânticos. Nossa faculdade de representar depende de um conjunto de capacidades que não são, elas próprias, representações.

Para ver como isso funciona, imaginemos que inserimos de fato na conversa os conteúdos semânticos capazes de, a nosso ver, determinar a sua interpretação:

Primeiro falante: Sou Robin Day, famoso âncora do telejornalismo britânico.

Segundo falante: Sou Edward Heath, o ex-primeiro-ministro conservador britânico, e odeio a sra. Thatcher, a atual primeira-ministra conservadora britânica. Ela também me odeia.

Ora, uma vez inseridos conteúdos semânticos como esses, parece que a conversa se converte de algo quase totalmente misterioso à primeira vista em algo completamente inteligível. Por outro lado, pensando bem, você verá que não superamos nosso primeiro problema. A conversa original só era inteligível porque os participantes e os telespectadores detinham muitas informações que não estavam explícitas. Agora, porém, a nova conversa também só é inteligível porque os participantes e os observadores ainda detêm muitas informações que não estão explícitas. Eles só entendem a nova conversa porque sabem o que é ser primeiro-ministro, o que é odiar outra pessoa, o que é vencer uma eleição, o que é participar do gabinete etc. Suponha-se que inseríssemos toda essa informação na conversa. Suponha-se que Heath expusesse realmente uma teoria do governo britânico e Day expusesse realmente uma teoria das hostilidades humanas e seu papel nas relações pessoais. Enriquecida com esses dados, a conversa ficaria assim:

Primeiro falante: O ódio normalmente implica a relutância em estabelecer uma associação próxima com a pessoa odiada ou em dar a impressão de aceitar seus favores.
Segundo falante: A autoridade do primeiro-ministro na constituição britânica mudou bastante desde a época em que ele era considerado *primus inter pares*, antes de Walpole. Agora, o primeiro-ministro tem

uma autoridade que lhe permite indicar e demitir ministros do gabinete quase à vontade, uma autoridade moderada somente pela popularidade intrínseca e pela posição política dos outros membros do partido no país inteiro.

Ora, é isso que as pessoas têm de saber para entender adequadamente essa conversa. Mas, mesmo que inseríssemos todas essas proposições na conversa, mesmo que a preenchêssemos com toda a informação que julgamos capaz de fixar a correta interpretação das enunciações originais, nem isso seria suficiente. Ainda permaneceríamos em nossa posição original, na qual o entendimento da conversa exige capacidades intelectuais prévias, que ainda não estão representadas na conversa.

Esse é o quadro que temos. Pensa-se que, como os conteúdos semânticos originais codificados no significado literal das frases enunciadas não são, em absoluto, suficientes para permitir que a comunicação ocorra, esta só acontece por causa da informação colateral prévia que o falante, o ouvinte e o observador possuem. Por si só, isso é verdadeiro, mas o problema persiste. Assim como a conversação original não é capaz de estabelecer, fixar ou determinar sua própria interpretação, também a informação colateral prévia não é capaz de fazer isso. Parece, portanto, que estamos no início de uma regressão, provavelmente infinita. A solução de nosso enigma é a seguinte: as enunciações originais e a informação colateral prévia somente funcionam, isto é, somente determinam suas condições de satisfação, mediante um *background* de capacidades, atitudes, posturas, pressuposições, modos de comportamento, modos de sensibilidade e assim por diante, que não são, em si mesmos, representacionais. Toda a interpretação, todo o entendimento e todo o significado, bem como a intencionalidade em geral, funcionam mediante um *background* de capacidades mentais que não são, em si mesmas, interpretações, significados, entendimentos ou estados intencionais. A solução de nosso enigma, em suma, está em reconhecer que todo significado e todo entendimento só se estabelecem perante um *background* que não é, em si mesmo, significado ou entendido, mas que constitui as condições limitantes do significado e do entendimento, seja nas conversações, seja nas enunciações isoladas. No trecho da televisão britânica que estudamos anteriormente, a riqueza do *background* compartilhado permite que uma quantidade mínima de conteúdo semântico explícito seja informativa e até satisfatória para os participantes e para a audiência. Em contrapartida, algumas das conversações mais frustrantes e insatisfatórias se travam entre pessoas oriundas de *backgrounds* radicalmente diferentes. Essas pessoas podem falar longamente sem que isso em nada as aproxime da mútua compreensão.

12. A FILOSOFIA ANALÍTICA E OS FENÔMENOS MENTAIS[1]

1. Introdução: O *background* behaviorista

Ao longo da maior parte de sua história, a filosofia analítica demonstrou um curioso preconceito contra o mental. Muitos filósofos analíticos, talvez a maioria deles, perceberam que havia algo de especialmente enigmático nos processos, estados e eventos mentais e que estaríamos em melhor situação se fosse possível analisá-los de modo a demonstrar que eles não existem, explicá-los em função de outra coisa ou simplesmente eliminá-los de alguma outra maneira. Nota-se essa atitude, por exemplo, no uso recorrente de adjetivos pejorativos, como "misterioso" e "oculto", que os filósofos analíticos, de Ryle a Rorty, empregam para caracterizar os fenômenos mentais ingenuamente interpretados.

A primeira vez em que me dei conta de quanto essa atitude é disseminada foi quando tentei ampliar minha

---

1. Publicado nesta edição com a permissão de Midwest Studies in Philosophy, vol. VI, 1981, 405-23.

análise dos atos de fala de modo que se expliquem também os estados intencionais. Ninguém duvida da existência de promessas, afirmações, desculpas e comandos, mas, quando a análise passa a abarcar crenças, medos, esperanças, desejos e experiências visuais, os filósofos levantam de repente uma série de dúvidas "ontológicas". A meu ver, o pensamento e outros processos e eventos mentais, a exemplo dos processos e eventos linguísticos, têm uma base biológica e são tão reais quanto a digestão, a conversação, a lactação ou qualquer outro processo conhecido de base biológica. Essa verdade me parece tão óbvia que quase não vale a pena insistir nela, mas estou certo de que se trata de uma opinião minoritária na filosofia contemporânea.

Durante a fase positivista e verificacionista da filosofia analítica, não era difícil divisar a razão do desejo de eliminar o mental: se o significado de uma afirmação é o seu método de verificação, e se o único método de verificação das afirmações sobre o mental reside na observação do comportamento, pelo menos no que diz respeito às "outras mentes" (ou "mentes alheias"), então, ao que parece, o verificacionismo terá como consequência lógica imediata uma espécie qualquer de behaviorismo. As afirmações sobre o mental são equivalentes, quanto ao significado, a afirmações sobre o comportamento.

Hoje, a maioria dos filósofos considera que o behaviorismo está morto. Contudo, como pretendo demonstrar, muitos sustentam opiniões que sofrem dos mesmos defeitos que o behaviorismo. Assim, comecemos examinando o que há de errado com o behaviorismo. Às vezes, lendo a bibliografia sobre o assunto, tem-se a impressão de que o behaviorismo equivoca-se por uma razão mais ou menos técnica: os behavioristas jamais deram uma explicação satisfatória da noção de disposição, ou suas análises incorriam em algum tipo de circularidade, ou eles jamais conseguiram elaborar uma formulação satisfatória das cláusulas antecedentes nos *analysanda*, ou apresentaram respostas frágeis aos argumentos do "ator perfeito" ou da simulação ou qualquer coisa desse tipo. Quero crer que esses defeitos não são as falhas básicas do behaviorismo; são, no máximo, sintomas superficiais de um problema subjacente. Se lembrarmos que, em sua modalidade material, o behaviorismo é a concepção de que os fenômenos mentais são simplesmente padrões de comportamento, é óbvio concluir que nesse aspecto ele é simplesmente falso. Ao menos para mim, essa falsidade fica patente tão logo me pergunto em que consiste ter a experiência de um fenômeno consciente, como uma dor, e comparo isso com a adoção de certos tipos de comportamento adequados à experiência da dor. Por exemplo: sinto agora uma dor de estômago, não uma dor violenta, mas uma dor incômoda no fundo do estômago. O fato de sentir essa dor é completamente diferente – aliás, um *tipo* de fato completamente diferente – de quaisquer fatos, inclusive condicionais, que digam respeito a meu comportamento. Ter uma dor de estômago é uma coisa; adotar este ou aquele tipo de comportamento adequado a uma dor de estômago é algo totalmente diferente.

Não apresento essa objeção como um *argumento* contra o behaviorismo. Se assim fosse, ela incorreria em petição de princípio, pois os fatos de que estou me lembrando foram expressos de modo que simplesmente afirma a falsidade do behaviorismo. Em última instância, o que pretendo não é refutar o behaviorismo, mas antes entender os motivos fundamentais que dão origem a uma tese tão implausível.

Poder-se-ia dizer que o behaviorismo de Ryle sempre foi problemático em sua análise das dores e outras sensações, mas foi muito mais satisfatório no que se refere às crenças e desejos. Não é nada óbvio que as análises behavioristas de crenças e desejos sejam falsas. Ter crenças e desejos, especialmente na combinação certa[2], talvez seja simplesmente equivalente a estar disposto a se comportar de determinadas maneiras.

Pretendo também nesse campo defender novamente a ideia de que o behaviorismo é falso, embora nesse caso sua falsidade não seja tão óbvia quanto no caso das sensações. Suponha-se agora que eu tenha o desejo de ir de carro para o escritório; suponha-se que, como se diz, eu queira ir de carro para o escritório mais que tudo neste mundo. Suponha-se ainda que eu tenha um conjunto de crenças sobre minha capacidade de ir de carro para o escritório, sobre meu carro e seu funcionamento, sobre o caminho adequado e assim por diante. Ora, acaso tudo isso não implica que adotarei – abstraídas as outras variáveis – certo tipo de comportamento, a saber, o comportamento que pode ser descrito como o ato de ir de carro para o escritório ou, pelo menos, tentar ir de carro para o escritório? Além disso, o tipo adequado de comportamento – no caso, ir de carro para o escritório – acaso não manifesta ou expressa por si só meus desejos e crenças, de tal modo que, dadas as formulações adequadas, poderíamos dizer que o comportamento é pelo menos uma condição suficiente para a presença de uma certa classe de crenças e desejos? Surge aí outra objeção

---

2. Às vezes, objeta-se corretamente contra o behaviorismo que, para analisar os desejos, temos de pressupor crenças fixas, e vice-versa. Mas de novo trata-se de uma objeção "interna" que não expõe o absurdo fundamental da abordagem behaviorista.

ao behaviorismo: se seu projeto é analisar as noções mentais em função de noções comportamentais, então o projeto fracassa, porque a noção de comportamento em questão, o tipo de comportamento descrito no *analysans* do behaviorista, é em si mesmo um comportamento *intencional*, e portanto o comportamento em questão é ainda, no sentido pertinente, mental. Se por "comportamento" queremos dizer ação humana, então o comportamento é mais que um conjunto de movimentos corporais ou contrações musculares. Os movimentos corporais só podem ser considerados ações se forem causados por intenções, e as intenções em questão são tão mentais quanto as crenças e os desejos para cuja análise são invocadas[3]. Quando trata de crenças e desejos, portanto, o behaviorismo de Ryle depara com um dilema: ou o comportamento em questão é um comportamento humano no sentido pleno, isto é, ações humanas realizadas intencionalmente, ou não é. No primeiro caso, a análise do mental em termos comportamentais é a análise do mental em termos mentais, o que não faz desaparecer da noção de comportamento o elemento mental. No segundo caso, temos de interpretar o comportamento como uma série de movimentos corporais descritos tão somente como movimentos corporais, e nenhuma análise dos enunciados sobre crenças, desejos e intenções em função de enunciados sobre movimentos corporais jamais será suficiente, porque os movimentos ainda não são ações humanas, e a noção de um movimento corporal em si mesmo é insuficiente para qualquer análise dos estados mentais. Um corpo humano, por exemplo, poderia

---

3. Para uma discussão do elemento mental nas ações, ver Searle (1979).

ser articulado de tal modo que realizasse todos os movimentos característicos de dirigir um carro até um escritório, embora estivesse totalmente inconsciente ou mesmo morto. Em suma, se "comportamento" significa a ação, o comportamento é mental. Se "comportamento" significa os movimentos corporais, então não é comportamento de modo algum e a análise cai por terra. Neste ponto, a objeção à análise das crenças e desejos em função de movimentos corporais (incluindo as disposições para tais ou quais movimentos corporais) é muito semelhante à objeção à análise de sensações como a dor em função do comportamento (incluindo a disposição a adotar tal ou qual comportamento): a distinção entre estados mentais e meros movimentos corporais físicos é tão cabal quanto a distinção entre dor e comportamento.

Para o que se segue, gostaria de não perder de vista essas duas objeções ao behaviorismo: a não identidade entre sensações e comportamento e o elemento mentalista das ações humanas. Quero introduzir agora uma distinção entre o que chamarei de atribuições de *fenômenos mentais intrínsecos*, de um lado, e *atribuições mentais relativas ao observador*, de outro. Podemos esclarecer essa distinção usando exemplos indisputáveis e incontroversos. Suponha-se que eu diga neste momento que tenho uma dor de estômago ou que Reagan crê poder vencer as eleições. Quando faço essas afirmações, atribuo fenômenos mentais intrínsecos a mim mesmo e a Reagan. Mas suponha-se que eu diga que a expressão "il pleut" em francês significa "está chovendo", ou que minha calculadora de bolso soma e subtrai, mas não divide. Nesses casos, não estou atribuindo nenhum fenômeno mental intrínseco à expressão "il pleut" ou à minha calculadora de bolso. Essas afirmações podem ser consideradas, em parte, maneiras abreviadas de falar sobre os fenômenos mentais intrínsecos dos falantes de francês ou dos usuários de calculadoras de bolso. *Grosso modo*, elas significam o seguinte: por convenção, as pessoas que falam francês usam "il pleut" para significar "está chovendo"; sou capaz de usar minha calculadora para somar e subtrair, mas não para dividir. Não existem dois tipos de fenômenos mentais, os intrínsecos e os relativos a um observador; existem, sim, atribuições de predicados mentais que não atribuem um fenômeno mental intrínseco ao sujeito da atribuição. Nesses casos, os únicos fenômenos mentais em questão encontram-se nas mentes dos observadores (ou usuários), e não no sujeito da atribuição. Assim, há dois tipos de *atribuições*, mas somente um tipo de fenômeno mental.

2. Funcionalismo de carburador

Volto-me agora para o funcionalismo, a mais influente forma atual de rejeição ao mental. Pretendo argumentar que o funcionalismo sofre quase exatamente do mesmo tipo de dificuldades que o behaviorismo e que, além disso, está assentado numa confusão entre as atribuições mentais intrínsecas e as atribuições relativas ao observador.

Primeiro, algumas palavras sobre a história recente da filosofia da mente para explicar como o funcionalismo evoluiu a partir do fisicalismo. No início do fisicalismo, alguns filósofos parcialmente partidários do dualismo lançaram uma série de objeções à opinião fisicalista de que os estados mentais eram idênticos a estados cerebrais. A maioria dessas objeções eram versões do argumento derivado da Lei de Leibniz (minha dor de estômago está no estômago, mas meu estado cerebral está na cabeça; logo, a dor de estômago não pode ser idêntica ao estado cerebral), e Smart[4] e seus colegas justificadamente sentiram que poderiam rebatê-las (não é a dor de estômago em si, e sim a experiência de ter dor de estômago que é idêntica a um estado do sistema nervoso central). Mas havia duas classes de argumentos mais perturbadores.

Primeira objeção. Suponha-se que o fisicalismo seja verdadeiro como tese de identidade contingente. Por conseguinte, todos os estados mentais são idênticos a determinados estados físicos do cérebro. Mas, nesse caso, alguns estados físicos do cérebro também são estados mentais, e alguns outros estados físicos do cérebro não são estados mentais. Qual é a diferença entre eles? Bem, a diferença óbvia é que os estados físicos que são estados mentais têm propriedades mentais, enquanto os outros não as têm. Mas, pelo visto, ficamos agora com um dualismo de propriedades em lugar de nosso dualismo original de entidades; assim, o fisicalismo é uma espécie do próprio dualismo que pretendia substituir. Em lugar de entidades mentais "misteriosas" e "ocultas", ficamos com propriedades mentais "misteriosas" e "ocultas".

Smart respondeu a essa objeção dizendo que era possível descrever essas entidades numa linguagem que não mencionasse nenhuma propriedade mental, numa linguagem "topicamente neutra". Em vez de dizer, por exemplo, "Estou tendo uma imagem posterior laranja",

---

4. Para uma discussão dessas questões, ver os artigos de Smart, Shaffer e Cornman em Rosenthal, org. (1971).

poder-se-ia dizer "Alguma coisa está ocorrendo em mim que é semelhante ao que ocorre quando vejo uma (cor) laranja". Mas isso não é resposta. Assim como o fato de eu me referir a uma locomotiva sem mencionar que é uma locomotiva não altera o fato de ela ser efetivamente uma locomotiva, também o fato de eu me referir a um objeto que tem propriedades mentais sem mencionar que ele tem essas propriedades não altera o fato de que ele efetivamente as possui. É possível, decerto, mencionar uma locomotiva de maneira "topicamente neutra", designando-a como "um certo bem que pertence à Southern Pacific Railroad". Mas isso não a torna menos locomotiva, e o fato de se poder falar dos estados mentais por meio de um vocabulário dissimulado e topicamente neutro não os torna menos mentais. Aliás, essa falácia é recorrente na filosofia analítica: a confusão entre as características da linguagem que usamos para descrever um fenômeno e as características do próprio fenômeno.

Segunda objeção. Os primeiros fisicalistas acreditavam que, se duas pessoas estivessem no mesmo tipo de estado mental, necessariamente estariam no mesmo tipo de estado neurofisiológico. Por exemplo: se você e eu acreditamos agora que está nevando, então nós dois necessariamente apresentamos o mesmo tipo de estado neurofisiológico que realiza essa crença. Mas, por várias razões, parece extremamente implausível supor que isso seja verdadeiro. Ainda que os estados mentais sejam estados físicos, dificilmente será verdade que estados mentais de tipo idêntico possam ser identificados com estados neurofisiológicos de tipo idêntico.

A resposta a essa objeção é notar que muitas espécies de coisas podem ser de tipo idêntico em determinado nível de descrição, embora cada instância seja instancialmente idêntica a determinado objeto no nível inferior de descrição e esses objetos no nível inferior de descrição não sejam de tipo idêntico. Os relógios são o mesmo tipo de coisa no nível de descrição "relógio", embora cada relógio seja instancialmente idêntico a determinada realização física, como um conjunto de engrenagens e rodas movido mecanicamente ou um conjunto de osciladores de quartzo operado eletronicamente, e essas realizações físicas possam ser de tipo diferente. E, se isso funciona para os relógios e os carburadores, por que não funcionaria também para os estados mentais? Assim, você e eu podemos ter cada qual a mesma crença de que está nevando sem que nossas neurofisiologias sejam necessariamente de tipo idêntico, assim como meu carro e o seu podem ter cada qual um carburador, embora o meu seja de aço e o seu, de latão. Mas, então, o que os estados mentais têm em comum, capaz de torná-los de tipo idêntico? Creio que a resposta óbvia é que eles são de tipo idêntico por causa de suas características mentais comuns, sejam elas características da consciência, da intencionalidade ou de ambas, ou ainda outras espécies de características mentais. Mas a resistência de muitos filósofos analíticos em aceitar que os fenômenos mentais existem tais como efetivamente nos aparecem é tal que essa resposta de senso comum não foi a que se propôs.

De acordo com os funcionalistas, assim como os relógios e os carburadores são identificados por suas funções e não pelo modo como estas se realizam na estrutura física, também os estados mentais seriam identificados por suas funções e não pelo modo como essas funções se realizam no cérebro. Os estados mentais seriam estados funcionais num sentido que supostamente se esclarece pela analogia com relógios, carburadores etc. Portanto, a resposta à segunda objeção também eliminaria, *en passant*, a primeira. De fato, as propriedades mentais "misteriosas" e "ocultas" se revelariam como propriedades funcionais metafisicamente inofensivas. Numa palavra, as teorias baseadas numa identidade entre tipo e tipo deram lugar a teorias baseadas numa identidade entre instância e instância, e com estas surgiu o "funcionalismo de carburador". O materialismo funcional, mais ou menos inadvertidamente, acabou se transformando num tipo de materialismo eliminativo, porque a análise funcional teria eliminado todos os problemas que rondavam as propriedades irredutivelmente mentais.

Mas eis uma objeção imediata e óbvia ao funcionalismo: sua teoria não pode estar correta porque os estados mentais em questão são intrínsecos e as funções são sempre relativas ao observador. A atribuição de uma função a um sistema ou a um elemento de um sistema sempre é feita em relação a um objetivo, um propósito ou uma finalidade, e as funções nunca são apenas causas; são causas dentro do contexto de uma teleologia. O carburador do meu carro causa intrinsecamente muitas coisas, das quais somente algumas são suas funções. Por exemplo, ele exerce pressão sobre o bloco do motor, produz um som sibilante, serve de apoio para o filtro de ar, acumula sujeira e mistura ar e gasolina. Quando dizemos que sua *função* é misturar ar e gasolina, não estamos dizendo apenas que ele causa a mistura de ar e gasolina; estamos dizendo também que *seu propósito* é misturar ar e gasolina, contribuindo para os propósitos gerais do sistema. Mas esses propósitos nunca são intrínsecos, e sim determinados por nós. Se decido usar o carburador somente para apoiar o filtro de ar, sua função muda, embora não haja mudanças em nenhuma das características causais intrínsecas do sistema. O fato de as funções serem relativas ao observador, aliás, também é verdadeiro em sistemas que não são feitos pelo homem. O coração, por exemplo, causa a circulação do sangue, um barulho ritmado no peito e pressão no pulmão. Dizer que *sua função* é bombear sangue é atribuir-lhe uma intencionalidade relativa ao observador. Uma chave linguística para esses fatos é que, assim que atribuímos uma função a um elemento causal, torna-se adequado todo um vocabulário intencionalista que seria inadequado para relações causais *tout court*. Assim, podemos falar de "mau funcionamento", "colapso", "funcionamento apropriado" etc.

Ora, uma vez que os estados mentais são intrínsecos e os estados funcionais são relativos ao observador, o fato de serem estados funcionais não pode ser elemento constitutivo dos estados mentais. Ainda que os estados mentais (= cerebrais) sempre tenham as mesmas relações causais, e ainda que sempre atribuamos as mesmas funções a esses estados, as características que os tornam estados *mentais* são intrínsecas e, por isso, não podem ser constituídas por nenhuma atitude do observador. Para retomar o mesmo ponto de maneira diferente: os estados mentais não podem ser *definidos* em razão de suas funções porque alguma outra coisa pode assumir exatamente as mesmas funções, embora não apresente as características intrínsecas que estávamos tentando definir. A própria característica que tornou o funcionalismo de carburador tão atraente, a saber, a analogia entre o nível funcional e o nível físico de descrição dos carburadores etc., de um lado, e os níveis mental e físico de descrição das crenças etc., de outro, acaba sendo fatal para essa própria modalidade de funcionalismo, porque o nível mental de descrição é intrínseco e não funcional.

Creio que a maioria dos funcionalistas contemporâneos não teria esta objeção na conta de um argumento sério contra a concepção deles, porque poderiam dizer que a noção de função, na verdade, não é essencial para o funcionalismo. Em última análise, o que eles querem é definir os estados mentais em razão de suas relações *causais*, nas quais as causas são intrínsecas, ainda que as funções não o sejam. O argumento dependeria, então, de saber se as características causais são suficientes para definir as características mentais intrínsecas. Chegarei lá em breve.

3. A máquina de Turing ou funcionalismo organizacional: Putnam e Dennett

Continuemos nossa história. O funcionalismo de carburador logo foi substituído pelo "funcionalismo da máquina de Turing". De acordo com essa concepção, os estados mentais são de fato estados funcionais, mas não de qualquer tipo. São, isso sim, estados lógicos de um computador e por isso são estados *intrínsecos,* pelo menos no nível da descrição do programa do computador. O funcionalismo da máquina de Turing também é superior ao funcionalismo de carburador na medida em que promete uma teoria mais complexa da mente, segundo a qual os processos mentais são processos computacionais; essa teoria parece coerente com os trabalhos atuais nas áreas da psicologia cognitiva e da inteligência artificial, além de apoiar-se neles. Passo a considerar a obra de dois autores dessa tradição, Hilary Putnam e Daniel Dennett.

Começo com Putnam, embora ele afirme ter abandonado o funcionalismo da máquina de Turing, pelo menos em suas formas mais elementares (Putnam, 1975, pp. 298-9). Creio que ele o abandonou por razões equivocadas. As duas razões que ele apresenta para tê-lo abandonado são: em primeiro lugar, a máquina de Turing comporta apenas um estado por vez, enquanto um ser humano pode encontrar-se em muitos estados psicológicos ao mesmo tempo; em segundo lugar, alguns estados psicológicos, como a inveja, estão relacionados a outros estados psicológicos de maneira holística, ao contrário do que ocorre com as relações entre os estados da máquina de Turing. Mas isso ainda lhe permitiria sustentar que os estados psicológicos se reduzem a uma organização funcional. É essa característica do funcionalismo da máquina de Turing que pretendo discutir, e não as limitações específicas da analogia do computador, que têm que ver com o alcance e o caráter exclusivo dos estados da máquina. Assim, para a concepção que estou criticando, "funcionalismo organizacional" talvez seja um termo melhor do que "funcionalismo da máquina de Turing".

Putnam introduz a noção de "Descrição" de um sistema; tal "Descrição" é definida como uma especificação dos estados e das relações de *input-output* do sistema conforme determinadas pela linguagem de máquina (o programa de computador) para esse sistema. Expõe então uma versão do funcionalismo organizacional que tem por objeto estados mentais conscientes, como a dor.

A hipótese de que "ter dor é um estado funcional do organismo" pode agora ser formulada de modo mais exato:

(1) Todos os organismos capazes de sentir dor são Autômatos Probabilísticos.
(2) Todo organismo capaz de sentir dor possui pelo menos uma Descrição de um tipo determinado (isto é, ser capaz de sentir dor *é* possuir determinado tipo de Organização Funcional).
(3) Nenhum organismo capaz de sentir dor pode ser decomposto em partes que separadamente possuem Descrições do tipo referido em (2).
(4) Para toda Descrição da espécie referida em (2) existe um subconjunto de *inputs* sensoriais tais que o organismo que apresenta essa Descrição tem dor quando, e somente quando, alguns de seus *inputs* sensoriais pertencem a esse subconjunto (Putnam, 1975, p. 434).

Parece-me que essa análise padece do mesmo tipo de defeito do behaviorismo clássico: ter dor é uma coisa, e satisfazer a todas essas condições, ou a algo semelhante a essas condições, é completamente outra. Argumentarei em favor dessa conclusão mostrando que um sistema poderia satisfazer a todas essas condições e não sentir absolutamente nada; que essas condições não são constitutivas nem suficientes para ter sensações como a de dor. Já que (2) e (4) são o coração da análise, tratarei de (1) e (3) rapidamente.

(1) "Todos os organismos capazes de sentir dor são Autômatos Probabilísticos."

Visto que todas as coisas são autômatos probabilísticos segundo uma descrição ou outra, como admite Putnam, essa afirmação não adianta muito. Não serve para diferenciar os organismos capazes de sentir dor de quaisquer outros organismos. Além disso, é importante enfatizar que "organismo", nessa afirmação, não significa organismo num sentido biológico, quer dizer apenas "sistema". Para o tipo de funcionalismo a que se filiam Putnam e Dennett, é crucial a ideia de que um sistema dotado da forma correta de organização funcional seja capaz de ter dor. Não precisa tratar-se de um organismo no mesmo sentido em que as plantas e os animais o são. De fato, como já notamos, uma das motivações originais do funcionalismo era o reconhecimento de que um número indefinido de tipos diferentes de sistemas poderia ser funcionalmente isomórfico. Os robôs, por exemplo, poderiam ser considerados "organismos" para os propósitos de Putnam. Assim, no que segue, usarei a palavra "sistema", porque é de sistemas que estamos falando.

(3) "Nenhum organismo capaz de sentir dor pode ser decomposto em partes que separadamente possuem Descrições do tipo referido em (2)."

A razão para introduzir essa condição é que há muitos sistemas formados por subsistemas, e o subsistema pode ser capaz de sentir dor mesmo que o sistema total não seja capaz disso. Suponhamos um sistema composto de muitas pessoas trabalhando juntas num grande escritório. Esse sistema pode realizar determinada linguagem de máquina sem sofrer nenhuma dor a não ser a sofrida pelos indivíduos que o compõem; foi para eliminar todos os contraexemplos desse tipo que Putnam postulou a condição (3). A eliminação de toda uma classe de contraexemplos potenciais por simples *fiat* indicia em geral uma fraqueza teórica, e veremos em breve que a análise de Putnam ainda fica sujeita a contraexemplos similares.

(2)

e

(4) "Todo organismo capaz de sentir dor possui pelo menos uma Descrição de um tipo determinado (isto é, ser capaz de sentir dor *é* possuir determinado tipo de Organização Funcional). Para toda Descrição dessa espécie existe um subconjunto de *inputs* sensoriais tais que o organismo que apresenta essa Descrição tem dor quando, e somente quando, alguns de seus *inputs* sensoriais pertencem a esse subconjunto."

(2) e (4) juntos equivalem a isto: os seres capazes de dor são aqueles, e somente aqueles, que instanciam certo programa de computador; o programa de computador especifica um conjunto de probabilidades de transição entre *input, output* e estados internos; e o sistema realmente estará com dor quando o *input correto* ativar o sistema de acordo com o programa.

Para simplificar a concepção de Putnam, poderíamos dizer que, segundo ele, um sistema está com dor se, e somente se, está com dor. Suponho que não seja essa a intenção dele. Na verdade, sua ideia é a de que, do mesmo modo que há linguagens de máquina específicas para a dor, assim também há *inputs* que determinam especificamente a dor. Não precisamos saber exatamente *quais* são, mas apenas que *existem*; e podemos definir o funcionalismo de acordo com eles, sejam lá quais forem. Além disso, o uso da expressão "sensorial" em "*input* sensorial" é tão potencialmente enganador quanto o uso do termo "organismo". "Sensorial", nesse contexto, não significa sensorial no sentido biológico, pois um sistema como um robô, por exemplo, poderia ter *inputs* sensoriais dos mais diversos tipos sem possuir nenhum dos aparelhos biológicos que constituem os sentidos. Do contrário, seria impossível interpretar as diversas observações que Putnam faz sobre os robôs.

Ora, uma vez descoberto o verdadeiro caráter das afirmações feitas em (2) e (4), fica fácil compreender que existem sistemas ou organismos que satisfazem às condições postuladas e não sentem dor nenhuma. A meu ver, as pretensões do funcionalismo organizacional são tão falsas quanto o behaviorismo, e sua falsidade é igualmente óbvia; apresentarei dois argumentos afins para tentar tornar manifesta essa falsidade.

O argumento da anestesia. Suponha-se que eu seja o sistema em questão. Por hipótese, sou capaz de sentir dor porque instancio certa linguagem de máquina. Suponha-se que esta linguagem tenha sofrido uma pane; suponha-se ainda que isso aconteceu por haver-se anestesiado determinada porção de meu sistema nervoso central, de modo que não sinto mais nenhuma dor. Agora já não instancio a linguagem de máquina. Mas suponha-se também que eu compense o problema memorizando os passos da linguagem de máquina, de modo que agora posso percorrê-los um por um em minha mente. Na explicação de Putnam, não há razão pela qual minha própria mente não possa ser o elemento do sistema que instancia a linguagem de máquina. Sempre que alguém me fornece o respectivo *input* sensorial, digamos, dando-me um soco no nariz, não sinto nada porque estou anestesiado, mas "consulto" no padrão de linguagem de máquina o que devo fazer depois, sigo todos os passos até chegar ao *output* e então digo ou escrevo "ai!". Não sinto nada, mas continuo tendo os respectivos *inputs* sensoriais, continuo a instanciar a linguagem de máquina e a ter a correta "probabilidade de transição" entre *input* e *output*. Satisfaço as condições (1)-(4) de Putnam, mas não sinto absolutamente nenhuma dor.

Esse argumento pode parecer um tanto breve, mas acho de fato que é um contraexemplo decisivo. Linguagem de máquina mais *inputs* não podem ser fatores constitutivos da dor nem ser suficientes para a dor, porque um agente humano poderia, em seus próprios processos mentais, instanciar qualquer linguagem de máquina e ter os *inputs* que se quisesse induzir nele, e ainda assim não ter as respectivas sensações se os seus estados neurofisiológicos específicos não fossem adequados. Isso dá a entender que a organização funcional não é a característica neurofisiológica que realmente importa, o que será investigado na próxima objeção. Também é importante enfatizar que, embora formulada em torno da linguagem de máquina, essa objeção se aplica igualmente a outros tipos de organização funcional. Dirige-se contra o funcionalismo organizacional em geral, e não só contra a sua versão baseada na máquina de Turing.

O argumento da biologia. Segundo o pouco que sabemos sobre a base causal das dores e outras sensações, elas ocorrem especificamente em tipos bem definidos de sistemas nervosos animais e humanos. Os seres humanos e muitas espécies de animais são capazes de sentir dor, mas as árvores, os arbustos e as flores não o são, e muito menos as pedras, as cachoeiras e as montanhas. Uma das consequências insólitas das teses do funcionalismo da máquina de Turing é que *todo tipo de substância* seria capaz de sentir dor, desde que tal substância instanciasse a linguagem de máquina prevista no princípio (2) e tivesse os receptores descritos no princípio (4). Embora os funcionalistas reconheçam e mesmo afirmem essa consequência, sua implausibilidade é dissimulada pelo fato de raramente apresentarem exemplos detalhados. Por isso, vamos procurar um exemplo desse tipo. No meu escritório, há um console ligado a um computador comum chamado PDP-10. Suponha-se agora, de acordo com a tese (2) de Putnam, que haja uma linguagem de máquina muito específica instanciada pelos seres humanos e que lhes permite sentir dor. Não conheço nenhuma razão para supor que isso seja verdadeiro, mas façamos essa concessão a Putnam para podermos argumentar. Programemos agora o PDP-10 exatamente com essa linguagem de máquina. Note-se que a linguagem de máquina é puramente formal: não tem nada que ver com o material específico no qual está instanciada. Como insiste Putnam, dois sistemas podem ter a mesma organização funcional apesar de apresentarem constituições muito diferentes, e, repito, "ser capaz de sentir dor *é* possuir certo tipo de Organização Funcional" (*ibid.*, p. 434). Assim, de acordo com a definição de Putnam, o PDP-10 é agora capaz de sentir dor desde um desconforto moderado, presume-se, até a mais terrível agonia. Adicionemos, agora, um "*input* sensorial". Introduzimos um transdutor tal que, toda vez que fecho com um baque a porta de meu escritório ou bato no console com o punho, isso produz um *input* no computador programado para dor, e as "probabilidades de transição" são tais que a máquina imprime, em minha impressora, as palavras e expressões "Ai!", "Você está me dando uma dor de estômago terrível", "Por favor, pare!" etc.

    Satisfizemos agora a todas as condições de Putnam. Temos um autômato probabilístico; mediante um simples *fiat*, podemos fornecer-lhe uma linguagem de máquina ou qualquer outro tipo de organização funcional; ele não tem subsistemas com a mesma Descrição do sistema maior e recebe *inputs* sensoriais que disparam as respostas adequadas para a sensação de dor. (E não importa que eu tenha escolhido os *inputs* errados, porque o argumento permanece igual, independentemente dos *inputs* sensoriais que se introduzirem nele.) Ora, há alguma razão para supor que o computador esteja com dor? Dor intrínseca, real? Note-se que a tese funcionalista não defende que, ao que nos é dado supor, o computador *poderia* estar com dor, mas sim que ele *está* com dor, porque encontra-se num estado funcional equivalente ao estado funcional no qual os seres humanos se encontram quando sentem dor; e a dor nada mais é que um estado funcional. A meu ver, é óbvia e empiricamente falso que o computador esteja com dor, porque, para dizer o mínimo, não é feito do material correto e não é um sistema daqueles que sentem dor. Para sentir dor, o computador teria de dispor de um sistema nervoso com neurônios, receptores de dor biologicamente específicos e assim por diante, ou de pelo menos alguma coisa que fosse *causalmente*, e não apenas *formalmente*, equivalente a um sistema nervoso animal.

É uma questão empírica saber se, além dos sistemas nervosos animais, alguma outra espécie de sistema é capaz de sentir dor. Mas, para ser capaz de sentir dor, o sistema deve ter poderes causais equivalentes aos poderes causais dos sistemas nervosos animais; a mera instanciação do mesmo programa jamais seria suficiente para isso. Suponha-se que, por um milagre inacreditável, meu PDP-10 padecesse uma agonia terrível. Mesmo que isso fosse verdadeiro, de nada valeria para corroborar o funcionalismo da máquina de Turing, uma vez que, se verdadeiro, teria de ser verdadeiro porque a estrutura causal específica do *hardware* de algum modo chegou a reproduzir os poderes causais dos sistemas nervosos animais, e isso, no que diz respeito ao funcionalismo, é totalmente acidental. Mesmo que meu PDP-10 tivesse, sem que soubéssemos, uma estrutura eletroquímica capaz de sentir dores, a tese do funcionalismo é a de que a estrutura não importa. O que importa é a organização funcional, e esta é definida por considerações puramente formais, totalmente independentes da estrutura. Se o PDP-10 tem dor, então podemos instalar o mesmo programa num conjunto de canos de água, máquinas de vento ou qualquer aparelho maluco à maneira dos de Rube Goldberg, desde que seja estável e duradouro o bastante para executar o programa. Torna-se possível, por exemplo, implementar o sistema a partir de cata-ventos, latas velhas de cerveja e clipes de papel, sendo que, de acordo com o funcionalismo organizacional, qualquer sistema desse tipo tem de sentir dor. Contra isso, argumento que, com base em tudo o que sabemos a respeito de fisiologia, parece inacreditável supor que esses outros sistemas *possam* sentir dor, quanto mais que *tenham de* sentir dor.

Unindo esses dois argumentos, obtemos uma sequência de passos para mostrar que as duas afirmações principais do funcionalismo organizacional são falsas. Quem quisesse defender essa espécie de funcionalismo teria de contestar essa sequência.

As duas afirmações são:

a. Para sentir dor ou ter algum outro estado mental, basta que um ser humano instancie certo tipo de organização funcional (como um programa de computador), com os *inputs* e *outputs* corretos.

b. Todo sistema, como um robô, que seja funcionalmente equivalente a um humano, isto é, que tenha a organização correta e as relações corretas entre *input* e *output*, também deve sentir dor em virtude desses fatos.

Contra tais afirmações, argumento:

1. Os seres humanos e pelo menos alguns animais têm um sistema nervoso que é causalmente suficiente para permitir-lhes sentir dor e ter outros tipos de estados mentais (essa é uma suposição empírica, partilhada pelos dois lados da disputa, sobre a base causal dos fenômenos mentais).
2. Todo sistema capaz de sentir dor e ter outros estados mentais deve ter os respectivos poderes causais equivalentes aos do sistema nervoso humano e animal (uma consequência banal de 1).
3. A instanciação de certa organização funcional, como um programa, jamais poderia, por si só, ser suficiente para produzir os estados mentais, porque é possível a um agente instanciar o programa e não obter os respectivos estados mentais (pelo argumento da anestesia). Isso implica a negação de (a).
4. Portanto, um sistema não poderia ter os respectivos poderes causais descritos em 2 apenas por instanciar certa organização com certas relações entre *input* e *output* (por causa de 2 e 3).
5. Os sistemas nervosos humanos e animais têm a capacidade causal de produzir estados mentais, e essa capacidade *não* é constituída pelo fato de terem certa organização funcional com certas relações entre *input* e *output* (uma consequência de 1 e 3).
6. Outros sistemas, como os robôs, não poderiam ter estados mentais apenas em virtude de terem uma orga-

nização funcional com as relações certas entre *input* e *output*; precisariam ter outros poderes causais equivalentes aos do cérebro (uma consequência de 2 e 4). Isso implica a negação de (b).

Ao longo desses dois argumentos, estive supondo, como concessão em prol do argumento, que a linguagem de máquina tem um papel importante a desempenhar em minha faculdade de sentir dor; essa suposição talvez seja verdadeira, mas até aqui não se apresentou a menor razão para crermos nisso. O que estou fazendo aqui é argumentar contra a concepção de que o funcionalismo organizacional nos fornece uma condição suficiente para o mental. Admito, em prol do argumento, que ele poderia nos dar uma condição necessária, embora não creia que exista nenhum argumento favorável a essa concepção. Ora, ao vermos que ele não nos dá uma condição suficiente, a maior parte da motivação para supor que nos daria uma condição necessária é eliminada.

Passo agora a tratar de Dennett, cuja oposição ao mental é ainda mais explícita que a de Putnam. É típica das observações de Dennett sobre fenômenos mentais a afirmação de que "crenças, desejos, dores, imagens mentais, experiências – conforme *comumente* entendidos", não são "boas entidades teóricas" (Dennett, 1978, p. xx). O problema dessa afirmação é que há maneiras muito diferentes de alguma coisa não ser uma "boa entidade teórica". As bruxas e gnomos não podem ser boas entidades teóricas porque não existem; mas as mesas e cadeiras, ou as montanhas e as praias, não são boas entidades teóricas não por não existirem, mas porque as leis que descrevem o curso da natureza não empregam esses termos nem mencionam esses objetos na forma "cadeira", "mesa", "montanha" ou "praia". Nesse sentido, coisas desse tipo não são boas entidades teóricas. E daí? No máximo, essa observação versa sobre os tipos de termos que figuram na construção das teorias científicas, e não sobre a *existência* de cadeiras, mesas, montanhas e praias. Ora, será que Dennett pensa que os fenômenos mentais assemelham-se às bruxas ou às montanhas? Será possível que Dennett considere de fato as dores e as crenças como semelhantes a bruxas e gnomos porque não existem em absoluto "conforme comumente entendidos"? (Quantas maneiras "incomuns" há de entender, digamos, a dor de estômago a que me referi antes?) Ele deplora como é difícil "convencer alguém de que as dores ou as crenças não existem" (*ibid.*, p. xx) e declara que isso terá de ser feito aos poucos. Conclui esse esforço com a frase: "Então, como nego que alguma entidade possa ter as características de uma dor ou de um pensamento, tanto pior para o *status* ontológico dessas coisas" (*ibid.*, p. 38). E, numa discussão posterior (Dennett, 1980, p. 76), afirma de fato "que a dor não existe, embora as pessoas sintam dor". Ele não julga que essa opinião é autocontraditória (eu sim), mas, para os presentes propósitos, preocupemo-nos menos com sua coerência e mais com o argumento segundo o qual, "a rigor, uma coisa como a dor não pode existir" (*ibid.*, p. 76). O argumento é o seguinte:

> Mas (como afirmei) se as intuições que gostaríamos de levar em conta, caso fôssemos levar em conta todas elas, não formam um conjunto coerente, é impossível que exista uma verdadeira teoria da dor; por isso, nenhum computador ou robô poderia instanciar a verdadeira teoria da dor que teria de ser instanciada para que tal objeto realmente sentisse dor. Tampouco os seres humanos e os animais poderiam instanciar a verdadeira teoria da dor (por-

que não existe), o que nos conduz à conclusão escandalosa de que ninguém jamais sente dor (Dennett, 1978, p. 228).

Na minha opinião, o mais escandaloso nesse argumento não é sua conclusão, mas sua lógica. Do fato de ser incoerente o conjunto de intuições que temos sobre uma classe de objetos – de modo que a classe seja tal que nenhum dos objetos isoladamente poderia corresponder a *todas* as intuições – não decorre sem mais nem menos que esses objetos não existem. Compare-se: as intuições que temos sobre as cadeiras não formam um conjunto coerente; portanto, não há uma teoria verdadeira sobre as cadeiras; portanto, elas não existem. Ou: o conjunto de intuições que as pessoas têm sobre Jimmy Carter não forma um conjunto coerente; portanto, não há uma teoria verdadeira sobre Jimmy Carter; portanto, ele não existe. Mesmo com a maior boa vontade do mundo, não há como salvar a estrutura formal do argumento de Dennett segundo a qual, "a rigor", a dor não existe; e as objeções que lhe faço são tão velhas quanto a discussão de Wittgenstein sobre "jogo" e outras noções de "semelhança familiar".

Mas, mesmo supondo que os argumentos de Dennett contra a existência de fenômenos mentais como a dor sejam inadequados, o que dizer de sua tese positiva a respeito do mental, a respeito daqueles estados que supostamente restam após a eliminação dos estados não existentes? Volto-me agora para sua "Teoria cognitiva da consciência" (*ibid.*, p. 149-73).

Ele descreve em pormenores o fluxograma de um sistema dotado de consciência e então faz a pergunta que Thomas Nagel já fizera: "Em que consiste o ato de ser uma entidade que instancia o fluxograma?" Sua suposição é a de que, se a entidade for consciente, o ato de "ser" essa entidade existe; se não, não. Eis a resposta: "Suponha-se que eu formule a hipótese ousada de que você é uma realização do fluxograma e que é em virtude desse fato que parece a mim – e a você – que existe algo em que o ato de ser você consiste" (*ibid.*, p. 165). Assim, de acordo com essa explicação, ter consciência "depende de ter certo tipo de organização funcional". Ele então nos desafia: "Você consegue apresentar boas razões para negar a hipótese e, em caso positivo, quais são elas? Que acesso pessoal você tem, e a quê?" (*ibid.*, p. 165).

Ficamos com a sensação de que não estamos entendendo bem as perguntas, porque a resposta parece óbvia demais. Sim, é possível apresentar boas razões para negar a hipótese. Na verdade, entendida de maneira literal, ela parece evidentemente falsa, e parece falsa pelos mesmos motivos que tornam falso o obsoleto behaviorismo lógico. A posse de estados conscientes como sensações corporais e experiências visuais é uma coisa; instanciar um fluxograma é outra coisa completamente diferente. As sensações corporais, como cócegas e coceiras, são constituídas pelo modo como se sentem e realizam intrinsecamente no sistema nervoso. Os fluxogramas são constituídos pela satisfação de certas descrições funcionais e podem se realizar em qualquer substância. Não têm nenhuma ligação essencial com as sensações ou com o sistema nervoso. Diante disso, se é óbvio que a instanciação do fluxograma não é um elemento constitutivo da posse dos respectivos estados conscientes, tampouco é um elemento suficiente, então os mesmos dois argumentos que dirigi contra Putnam podem ser invocados aqui. Em primeiro lugar, o fluxograma é totalmente independente das formas de sua realização.

Isso significa que substâncias de qualquer tipo podem instanciar o fluxograma, ainda que não sejam substâncias adequadas para ter experiências visuais, cócegas, coceiras etc. O fluxograma pode ser instanciado por nossa máquina maluca à maneira das de Rube Goldberg, feita inteiramente de latas de cerveja, clipes de papel e cata-ventos.

Em segundo lugar, o argumento da anestesia que usamos contra Putnam também se aplica a Dennett, embora numa forma levemente modificada. O fluxograma deverá ter variações para diferentes tipos de estados conscientes, digamos, coceiras, experiências visuais etc. Suponha-se que uma pessoa, de olhos fechados, percorra os passos do fluxograma específico da visão. Ela pode usar o braile ou outro método para percorrer o fluxograma. De fato, ela terá estados conscientes, pois estará consciente de percorrer o fluxograma; mas não terá os estados de consciência que a teoria funcionalista preveria, pois seus olhos estão fechados e ela não tem experiências visuais. Ela não vê nada, embora o fluxograma em questão seja específico para a visão.

Já afirmei que os funcionalistas manifestaram a tendência de confundir os estados mentais intrínsecos com as características causais que poderiam autorizar que se atribuíssem estados mentais relativos ao observador. No caso de Dennett, com a introdução das noções de "sistemas intencionais" e "atitude intencional", essa mudança das atribuições intrínsecas de estados mentais para atribuições relativas ao observador torna-se uma questão de princípio. Segundo sua explicação, tanto os seres humanos como os computadores dotados de certo tipo de programas são "sistemas intencionais", e um sistema intencional é somente um sistema em relação ao qual julgamos que é adequado adotar "a atitude intencional". Na adoção da atitude intencional, "Prediz-se o comportamento... atribuindo ao sistema *a posse de certa informação* e supondo que ele seja *dirigido por certos objetivos* e que execute, assim, a ação mais razoável ou adequada com base nessas atribuições e suposições" (*ibid.*, p. 6). A partir daí, diz ele, basta um pequeno passo para descrever essa informação e esses objetivos como crenças e desejos. Mas não devemos perguntar se se trata realmente de crenças e desejos, porque "a definição dos sistemas intencionais, que forneci, não afirma que os sistemas intencionais realmente têm crenças e desejos, mas que seu comportamento pode ser explicado e previsto quando crenças e desejos lhes são atribuídos; e a decisão de adotar essa estratégia é pragmática e não está intrinsecamente certa ou errada" (*ibid.*, p. 7).

Bem, cada um é livre para adotar a estratégia que lhe parecer útil, mas a questão permanece: qual é o estatuto da atribuição de estados mentais a alguma coisa, quer a atribuição seja de informação e objetivos, quer de crenças e desejos? Supondo que julguemos útil essa estratégia, como devemos interpretar essa utilidade? Mesmo que não tenhamos definido os sistemas intencionais a fim de podermos afirmar que eles realmente têm crenças e desejos, ainda existirá uma diferença entre os sistemas intencionais que têm realmente crenças e desejos e os que não os têm, e, no caso daqueles que os têm, as atribuições devem ser interpretadas de maneira inteiramente diferente do que no caso oposto. No caso dos que de fato têm crenças e desejos, por exemplo, as crenças e os desejos desempenham papéis causais determinados por suas características intrínsecas específicas. Dennett considera que o caso do computador e o caso do ser humano são iguais: em relação a ambos julgamos útil adotar a atitude intencional, e depende de cada um adotar outra estratégia caso a julgue mais útil. Mas há uma diferença enorme entre o fato de eu atribuir a um computador que joga xadrez o "desejo" de rocar do lado forte e o fato de eu afirmar que tenho o desejo de beber uma cerveja bem gelada. No caso do computador, trata-se apenas de uma comparação útil para descrever como o sistema funciona. Não está em questão um fenômeno mental intrínseco. Mas, no meu caso, não atribuo a mim mesmo o desejo de uma cerveja porque isso é útil para predizer meu comportamento, mas porque quero uma cerveja. No meu caso, estou afirmando fatos que dizem respeito a um fenômeno mental intrínseco, e, diante do que realmente são os fatos, não importa nem um pouco se as pessoas acham útil ou não adotar a "atitude intencional" em relação a mim. Em suma, saber se um sistema tem de fato crenças e desejos é totalmente independente de acharmos útil, ou não, atribuir-lhe crenças e desejos relativos ao observador. Além disso, nosso entendimento das atribuições relativas ao observador é fruto subsidiário do uso que fazemos das mesmas expressões para especificar estados mentais intrínsecos. Entendemos o uso metafórico não literal de "crença" e "desejo" aplicado aos computadores porque compreendemos que essas atribuições se baseiam numa analogia com outros sistemas, como os seres humanos, que literalmente têm crenças e desejos intrínsecos[5].

---

5. Além disso, quando adoto a atitude intencional, supõe-se que ela seja intrínseca ou não? Tenho realmente uma atitude intencional ou se trata somente de adotar uma atitude intencional para com minha atitude intencional? No primeiro caso, resta-nos a intencionalidade intrínseca; no segundo, parece que incorremos numa regressão viciosa.

Creio que a seguinte analogia esclarecerá minha sensação de estranheza diante do projeto de Dennett e do funcionalismo em geral. Suponha-se que exista um grupo de filósofos perplexo com a existência das mãos e que haja uma longa tradição de preocupação com o estatuto ontológico da mão humana. E suponha-se que entre em voga uma opinião funcionalista sobre as mãos. De acordo com certa versão dessa opinião, não devemos sequer nos preocupar com a existência das mãos porque tudo se resume a adotar a "atitude manual" a respeito de certos sistemas que descreveremos como "sistemas manuais". Parafraseando Dennett: "a definição dos sistemas manuais não afirma que tais sistemas realmente têm mãos, mas que seu comportamento pode ser explicado e previsto quando a posse de mãos lhes é atribuída; e a decisão de adotar essa estratégia é pragmática e não está intrinsecamente certa ou errada". A meu ver, a postulação da atitude intencional para entender as crenças e os desejos é de certo modo tão inútil quanto a postulação da atitude manual seria para entender as mãos. Num caso como no outro, a questão de analisar as características intrínsecas dos estados mentais (ou das mãos) é substituída por uma questão diferente: em quais condições nos parece útil falar e agir *como se* determinado sistema tivesse estados mentais (ou mãos)? E fazer essa pergunta é mudar de assunto, ao tempo que fingimos pensar que estamos tratando das questões filosóficas originais.

Em suma, fiz três objeções à explicação de Dennett: primeiro, que o argumento para mostrar que a dor etc. realmente não existe é inválido; segundo, que a teoria cognitiva da consciência está sujeita a contraexemplos; e, terceiro, que a noção de atitude intencional esconde mas não se livra da distinção crucial entre atribuições mentais relativas ao observador e atribuições de fenômenos mentais intrínsecos.

A maior parte de minha discussão do funcionalismo tratou do funcionalismo organizacional, que me parece a mais rica e a mais interessante das versões que examinei. Ainda assim, gostaria de concluir esta parte do argumento mostrando como as mesmas preocupações se aplicam de maneira muito genérica a outros tipos de explicações funcionalistas. Considere-se a seguinte definição funcional de Grice, chamada por ele de "primeira tentativa" de definir a crença. "*X* tem a crença *p* somente naqueles casos em que *x*, querendo (desejando) o fim *F*, se disponha a agir de maneiras que realizem *F* dado que *p* seja verdadeiro, e não de maneiras que realizem *F* dado que *p* seja falso" (Grice, 1975, p. 24). Compare-se isso à definição análoga das mãos: "*X* tem mãos somente naqueles casos em que *x*, querendo (desejando) um objeto apanhável *Ogr*, se disponha a agir a fim de apanhar *Ogr*, e não a não apanhar *Ogr*."

Discordo de definições desse tipo não só porque sempre permitem conceber contraexemplos, mas também, em primeiro lugar, porque essas iniciativas são muito questionáveis. Shoemaker (em texto inédito) nos diz que, de acordo com sua versão, o funcionalismo é a concepção de que "os estados mentais podem ser definidos em função de suas relações, principalmente suas relações causais, com os *inputs* sensoriais, *outputs* comportamentais e outros estados mentais". Analogamente, uma concepção funcionalista das mãos diria que "as mãos podem ser definidas em função de suas relações, principalmente suas relações causais, com os *inputs* manuais, *outputs* comportamentais e outras características do corpo, entre as quais os estados mentais". Suponha-se agora que, depois de anos de engenhosos esforços filosóficos, o sonho funcionalista de fornecer definições satisfatórias tenha sido realizado, tanto no que se refere às mãos quanto aos estados mentais; suponha-se que dispuséssemos dessas definições e que ninguém conseguisse pensar num bom contraexemplo. O que teríamos conseguido? No caso de nossas definições das mãos, não muito, porque elas ainda deixariam de lado as propriedades intrínsecas das mãos – tudo o que elas nos dizem se refere ao papel funcional das mãos. Analogamente, nossas definições dos estados mentais não nos revelam quais são as propriedades intrínsecas dos estados mentais, mas apenas seu papel funcional. Porém, seria possível replicar que, de acordo com a tese do próprio funcionalismo, os estados mentais não têm nenhuma propriedade intrínseca, exceto seu papel funcional, de modo que a objeção não se aplica. Agora, no entanto, quero retomar o fio de nossa discussão anterior sobre a distinção entre intrínseco e relativo ao observador. Interrompemo-nos quando a questão era: as reconhecidas propriedades causais dos estados mentais são suficientes para definir suas propriedades mentais intrínsecas? A esta altura, deve estar claro que minha resposta é "não", pelas mesmas razões pelas quais as reconhecidas manifestações comportamentais não são suficientes para definir a dor e as reconhecidas características causais das mãos não são suficientes para definir as mãos. De fato, todos os argumentos que apresentei até aqui são diversas maneiras de tentar expor essa intuição básica. As características intrínsecas das crenças, dores e desejos, por exemplo, são exatamente isto: características intrínsecas. A estratégia do funcionalista, como a do behaviorista, é nos levar a adotar uma atitude de terceira pessoa relativa ao observador, segundo a qual concordamos que os estados mentais realmente têm relações causais, assim como concordamos com o behaviorista que esses estados têm manifestações comportamentais. Mas os argumentos que apresentei, como os da anestesia e da biologia, têm o propósito de nos lembrar que, mesmo que uma coisa tenha todas as relações causais corretas, isso não garante que ela tenha as propriedades mentais corretas.

4. Diagnóstico e conclusão

Creio que o funcionalismo, assim como o behaviorismo que o precedeu, pede não tanto uma refutação, mas um diagnóstico. Por que alguém sustentaria uma concepção tão implausível? Por que uma pessoa acreditaria, por exemplo, que suas próprias dores, cócegas e coceiras, bem como suas crenças, medos, esperanças e desejos, seriam constituídos pelo fato de ela (a pessoa) ser a instanciação de um fluxograma ou de um programa de computador? E, mais genericamente, por que essa fase da filosofia analítica parece exemplificar uma longa relutância em aceitar a existência dos fenômenos mentais tais como efetivamente nos aparecem?

Na verdade, creio que há várias razões, muitas mais do que posso discutir neste artigo; e algumas das que não serão discutidas devem ser mencionadas pelo menos de passagem. Certos argumentos, como os de Quine sobre a indeterminação, têm a finalidade de mostrar que, no que diz respeito aos estados intencionais, os únicos fatos que podem ser percebidos são certas disposições para comportar-se de determinada maneira. E há uma série de confusões a respeito das relações entre intencionalidade com *c* e intensionalidade com *s*. Muitos filósofos acreditam que os conteúdos proposicionais das crenças e desejos pertencem a uma classe de entidades misteriosas, chamadas intensões, e que o melhor é simplesmente não acreditar nessas entidades. Mas, a meu ver, não são esses os argumentos que realmente exerceram influência a longo prazo. Segundo meu diagnóstico, há três razões principais para o fascínio de concepções como o funcionalismo e para o preconceito duradouro contra o mental na filosofia analítica.

1. *Verificacionismo*. O positivismo e o verificacionismo estão oficialmente mortos, mas sobrevivem em certas tendências verificacionistas que se encontram em autores funcionalistas. Ao analisar as dores e as crenças, Putnam e Dennett não tentam descrever as propriedades intrínsecas desses fenômenos mentais; em vez disso, preocupam-se com questões como: "Quando podemos atribuir esses estados mentais a um sistema? Qual é o papel explicativo dessas atribuições? Em quais condições julgamos que temos ou não razão de fazer atribuições de intenção?" Porém, essas perguntas não são idênticas a "Quais são as propriedades intrínsecas dos estados mentais?" Note-se que, nos dois autores, a abordagem se dá quase inteiramente do ponto de vista da terceira pessoa, e, de fato, a confusão entre atribuições intrínsecas e atribuições relativas ao observador deriva sobretudo dessa abordagem. Enquanto pensarmos os estados mentais como algo a ser atribuído a partir do exterior, teremos a impressão de que o importante é a adoção de uma "atitude intencional" e a utilidade "pragmática" de tratar algo como um "sistema intencional". Ninguém que esteja concentrado em seus próprios estados mentais con-

sideraria muito útil à filosofia da mente preocupar-se com tais "atitudes". Pensemos em que realmente consiste uma dor de estômago ou um desejo apaixonado por uma cerveja bem gelada e perguntemo-nos se estamos falando sobre fenômenos mentais reais ou apenas adotando certa atitude. Em suma, a cura para o verificacionismo de Putnam e Dennett e outros, bem como para sua recorrente confusão entre a questão "O que é ter estados mentais?" e questões como "Qual é o papel funcional da atribuição de estados mentais?", consiste em insistir, pelo menos a certa altura da análise, no ponto de vista da primeira pessoa. Ele revela a confusão fundamental envolvida em supor que os estados mentais podem ser totalmente elucidados pelo exame do funcionamento das atribuições do mental feitas por uma terceira pessoa.

2. *Ciência cognitiva*. A segunda razão se refere particularmente ao funcionalismo, mas a considero importante. Muitos filósofos têm a convicção de que tiram proveito dos resultados de algo chamado "ciência cognitiva" e de que o computador, de algum modo, nos forneceu esclarecimentos notáveis e inéditos acerca dos processos da mente. Na superfície, isso se manifesta no abuso de um jargão técnico mais ou menos assustador. Fala-se muito sobre máquinas de Turing, autômatos de estados finitos, computadores analógicos e digitais, linguagem de máquina, fluxograma, transdutores etc. Veicula-se assim a ilusão de que os problemas filosóficos sobre o mental foram convertidos em questões técnicas da teoria dos autômatos, passíveis de solução pelo esforço cooperativo de filósofos e cientistas cognitivos, entre os quais os psicólogos e os cientistas da informática. Por trás dessa apa-

rência reside uma grave falácia. Do fato de o cérebro ser, em algum nível de descrição, um computador digital (ou, se quisermos, um conjunto de computadores digitais), somado ao fato de os programas do cérebro poderem ser instanciados por outro tipo de computador suficientemente rico e complexo para executar o programa, extrai-se a inferência falaciosa de que tudo o que o cérebro faz na produção de fenômenos mentais é o que esses outros tipos de computadores fariam se instanciassem o programa. E essa inferência falaciosa conduz naturalmente à tese do funcionalismo da máquina de Turing. Estar num certo estado mental é precisamente instanciar certo tipo de programa de computador. Em outras palavras, a falácia está em passar da premissa verdadeira, segundo a qual o cérebro é um computador no sentido de que instancia programas computacionais, à conclusão falsa de que tudo o que ele faz de pertinente para a produção do mental é instanciar programas de computador, que a única característica psicologicamente pertinente dos estados cerebrais é que eles são estados lógicos de um computador. A premissa dificilmente poderia ser falsa: como *tudo* pode ser descrito em algum nível como um computador digital, os cérebros também o podem. Mas a conclusão é obviamente falsa, como provam os argumentos da anestesia e da biologia. É falsa não só porque nenhum programa garante por si só os poderes causais específicos da bioquímica do cérebro, mas também porque acontece de um sistema, como um agente humano, instanciar o programa e ainda assim não experimentar os respectivos estados mentais.

3. *Medo do cartesianismo*. Creio que a fonte mais profunda do preconceito contra o mental é o medo de que a

aceitação da existência das entidades mentais tais como efetivamente nos aparecem nos comprometeria necessariamente com os piores excessos do cartesianismo; de que estaríamos postulando uma classe de entidades misteriosas e ocultas, habitando um domínio metafísico além do alcance da investigação científica; de que só nos restaria o *self* ou a alma, inacessível e incorrigível pela ciência, e tudo o mais. Ou talvez, pior que tudo, só nos restaria o "problema mente-corpo".

É realmente um fato curioso da história do behaviorismo e do funcionalismo que nenhum dos dois tenha sido fruto de uma motivação *independente*. Ninguém examinou as próprias dores e descobriu que elas são padrões de comportamento ou estados da máquina de Turing; ao contrário, essas teorias foram propostas como soluções para outros problemas da filosofia, a exemplo do problema das outras mentes e, especialmente, o "problema mente-corpo". Mas suponha-se que, assim como não existe um "problema digestão-estômago, assim também o 'problema mente-corpo' simplesmente não existe". Suponha-se, como acredito, que pensar e perceber sejam fenômenos tão naturais e biológicos quanto a digestão ou a circulação do sangue. Suponha-se que os fenômenos mentais sejam ao mesmo tempo causados pela estrutura do cérebro e aí realizados. Se assim for, poderemos abandonar não só o dualismo, mas também o "monismo" e o "fisicalismo", pois o jargão antidualista tem pertinência apenas quando aceitamos as categorias dualistas (categorias como a dos tipos de substâncias e a das relações entre tipos de substâncias). No que diz respeito à digestão, ninguém acha que precisa escolher entre monismo e dualismo, ou entre epifenomenalismo, interacionismo e por aí afora, muito menos postular a existência de um eu metafísico ou um ego transcendental que digere. Por que tratar a cognição de modo menos naturalista? O modo mais eficaz de responder ao behaviorismo e ao funcionalismo não é contrapondo-lhes "objeções", como fiz neste ensaio, mas eliminando o quadro filosófico que em primeiro lugar os motivou.

Referências bibliográficas

Dennett, Daniel C. *Brainstorms, Philosophical Essays on Mind and Psychology.* Montgomery, Vt., 1978.
——. Reply to Professor Stich. *Philosophical Books* 21, n. 2, 1980, pp. 73-6.
Grice, H. P. Method in Philosophical Psychology. *Proceedings and Addresses of the American Philosophical Association.* vol. 48. Newark, Del., 1974-1975.
Putnam, H. *Mind, Language, and Reality: Philosophical Papers.* vol. 2, Cambridge, 1975.
Rosenthal, David M. (orgs.). *Materialism and the Mind-Body Problem.* Englewood Cliffs, N. J., 1971.
Cornman, James W. The Identity of Mind and Body, pp. 73-9; Shaffer, Jerome, Mental Events and the Brain, pp. 67-72; Smart, J. J. C., Sensations and Brain Processes, pp. 53-6.
Searle, John R. The Intentionality of Intention and Action. *Inquiry*, 22, 1979, pp. 253-80.
Shoemaker, Sydney. The Missing Absent Qualia Argument, inédito.

13. INDETERMINAÇÃO, EMPIRISMO E PRIMEIRA PESSOA[1]

O objetivo deste ensaio é avaliar a importância da tese da indeterminação de W.V. Quine. Se Quine estiver correto, a tese terá extensas consequências para a filosofia da linguagem e da mente; se estiver errado, teremos de ser capazes de dizer exatamente como e por quê.

I

Comecemos expondo os pressupostos behavioristas que são o ponto de partida de Quine. A fim de desenvolver uma teoria empírica do significado, ele restringe sua análise às correlações entre estímulos externos e disposições para o comportamento verbal. Traçando esses

---

1. Publicado nesta edição com a permissão de *Journal of Philosophy*, vol. LXXXIV, n. 3 (março de 1987): 123-47.

Sou grato a um grande número de pessoas pelos comentários e críticas a versões anteriores deste artigo. Gostaria de agradecer especialmente a Noam Chomsky, Dagfinn Føllesdal, Ernest Lepore, Brian McLaughlin, George Myro, Dagmar Searle e Bruce Vermazen.

limites, ele não tem a pretensão de apreender todas as intuições que temos sobre a noção pré-teórica, mas sim unicamente a "realidade objetiva"[2] que resta quando despojamos o "significado" pré-teórico de todas as confusões e incoerências. Sua *"ersatz* behaviorista" tem o objetivo de nos dar uma explicação científica e empírica da realidade objetiva do significado. Segundo essa concepção, a realidade objetiva se reduz à disposição para produzir enunciações em resposta a estímulos externos. Os estímulos são definidos inteiramente em função de padrões de estimulação dos terminais nervosos, e as respostas, inteiramente em função de sons e padrões de sons que o falante está disposto a emitir. Mas não se deve pensar que entre o estímulo e a resposta verbal existam entidades mentais. Não se deve pensar que existam a consciência, a intencionalidade, pensamentos ou "significados" internos que associem os estímulos aos produtos sonoros. Existem somente o padrão de estímulo e o padrão adquirido de resposta. Existem ainda, é claro, mecanismos neurofisiológicos que fazem a mediação entre o *input* e o *output*, mas os pormenores de sua estrutura não importam para uma teoria do significado, uma vez que qualquer mecanismo que associasse sistematicamente estímulo e resposta daria conta da tarefa. Um computador ou uma máquina qualquer que fossem capazes de emitir os sons corretos em resposta aos estímulos corretos teriam "dominado" uma língua tão bem quanto um falante, porque é só isso o que importa para o domínio da língua. Quine, suponho, não nega a existência de estados e processos mentais internos; apenas

---

2. *Word and Object*. Cambridge, MA: MIT Press; Nova York: Wiley, 1960, p. 39.

os considera inúteis e insignificantes para desenvolver uma teoria empírica da linguagem.

Essa concepção é uma exacerbação do behaviorismo linguístico. Foi muitas vezes criticada e, na minha opinião, muitas vezes refutada, entre outros, por Noam Chomsky em sua resenha de B. F. Skinner[3]. De certo ponto de vista, meu argumento do quarto chinês também pode ser interpretado como uma refutação[4]. Para refutar essa versão do behaviorismo linguístico radical (chamemo-lo, para abreviar, de "behaviorismo"), podemos também reduzir ao absurdo suas premissas básicas; aliás, parece-me que o próprio Quine nos apresentou uma dessas famosas reduções (*op. cit.*, cap. 2). Se o behaviorismo fosse verdadeiro, certas distinções independentemente conhecidas como válidas se perderiam. Todos sabemos, por exemplo, que, quando um falante enuncia uma expressão, há uma distinção entre ele significar coelho (*rabbit*), estágios de um coelho (*rabbit stage*) ou parte não destacada de um coelho (*undetached rabbit part*). Mas, se aplicássemos deveras as pressuposições do behaviorismo para interpretar a linguagem de uma tribo desconhecida, descobriríamos que seria impossível postular essas distinções como simples fatos objetivos sobre a linguagem

---

3. "Review of B. F. Skinner´s *Verbal Behavior*", in Jerry Fodor and Jerrold Katz (orgs.). *The Structure of Language*, Englewood Cliffs, Nova Jérsei: Prentice-Hall, 1964, pp. 547-78.

4. No argumento do quarto chinês, o homem no quarto, que não conhece a língua chinesa, segue um programa de computador que torna seu comportamento verbal indistinguível daquele de uma pessoa que fala chinês. Atende ao critério behaviorista para o entendimento de uma língua sem chegar a entendê-la de fato. Assim, a refutação da IA forte é *a fortiori* uma refutação do behaviorismo. [Ver meu Minds, Brains, and Programs. *Behavioral and Brain Sciences*, III (1980): 417-57; e *Minds, Brains, and Science*. Cambridge, MA: Harvard University Press, 1984.]

usada pelos nativos. Suponha-se, por exemplo, que eles gritassem "Gavagai!" toda vez que um coelho corresse por perto, e que tentássemos traduzir isso para a nossa língua como "Olhe um coelho!" ou só "Coelho!". O estímulo – que, lembre-se, é definido inteiramente em função de estimulações dos terminais nervosos – seria igualmente adequado para traduzir "Gavagai!" como "Olhe um estágio na história da vida de um coelho!" ou "Olhe uma parte não destacada de um coelho!". O mesmo padrão de estimulação das células fotorreceptoras admite as três traduções. Assim, se só importassem para o significado os padrões de estímulo e resposta, seria impossível discriminar significados que na verdade são discrimináveis. Eis a redução ao absurdo.

Para validar esse argumento, é crucial perceber que, ainda que coletássemos outros padrões de estímulo e resposta daquela tribo, não conseguiríamos fazer as discriminações necessárias. Suponha-se que aprendêssemos a expressão "é o mesmo que" na língua da tribo e a usássemos para tentar distinguir se eles quiseram dizer coelho, estágio de coelho ou parte não destacada de coelho. Poderíamos fazer que o coelho passasse de novo, e, se eles dissessem "mesmo gavagai", teríamos pelo menos bons indícios de que "gavagai" não quer dizer "estágio de coelho", por exemplo. Mas isso não nos ajudaria em nada, porque exatamente as mesmas dúvidas que pairavam sobre "gavagai" pairariam agora sobre a expressão "é o mesmo que". No que diz respeito à adequação entre estímulo e resposta, poderíamos igualmente traduzi-la como "faz parte de" ou "pertence a". Somos forçados a concluir o seguinte: pressuposto o behaviorismo linguístico, haverá inúmeras traduções diferentes e incompatíveis, podendo todas elas ser postuladas compatíveis com todos os dados reais e possíveis respeitantes à totalidade das disposições de fala dos falantes nativos. Os dados comportamentais não nos permitem escolher entre uma tradução e outra, ainda que as duas sejam incompatíveis[5].

Na concepção de Quine, a unidade de análise para o teste empírico de traduções não são palavras ou expressões individuais, mas frases inteiras. Os únicos controles empíricos diretos que podem ser aplicados a quaisquer traduções referem-se àquelas frases diretamente associadas a determinadas condições de estímulo, as "frases observacionais". Então, "Gavagai!", "Coelho!", "Estágio de coelho!" e "Parte não destacada de coelho!" têm todas o mesmo significado determinado de estímulo; têm "sinonímia de estímulo", uma vez que as mesmas condições de estímulo incitariam o assentimento ou a discordância em relação a elas. A indeterminação surge quando tentamos formar "hipóteses analíticas" que afirmam os significados de palavras particulares ou outros elementos da frase. A indeterminação que se liga aos elementos das frases observacionais é pelo menos restringida pelas condições de estímulo que incitam assentimento ou discordância. Contudo, o significado de estímulo determinado que se liga às frases observacionais deveria no mínimo parecer-nos enigmático, pois frases com o mesmo significado de estímulo não possuem, em

---

5. Em que sentido duas traduções podem ser incompatíveis? Não podemos simplesmente dizer que têm *significados* diferentes, pois isso pareceria implicar a existência de significados determinados. Em vez disso, devemos dizer que são incompatíveis no sentido de que um sistema de tradução aceitará traduções que o outro rejeitaria. [Quine. Reply to Harman. *Synthese*, XIX, 1/2 (dez. 1968), 267-9; ver também *Word and Object*, pp. 73-4.]

nenhum sentido comum de "significado", o mesmo significado *tout court*. De acordo com qualquer padrão razoável de realidade objetiva, é questão objetiva que "Olhe um coelho" e "Olhe uma parte não destacada de coelho" não significam a mesma coisa. A importância deste ponto para a teoria geral será tratada mais adiante.

Ora, por que o argumento de Quine é uma redução ao absurdo do behaviorismo linguístico radical? Há duas posições incompatíveis:

(1) A tese do behaviorismo: a realidade objetiva do significado consiste inteiramente em correlações entre estímulos externos e disposições para o comportamento verbal[6].

(2) Num caso determinado de comportamento verbal, aquilo que um falante nativo quis dizer com o uso de determinada expressão, por exemplo, se quis dizer coelho, estágio de coelho ou parte não destacada de coelho, pode ser um fato objetivo.

Se esquemas alternativos e incompatíveis de tradução podem ser compatibilizados com os mesmos padrões de estímulo e resposta, então não se pode afirmar objetivamente qual esquema é o correto, porque, de acordo com (1), não existe mais nada a respeito do que estar certo. Mas isso é incompatível com (2). Assim, se aceitamos (2), (1) é falso.

Entre (1) e (2), a meu ver, está claro de qual devemos abrir mão. Quine simplesmente refutou o behaviorismo linguístico radical. Mas por que estou tão confiante quan-

---

6. Quine fala ora de comportamento *simpliciter*, ora de *disposições* para o comportamento. A meu ver, a segunda noção é sua preferida.

to a isso? Por que não abrir mão de (2)? A resposta é óbvia: se o behaviorismo fosse correto, teria de ser correto para nós, falantes do inglês, bem como para os falantes do gavagalês. E sabemos, por experiência própria, que "coelho" significa algo bem diferente de "estágio de coelho" e "parte não destacada de coelho". Se meu vizinho falante de inglês, depois de ler Quine, achar que já não consegue saber se com a palavra "coelho" eu quero dizer coelho, parte não destacada de coelho ou estágio de coelho, então azar o dele. Quando recentemente vi um coelho, como de fato vi, e o chamei de coelho, foi coelho mesmo que eu quis dizer. Em todas as discussões sobre a filosofia da linguagem e sobre a filosofia da mente, é absolutamente essencial nos lembrarmos em algum momento da primeira pessoa. Ninguém, por exemplo, pode nos convencer, por mais engenhoso que seja o argumento, de que a dor não existe se de fato sentimos dor; e considerações semelhantes se aplicam ao exemplo de Quine. Se alguém apresentar a teoria de que não há nenhuma diferença entre eu querer dizer coelho e eu querer dizer parte de coelho, isso já basta para eu saber que sua teoria está equivocada e que o único interesse que ela pode suscitar em mim é me levar a descobrir onde reside o engano. Enfatizo esse ponto porque nessas discussões não raro se considera contrário às regras evocar a primeira pessoa.

Num ambiente filosófico diferente deste em que vivemos, a discussão bem poderia terminar por aqui. Quine empregou a redução ao absurdo para testar e refutar o behaviorismo linguístico. Mas, curiosamente, ele não o considera refutado. Pretende sustentar o behaviorismo, bem como a conclusão de que simplesmente não existe uma resposta correta quando se trata de hipóteses analíticas sobre o significado; sustenta ainda uma versão reformulada de (2), a tese de que é realmente possível traçar distinções válidas entre diversas traduções. Alguns autores, como Donald Davidson[7] e John Wallace[8], que rejeitam o behaviorismo, aceitam, todavia, uma versão da tese da indeterminação. Davidson, na verdade, considera e rejeita meu apelo ao caso da primeira pessoa. Por que a tese da indeterminação da tradução continua a ser aceita? E quais questões maiores são suscitadas por essa controvérsia? Volto-me agora para essas questões.

II

Precisamos considerar três teses:

(A) A indeterminação da tradução
(B) A inescrutabilidade da referência
(C) A relatividade da ontologia

Nesta seção, explicarei em primeiro lugar as relações entre (A) e (B) e então tentarei dizer algo mais sobre o caráter da tese defendida por Quine. Na seção seguinte, tentarei mostrar que é melhor interpretar (C) como uma manobra malograda para proteger a teoria das consequências aparentemente absurdas de (A) e (B).

---

7. The Inscrutability of Reference. *Southwestern Journal of Philosophy*, X (1979), pp. 7-19; publicado novamente em *Inquiries into Truth and Interpretation* (Nova York: Oxford, 1984), pp. 227-41; as páginas citadas referem-se a esta versão.

8. Only in the Context of a Sentence Do Words Have Any Meaning, *Midwest Studies in Philosophy, II: Studies in the Philosophy of Language* (1977).

Segundo a tese da indeterminação da tradução, no que diz respeito a questões de tradução e, portanto, de significado, não há compreensão certa ou errada, não porque exista um abismo epistêmico entre os dados empíricos e a conclusão, mas porque não há fato objetivo a respeito do qual se possa fazer uma afirmação certa ou errada.

De (A), assim formulada, decorre imediatamente (B). Se não há fato objetivo que determine se um falante *quis dizer* coelho ou estágio de coelho, por exemplo, então também não existe fato objetivo que determine se ele *se refere* ou não a um coelho ou a um estágio de coelho. Na terminologia fregiana, a indeterminação do sentido implica a inescrutabilidade da referência.

Ora, se interpretássemos (A) somente como a afirmação de que não há fatos psicológicos objetivos que digam respeito ao significado, mas unicamente fatos que dizem respeito às correlações entre estímulo e resposta, seria de espantar que não inferíssemos essa conclusão imediatamente do behaviorismo linguístico radical. Seria de espantar que houvesse tanta controvérsia em torno de "gavagai" e assim por diante. Mas a tese (A) é mais forte que a simples tese do behaviorismo, isto é, mais forte que a afirmação de que o único significado que existe se reduz às correlações entre e estímulo e resposta. A tese (A) diz, ademais, que há um número indefinido de maneiras igualmente válidas, mas incompatíveis entre si, de correlacionar os estímulos e as respostas verbais no vocabulário de uma língua estrangeira aos da nossa língua. Já era pressuposta, no início da discussão, a tese de que os únicos significados objetivamente reais são as disposições para o comportamento verbal. Desde o princípio, Quine se recusou a fazer apelo a qualquer noção psicológica de significado. Isso nunca esteve em questão. O que estava em questão era a possibilidade de, *dado o behaviorismo*, fazer traduções corretas, com motivação empírica, de uma língua para outra. A questão era saber se restaria ou não uma noção empírica de identidade de significado uma vez adotado o behaviorismo linguístico radical.

Compreenderemos a importância dessa consideração quando virmos por que as diversas críticas feitas contra Quine erram o alvo. Chomsky, por exemplo, afirma reiteradamente que a tese da indeterminação de Quine não passa da conhecida subdeterminação das hipóteses formuladas a partir de dados empíricos[9]. Pelo fato de toda hipótese empírica fazer uma afirmação que vai além dos dados, sempre haverá hipóteses incompatíveis entre si que serão compatíveis com algum dado real ou possível. Mas a subdeterminação, assim interpretada, não implica que não haja um "fato objetivo". Ora, a resposta de Quine à objeção de Chomsky parece, à primeira vista, enigmática. Ele admite que a indeterminação é uma subdeterminação, mas afirma que é uma subdeterminação "de segundo grau" e que, portanto, não se refere a nenhum fato objetivo. Afirma que, mesmo que tenhamos provado todos os fatos da física, a semântica ainda será indeterminada. Diz ele:

> Então, quando digo que não há fato objetivo no que diz respeito, digamos, a dois diferentes manuais de tradução, o que quero dizer é que ambos os manuais são compatíveis com as mesmas distribuições de estados e relações de partículas elementares. Numa palavra, os dois são fisicamente equivalentes.[10]

---

9. Cf., por exemplo, seu Quine's empirical assumptions. *Synthese*, XIX, 1/2 (dez. 1968), 53-68.
10. *Theories and Things* (Cambridge, MA: Harvard, 1981), p. 23.

Mas essa resposta parece insatisfatória a Chomsky e antigamente eu também a considerava equivocada, porque a subdeterminação de segundo grau continua a ser uma simples subdeterminação e nada mais. Não seria suficiente para demonstrar que não existe fato objetivo. A objeção que Chomsky faz a Quine (e que eu costumava fazer) é esta: para toda propriedade "emergente" ou "superveniente" de nível superior, sempre haverá (pelo menos) dois graus de subdeterminação. Existirá um grau da subdeterminação da teoria física subjacente, mas também uma teoria num grau superior no grau da psicologia, por exemplo; e as informações no grau da microfísica não são, por si sós, suficientes para determinar o grau psicológico. Como afirmou Chomsky certa vez, se estabelecermos a física, a psicologia permanecerá aberta; mas, em contrapartida, se estabelecermos a psicologia, a física também permanecerá aberta. Por exemplo: a teoria de todas as disposições das partículas físicas que compõem meu corpo, por si só, deixaria em aberto a questão de eu sentir dor ou não. A tese de que sinto dor é subdeterminada em segundo grau. Ora, por que se supõe que o caso do significado seria diferente? Evidentemente, há dois graus de subdeterminação, mas em ambos existem fatos objetivos – fatos da psicologia num caso e da física no outro. Agora creio que essa resposta desentende por completo o argumento de Quine, porque não leva em conta o fato de que ele supõe desde o princípio que não há um grau da realidade em que o significado tenha existência psicologicamente real; tudo o que existe são meras disposições físicas para reagir aos estímulos verbais. Quine, repito, supõe desde o princípio a não existência de significados (objetivamente reais) em sentido psicológico. Se partimos do pressuposto de que eles são possíveis, o argumento de Quine cai por terra desde o princípio. Nesse caso, então, parece que o que está em questão não é uma teoria da indeterminação, mas sim uma espécie behaviorismo linguístico radical.

Muitos filósofos julgam que as ideias de Quine bastam para refutar todo tipo de teoria do significado que pressuponha a mente ou as intenções. Mas o que nosso exame das objeções de Chomsky dá a entender é que essa interpretação da natureza da controvérsia é completamente equivocada. É somente *supondo* a não existência de significados intencionais que o argumento em favor da indeterminação procede. Tão logo abandonemos essa suposição, isto é, tão logo deixemos de cometer uma petição de princípio contra o mentalismo, parece-me que a objeção de Chomsky torna-se inteiramente válida. Quando estão em jogo significados psicológicos, existe a conhecida subdeterminação da hipótese formulada a partir de dados empíricos, que se soma à subdeterminação no nível das partículas físicas ou do comportamento físico bruto. E daí? Essas questões são conhecidas em qualquer teoria psicológica. Não há, aí, nada que diga respeito especialmente à noção de significado, e nada que mostre que os significados não se concretizam em fatos objetivos.

Para nos aprofundarmos nesses pontos, devemos examinar agora a tese da relatividade da ontologia.

III

Quine reconhece que as provas da indeterminação da tradução e da inescrutabilidade da referência parecem conduzir a consequências absurdas. Diz ele:

A impressão é de que nos colocamos na absurda posição de achar que não há diferença, em termos interlinguísticos ou intralinguísticos, objetivos ou subjetivos, entre fazer referência a um coelho e fazer referência a uma parte ou estágio de coelho; ou entre fazer referência a uma fórmula e fazer referência a seus números de Gödel. Isso, com certeza, é absurdo, pois implica que não há diferença entre o coelho e suas partes ou estágios ou entre uma fórmula e seu número de Gödel. Assim, a referência teria perdido o sentido não só na tradução radical, mas também em seu próprio ambiente.[11]

A tese da indeterminação parece conduzir à consequência absurda de que a indeterminação e a inescrutabilidade se aplicam ao caso da primeira pessoa, ou seja, a si mesmo: "Se faz sentido dizer que eu mesmo estou me referindo a um coelho ou a uma fórmula, e não a um estágio de coelho ou a um número de Gödel, então necessariamente faz sentido dizer isso de outra pessoa" (*ibid.*, p. 47).

Quine reconhece algo que muitos críticos não perceberam e que é o verdadeiro absurdo do argumento da indeterminação quando suas consequências lógicas são levadas ao limite: seguido passo a passo até a conclusão, o argumento não diz respeito essencialmente à tradução de uma língua para outra ou mesmo à compreensão de uma pessoa que fala a mesma língua. Se o argumento é válido, ele significa necessariamente que não há nenhuma diferença *para mim* entre *querer dizer* coelho ou estágio de coelho, e disso se conclui ainda que não há nenhuma diferença para mim entre *fazer referência a* um

---

11. *Ontological Relativity and Other Essays* (Nova York: Columbia, 1969), pp. 47-8.

coelho e fazer referência a um estágio de coelho; e, portanto, para mim não há diferença nenhuma entre o fato de algo *ser* um coelho ou *ser* um estágio de coelho. E tudo isso é consequência da suposição behaviorista de que o único significado que existe é o significado behaviorista. Tão logo admitamos que (em se tratando do "significado de estímulo" do behaviorista) "Olhe um coelho" e "Olhe um estágio de coelho" são "sinônimos quanto ao estímulo", todo o resto vem a reboque, porque, com base na hipótese behaviorista, não há nenhum outro tipo de significado ou sinonímia objetivamente real. Concordo com Quine que essas consequências são nitidamente absurdas, mas, se ainda paira alguma dúvida sobre seu caráter absurdo, recordemos que todo o argumento sobre "gavagai" só foi compreendido por mim (ou por você) porque, com base em nós mesmos, conhecemos a diferença entre querer dizer coelho, estágio de coelho, parte de coelho etc.

Na última seção, afirmei que a tese da indeterminação é a tese de que, dado o behaviorismo, não podem existir traduções empiricamente bem motivadas das palavras de uma língua para as de outra. Mas, se essa tese é correta, então nem sequer podem existir traduções "corretas" de uma língua para ela mesma. Observando meu idioleto, não consigo saber se com "coelho" quero dizer estágio de coelho, parte de coelho ou sei lá o quê. Quine não precisava postular os falantes de Gavagai. Poderia simplesmente ter observado, em seu próprio caso, que não havia diferença "empírica" entre seu querer dizer uma coisa ou outra e, portanto, que não havia nenhuma diferença real. Esse resultado, como ele corretamente admite, é absurdo. *Se a tese da indeterminação fosse realmente verdadeira, não seríamos capazes nem sequer de entender sua formulação, pois, quando nos disseram que não havia "fato objetivo" a respeito da correção da tradução entre coelho e estágio de coelho, não teríamos sido capazes de ouvir, para começar, nenhuma diferença (objetivamente real) entre as duas expressões em nossa língua.*

Eis o quadro de Quine: sou uma máquina capaz de receber "impactos nos nervos" e de emitir sons. Estou disposto a emitir certos sons em resposta a certos impactos nos nervos; objetivamente falando, não há mais nada em relação ao significado. Ora, o significado de estímulo de "Há um estágio de coelho" é o mesmo que "Há um coelho", uma vez que os sons são causados pelo mesmo impacto nos nervos. O problema não reside apenas no fato de que Quine deseja acrescentar sua noção técnica de "significado de estímulo" à nossa noção comum de significado. Não: para ele, no que se refere à realidade objetiva, não há outro significado além do significado de estímulo. E é sua noção de significado de estímulo que gera o absurdo.

A solução desse "dilema", de acordo com Quine, depende de se perceber a *relatividade* da referência e da ontologia. "A referência *não faz* sentido, exceto em relação a um sistema de coordenadas" (*ibid.*, 47), e o sistema de coordenadas é dado por uma língua de *background*. Para mim, a questão de saber se com a palavra "coelho" me refiro a um coelho é respondida tacitamente ao admitir minha língua como *background*, ao "assentir em nossa língua materna e aceitar suas palavras tais como se nos apresentam" (p. 49). Assim como na física só se pode falar da posição e da velocidade de um objeto em relação a um sistema de coordenadas, analogamente só se pode falar da referência de uma expressão em relação a uma língua de *background*. Aliás, quando se trata da tradução de uma língua para outra, a referência é duplamente relativa: em primeiro lugar, relativa à seleção de uma língua de *background* para a qual traduzir a língua-fonte; e, em segundo lugar, relativa à seleção arbitrária de um manual de tradução para traduzir as palavras da língua--fonte para o *background*.

Ora, essa resposta elimina o evidente absurdo? Não vejo como. Ao contrário, argumento que ela apenas reitera o problema sem resolvê-lo.

Creio que, com a tese da relatividade, alcançamos o ponto crucial do argumento da indeterminação. Para tratar desse ponto, podemos esquecer tudo sobre "gavagai" e a tradução radical: eram meras ilustrações pitorescas das consequências do behaviorismo. A tese crucial pode ser assim exemplificada:

> Não há diferença empírica entre a afirmação de que eu quis dizer coelho quando disse "coelho" e a afirmação de que eu quis dizer, por exemplo, estágio de coelho.

Essa é a consequência da tese original de *Word and Object*, e agora se admite que é absurda. Assim, para fugir do absurdo, substituímo-la por uma tese relativística:

> Em relação a um esquema de tradução arbitrariamente selecionado, podemos deveras afirmar que eu quis dizer coelho; em relação a outro esquema, igualmente arbitrário, podemos igualmente afirmar que eu quis dizer, por exemplo, estágio de coelho, *e não existe nenhuma diferença empírica entre os dois esquemas*.

A tese revista, porém, é tão absurda quanto a primeira, e de fato manifesta o mesmo absurdo. E isso não deveria nos surpreender, porque o absurdo original surgiu num discurso que já estava relativizado – surgiu em relação ao meu idioleto. O absurdo é que, se suponho que meu idioleto é um conjunto fixo de disposições para o comportamento verbal, então toda tradução de uma palavra para ela mesma ou para outra de meu idioleto é absolutamente arbitrária e não tem conteúdo empírico. Não tenho como dizer a mim mesmo que pela palavra "coelho" eu queira dizer coelho, estágio de coelho, parte de coelho etc. Isso se aplica até mesmo ao mero desaspeamento*: não há como comprovar nem mesmo a afirmação de que com "coelho" quero dizer coelho. Ora, dizer que podemos fixar o significado e a referência escolhendo arbitrariamente um manual de tradução não resolve essa dificuldade. O problema é justamente a arbitrariedade da seleção do manual de tradução, já que ela reflete a arbitrariedade da seleção entre o âmbito original de hipóteses analíticas alternativas. A tese da relatividade de Quine não afasta o absurdo; ao contrário, reafirma-o.

Quando Quine nos aconselha a aceitar a nossa língua materna e considerar as palavras tais como nos aparecem, temos de nos lembrar de que, segundo sua explicação, nossa língua materna consiste inteiramente num conjunto de disposições para o comportamento verbal em resposta a estímulos sensoriais e, nesse sentido, o va-

---

* No original: disquotation. Quando colocamos uma palavra entre aspas (em inglês, *quotation marks*), é porque estamos nos referindo à palavra, e não à própria coisa. Por exemplo, posso falar da mesa (coisa) ou da (palavra) "mesa". Tirar as aspas, ao contrário, nos faz referir à coisa, e não à palavra. "Desaspeamento" é um neologismo para traduzir esse processo de tirar as aspas. Há quem prefira traduzir por "descitacional", já que usamos aspas para fazer uma citação (em inglês: *quotation*). (N. do T.)

lor aparente empírico de "coelho" e o de "estágio de coelho" são indistinguíveis. Não podemos ter as duas coisas ao mesmo tempo. Não podemos, de um lado, insistir num behaviorismo rigoroso que pressupõe não existir fato objetivo e depois, em apuros, recorrer a uma noção ingênua de língua materna em que as palavras têm um valor aparente além de seu conteúdo empírico comportamental. A se levar o behaviorismo a sério, a língua materna é a mãe da indeterminação e o valor aparente é falso se dá a entender que há diferenças empíricas quando na verdade não existe nenhuma diferença.

Mas e quanto à analogia com a física? Ela nos salvará do absurdo? Uma das características peculiares de toda essa discussão é a rapidez com que se tiram conclusões surpreendentes a partir de umas poucas observações apenas esboçadas e exemplos mal descritos. Para entender um pouco melhor o que se passa, procuremos expor essa questão específica com mais cuidado. Em primeiro lugar, quero desenvolver mais algumas intuições do senso comum, pré-quinianas, que me levam, e em certa medida levam o próprio Quine, a pensar que as teses da indeterminação e da inescrutabilidade acarretam ou correm o risco de acarretar resultados absurdos. A fim de tornar o assunto intuitivamente mais acessível, consideremos a tradução de uma língua para outra, embora seja importante lembrar que as dificuldades que encontraremos na tradução de uma língua para outra também encontraremos no contexto de uma mesma língua. Suponha-se que, enquanto dirijo em companhia de dois amigos franceses, Henri e Pierre, um coelho de repente cruze o caminho do carro e eu declare "Olhe um coelho". Suponha-se, além disso, que Henri e Pierre não saibam o significado de "coelho", de modo que cada um tente traduzi-lo de um modo coerente com minhas disposições para o comportamento verbal. Henri, digamos, conclui que "coelho" significa *stade de lapin*. Pierre, com base nos mesmos indícios, decide que "coelho" significa *parti non-detachée d'un lapin*. Ora, de acordo com nossas intuições pré-quinianas, o problema, tanto para Henri como para Pierre, é muito simples: ambos estão errados. É fato óbvio a meu respeito que, quando digo "coelho", não quero dizer *stade de lapin* ou *partie non-detachée d´un lapin*. São apenas más traduções. É claro que, quando digo isso, estou fazendo certas pressuposições sobre os significados dessas expressões em francês e, portanto, sobre os significados que Henri e Pierre atribuem a elas. E essas pressuposições, como todas as outras pressuposições empíricas, estão sujeitas à subdeterminação comum das hipóteses formuladas a partir de dados empíricos. Supondo que eu tenha compreendido corretamente as pressuposições, Henri e Pierre estão simplesmente errados. Mas, mesmo supondo que eu tenha compreendido erroneamente minhas pressuposições, e se elas padecem de algum erro específico, então Henri e Pierre estão simplesmente certos. Isto é, se, por exemplo, Henri quer dizer com *stade de lapin* o mesmo que quero dizer com *lapin*, então ele me compreende perfeitamente; apenas tem uma maneira excêntrica de expressar essa compreensão. É importante notar que, nos dois casos, tenham eles compreendido corretamente meu significado original ou tenha eu compreendido corretamente o fato de que eles estão errados, existe um fato objetivo que nos permite dizer se tal ou qual coisa está certa ou errada[12].

---

12. Um dos aspectos mais desconcertantes de toda a bibliografia sobre esse tema são as observações que as pessoas fazem sobre a capa-

Essas são algumas das intuições de senso comum que precisamos respeitar. A analogia com a relatividade do movimento nos tira desse dilema? Vamos levar essa ideia a sério e submetê-la à prova. Suponha-se que no carro, durante nossa conversa sobre coelhos, Henri expresse a opinião de que estamos indo a 100 km/h, enquanto Pierre, de outro lado, insista em que estamos indo somente a 8 km/h. Mais tarde, descobrimos que Pierre observava um grande caminhão que ultrapassávamos e estimava nossa velocidade em relação a ele, enquanto Henri falava de nossa velocidade em relação à superfície da estrada. Uma vez identificadas essas relatividades, não há nem sequer a aparência de paradoxo ou desacordo. Pierre e Henri estão ambos certos. Mas, uma vez identificados os sistemas de coordenadas, estarão ambos certos, analogamente, sobre a tradução de "coelho"? Trata-se de mover-se em velocidades semânticas diferentes em relação a diferentes sistemas de coordenadas linguís-

---

cidade de falar duas ou mais línguas e de traduzir de uma para outra. Quine fala das "equações tradicionais" (*Word and Object*, p. 28) para a tradução de uma língua para outra. Mas, exceto por algumas poucas locuções, a tradição não tem nada a ver com isso. (É tradição, suponho, traduzir a *Bedeutung* de Frege por "referência", mesmo que a palavra não tenha tal significado em alemão.) Quando traduzo "borboleta" por *papillon*, por exemplo, não há nenhuma tradição em jogo ou, se há, desconheço-a. Traduzo "borboleta" por *papillon* porque isso é o que "borboleta" quer dizer em francês. Igualmente, Michael Dummett fala de "convenções" para traduzir de uma língua para outra [ver "The significance of Quine's Indeterminacy Thesis," *Synthese*, XXVII, 3/4, (jul./ago. 1974): 351-97]. Mas a questão é que, se sabemos o que as palavras significam, não há lugar para convenções adicionais. Por convenção, o numeral "2" representa o número dois na notação arábica; "II" representa o mesmo número na notação romana. Mas, por essas mesmas razões, não precisamos de uma convenção adicional na qual "2" pode ser traduzido por "II".

ticas? Parece-me que esses absurdos continuam igualmente absurdos quando relativizados.

De acordo com a concepção de Quine, em relação a minha língua estou certo ao pensar que eu queria dizer coelho; em relação ao francês, Pierre está certo ao pensar que eu queria dizer *partie non-detachée d'un lapin*; e, por fim, também em relação ao francês, Henri está certo ao pensar que eu queria dizer *stade de lapin* – *mesmo que as opiniões de Henri e Pierre sejam incompatíveis entre si e ambas sejam incompatíveis com a tradução que eu faria*. E não constitui resposta a esse argumento afirmar que a aparência de incompatibilidade resulta do fato de que cada um tem diferentes manuais de tradução, porque o problema que estamos tentando resolver é o de sabermos independentemente que seus dois manuais de tradução estão simplesmente errados. Era o aparente equívoco dos manuais de tradução que estávamos tentando explicar. Colocando a questão de maneira mais geral: o objetivo da analogia com a física era mostrar como poderíamos eliminar os aparentes paradoxos e absurdos mostrando que, como no caso da física, eles eram irreais conquanto parecessem manifestos. Vemos que não há absurdo em supor que podemos ir tanto a 8 km/h como a 100 km/h ao mesmo tempo, pois vemos que nossa velocidade é relativa a diferentes sistemas de coordenadas. Mas a analogia entre a física e o significado não se sustenta. Depois de relativizarmos o significado, deparamos com os mesmos absurdos que tínhamos antes.

Por que a analogia cai por terra? Na física, a posição e o movimento de um corpo são dados inteiramente por suas relações com algum sistema de coordenadas, mas para o significado não bastam as relações que uma palavra tem com a língua da qual faz parte; caso contrário, a questão da tradução sequer se colocaria. Podemos tomar um significado específico num sistema linguístico específico e encontrar uma expressão que tenha esse mesmo significado em outro sistema linguístico, mas não podemos tomar a posição e o movimento específicos de um objeto em relação a um sistema específico de coordenadas e traduzi-los para outro sistema. Naturalmente, uma palavra significa o que significa apenas em relação[13] à língua da qual faz parte, mas a própria relatividade da *posse* de significado pressupõe a não relatividade do *significado* possuído. Isso não tem análogo na relatividade física da posição e do movimento.

Alguém poderia objetar que pareço pressupor o próprio "mito do museu" que Quine questiona, ou seja, a ideia de que existe uma classe de entidades mentais chamadas "significados". Mas, em meio às várias teorias do significado, meu argumento é neutro. Vá lá que o significado seja uma questão de ideias na cabeça à moda de Hume, de disposições para o comportamento à moda de Quine, de usos de palavras à moda de Wittgenstein ou de capacidades intelectuais à minha moda mesmo. Não importa. Seja o que for o significado, precisamos distinguir a tese verdadeira, segundo a qual uma palavra tem o significado particular que tem somente em relação a uma língua, da tese falsa, segundo a qual o significado é,

---

13. Argumento, em outro lugar, que o funcionamento do significado do falante também é relativo a toda rede de estados intencionais e a um *background* de capacidades pré-intencionais. Creio que essa relatividade é amplamente mais radical do que em geral se estima e, de fato, mais radical do que a tese da indeterminação de Quine, mas isso é irrelevante para essa parte da controvérsia sobre a indeterminação. [Ver meu *Intentionality: An Essay in the Philosophy of Mind* (Nova York: Cambridge, 1983), caps. 1 e 5.]

ele próprio, relativo a uma língua. De fato, agora temos condições de expor o argumento independentemente de qualquer teoria particular do significado: admitamos que haja uma distinção entre sequências fonéticas (palavras) significativas e sequências desprovidas de significado. Assim, na minha língua, "coelho" é significativa e "flurg" é desprovida de significado. Essas observações são sempre feitas em relação a uma língua. Talvez em outra língua "flurg" seja significativa e "coelho" seja desprovida de significado. Mas, se na minha língua "coelho" é significativa e "flurg" é desprovida de significado, deve haver um aspecto que "coelho" tem na minha língua e que "flurg" não tem. Chamemos essa característica de *significado*, e podemos chamar a classe dessas características das palavras de *significados*. Ora, do fato de "coelho" ter a característica particular que tem em relação a minha língua não se segue que a característica, seu significado, possa existir somente em relação a minha língua. Na verdade, saber se "coelho" tem uma tradução para outra língua é precisamente a questão de saber se na outra língua existe uma expressão com essa mesma característica. A analogia entre a relatividade na física e na semântica sucumbe porque as características de posição e movimento só existem em relação a sistemas coordenados. E o argumento de Quine é uma redução ao absurdo por mostrar que a totalidade das disposições para o comportamento de falar é incapaz de explicar as distinções concernentes a essa característica, o significado que sabemos existir independentemente; por exemplo, a distinção entre o significado de "coelho" e o de "estágio de coelho". Não se pode evitar a redução chamando a atenção para o fato de "coelho" ter tal característica, seu significado, somente em relação à minha língua, porque a redução se refere à própria característica, e a característica em si não é relativa à minha língua.

Meu objetivo até aqui não foi refutar o behaviorismo linguístico radical, mas mostrar que:

> Em primeiro lugar, é possível interpretar a tese da indeterminação da tradução como uma redução ao absurdo das premissas a partir das quais foi inferida. Essa interpretação é tão plausível quanto (mais plausível, a meu ver) a outra, segundo a qual ela se afigura como um resultado surpreendente derivado de premissas estabelecidas.
>
> Em segundo lugar, a teoria da relatividade da ontologia não consegue responder aos aparentes absurdos a que nos levam as teses da indeterminação e da inescrutabilidade.

E quanto à refutação do behaviorismo linguístico em seus próprios termos? Há tantas refutações do behaviorismo em suas várias formas que parece inútil repetir algumas delas aqui. Mas vale a pena notar que o argumento de Quine tem a forma das refutações típicas e tradicionais do behaviorismo. Com base em nosso próprio caso, o da primeira pessoa, sabemos que o behaviorismo está equivocado, porque sabemos que nossos próprios fenômenos mentais não são equivalentes a disposições para o comportamento. Ter dor é uma coisa, estar disposto a exibir o comportamento da dor é outra. O comportamento da dor é insuficiente para explicar a dor, porque uma pessoa poderia exibir o comportamento e não ter dor, assim como uma pessoa poderia ter dor e não exibi-la. Analogamente, no argumento de Quine, as disposições para o comportamento verbal não são suficientes para explicar os significados, porque uma pessoa poderia exibir o comportamento adequado para certo significado sem querer dizer aquilo a que esse comportamento corresponde.

Se alguém propõe uma nova teoria dos fundamentos da matemática e de seus novos axiomas consegue deduzir que 2 + 2 = 5, o que dizer? Dizemos que essa pessoa fez uma importante descoberta? Ou que refutou seus axiomas mediante uma redução ao absurdo? Acho difícil imaginar um argumento por redução ao absurdo mais poderoso contra o behaviorismo do que o argumento da indeterminação de Quine, porque ele nega a existência de distinções que, por experiência própria, sabemos que são válidas.

IV

Procurei mostrar como as doutrinas da indeterminação e da inescrutabilidade dependem das pressuposições específicas do behaviorismo e, por conseguinte, que os resultados podem ser igualmente tomados como uma refutação dessa concepção. Mas agora surge uma questão interessante. Por que alguns filósofos não comprometidos com o behaviorismo aceitam essas opiniões? Penso em Donald Davidson, que aceita a doutrina da indeterminação e rejeita explicitamente o behaviorismo. Davidson considera a noção francamente intencional de "sustentar que uma frase é verdadeira" (isto é, crer que a frase é verdadeira) como a base sobre a qual se deve construir uma teoria do significado. Qual é, então, a área de acordo entre ele e Quine? E o que tem ele a dizer sobre o "dilema" que Quine enfrenta? Como trata o caso da primeira pessoa? Davidson responde à primeira pergunta da seguinte maneira:

> A questão crucial a respeito da qual concordo com Quine pode ser formulada da seguinte maneira: todas as provas favoráveis ou contrárias a uma teoria da verdade (interpretação, tradução) tomam a forma de fatos sobre aqueles eventos ou situações no mundo que levam, ou poderiam levar, os falantes a manifestar assentimento ou divergência em relação a cada frase em seu repertório. (*op. cit.*, p. 230)

Isto é, enquanto a unidade de análise é a frase completa e enquanto o que causa a resposta do falante é um estado de coisas objetivo no mundo – seja a resposta o assentimento ou a divergência, como em Quine, ou o fato de sustentar que uma frase é verdadeira, como em Davidson –, Davidson concorda com Quine a respeito da tese da indeterminação. (Eles divergem, porém, quanto ao âmbito de aplicação da tese.)

Mas como é possível que esse argumento funcione para Davidson? Como é possível que Davidson, que rejeita o behaviorismo, chegue à conclusão de que a referência é inescrutável? A meu ver, um olhar atento aos textos dá a entender que ele de fato aceita uma versão modificada da concepção de Quine sobre uma teoria empírica da linguagem. Embora adote uma psicologia intencional, Davidson insiste em que os fatos semânticos que definem os significados das enunciações devem ser igualmente acessíveis a todos os participantes na situação de fala, de modo que, para ele, o caso da primeira pessoa não tem estatuto especial.

Quine nos apresenta um mecanismo composto de estímulos e disposições para a resposta verbal. Davidson postula determinadas condições objetivas (correspondentes aos estímulos de Quine), enunciações e a atitude psicológica de "sustentar que é verdadeira", dirigida à frase. Mas, como a unidade empírica ainda é a frase, e não as partes da frase, e como os mais diversos esquemas de interpretação de frases em função de suas partes podem ser apresentados como compatíveis com as mesmas frases que um falante sustenta como verdadeiras e com as condições nas quais ele sustenta essas frases como verdadeiras, Davidson afirma que a inescrutabilidade permanece. A ideia básica é que há diferentes maneiras de combinar objetos e palavras; e várias dessas maneiras poderiam figurar igualmente bem numa teoria da verdade que explicasse por que um falante sustentou que uma frase é verdadeira.

O que me intriga na tese de Davidson é que, se descrevermos o argumento como uma série de passos, não chegaremos à conclusão de que há inescrutabilidade *exceto* se acrescentamos outra premissa referente à natureza de uma teoria empírica da linguagem. Eis os passos:

(1) A unidade de análise empírica na interpretação radical é a frase (e não os elementos que a compõem).
(2) A única prova empírica da interpretação radical é o fato de os falantes "sustentarem que certas frases são verdadeiras" em certas situações.
(3) Existem maneiras alternativas de combinar palavras e objetos, das quais várias, porém, poderiam explicar igualmente bem por que um falante sustenta que uma frase é verdadeira.

Veja-se que essas três premissas não implicam a inescrutabilidade nem a indeterminação do que o falante realmente quis dizer e daquilo a que ele se refere. Para tanto, seria necessária uma premissa extra. Qual? Creio que essa premissa consiste no seguinte:

(4) Todos os fatos semânticos devem ser publicamente acessíveis ao falante e ao ouvinte. Se o intérprete não pode traçar uma distinção com base nos dados empíricos *públicos*, não há distinção nenhuma a ser traçada.

Eis um de seus exemplos: se todas as coisas projetam sombra, disso decorre que, numa situação na qual um falante sustenta que é verdadeira a frase "Wilt é alto", podemos considerar que "Wilt" se refere a Wilt e "é alto" se refere às coisas altas; ou podemos, com a mesma justificação empírica, considerar que "Wilt" se refere à sombra de Wilt e "é alto" se refere às sombras de coisas altas. A primeira teoria nos diz que "Wilt é alto" é verdadeira se e somente se Wilt é alto. A segunda teoria nos diz que "Wilt é alto" é verdadeira se e somente se a sombra de Wilt é a sombra de uma coisa alta.

Davidson resume assim o argumento:

> O argumento que estabelece a inescrutabilidade da referência tem dois passos. No primeiro passo, reconhecemos a equivalência empírica de esquemas de referência alternativos. No segundo passo, mostramos que, embora um intérprete do esquematizador possa distinguir entre os esquemas do esquematizador, a existência de esquemas alternativos para interpretar o esquematizador impede o intérprete de identificar singularmente a referência dos predicados do esquematizador, em particular seu predicado "se refere" (seja ou não indexado ou relativizado). *Aquilo que um intérprete não pode determinar, a partir de uma base empírica, sobre a referência das palavras de um esquematizador não pode constituir uma característica empírica dessas palavras*. Assim, essas palavras não determinam singularmente um esquema de referência, mesmo quando escolhidas entre alternativas arbitrárias. (p. 235; grifo meu)

Para entender o argumento, é crucial perceber que ele depende da já mencionada suposição especial sobre a natureza de uma explicação empírica da linguagem e sobre o caráter público da semântica. Do mero fato de esquemas alternativos de referência serem compatíveis com todos os dados empíricos *públicos* não decorre, por si só, que a indeterminação ou a inescrutabilidade existam. Na verdade, o que aí se vê é, mais uma vez, a conhecida tese da subdeterminação: diferentes hipóteses são igualmente capazes de explicar a atitude do falante de "sustentar que uma frase é verdadeira", mas uma hipótese pode refletir corretamente o que ele quis dizer com suas palavras, ao passo que outra hipótese pode estar errada. Para concluir pela existência da inescrutabilidade, é necessária uma premissa adicional: como a linguagem é um assunto público, todos os fatos que dizem respeito ao significado devem ser fatos públicos. O significado é um assunto "empírico", e o que é empírico em matéria de linguagem deve ser igualmente acessível a todos os intérpretes. É somente graças a essa suposição, essa concepção específica do que constitui o caráter "empírico" e "público" da linguagem, que se consegue completar o argumento.

Para aprofundar nosso entendimento do que acontece aqui, confrontemos a explicação de senso comum da situação de fala com a explicação de Davidson. Na primeira, quando faço a afirmação "Wilt é alto", com "Wilt" eu me refiro a Wilt e com "é alto" quero dizer é alto. Quando digo "Wilt", não faço referência explícita ou implícita à sombra; igualmente, quando digo "é alto", não faço referência à sombra. Ora, esses fatos são óbvios. Não são hipóteses teóricas projetadas para explicar meu comportamento ou minhas atitudes de "sustentar que uma frase é verdadeira". Ao contrário, toda teoria desse tipo deve partir de fatos como esses e tomá-los como dados inequívocos. Mas, na concepção de Davidson, não existe base empírica para que esses diferentes estados intencionais me sejam atribuídos. Como todos os fatos empíricos que somos autorizados a usar dizem respeito às frases que sustento serem verdadeiras e às condições (publicamente observáveis) sob as quais sustento que elas são verdadeiras, não há como traçar as distinções impostas por nossas intuições de senso comum. A exemplo do que acontece com o behaviorismo, interpretações diferentes e incompatíveis no nível dos elementos que compõem a frase, no nível das palavras e expressões, serão todas compatíveis com todos os fatos que definem quais frases sustento serem verdadeiras e em quais condições isso acontece. Mas agora tem-se a impressão de que a versão de Davidson da inescrutabilidade também poderia ser uma redução ao absurdo de suas premissas, assim como a explicação de Quine era uma redução ao absurdo do behaviorismo.

Antes de chegarmos a essa conclusão, vejamos como Davidson lida com a objeção óbvia insinuada pela explicação de senso comum: uma vez que sabemos, em virtude de nosso *próprio* uso da língua, que estamos nos referindo a Wilt, por exemplo, e não à sombra de Wilt; e uma vez que o que buscamos, ao compreender outra pessoa, é precisamente o que já temos em nós, a saber, sentidos determinados com referências determinadas, dados esses dois pressupostos, por que as referências e os sentidos de outra pessoa seriam menos determinados que os nossos? Naturalmente, neste ou naquele caso específico, ou mesmo em qualquer caso, eu poderia entender mal. Poderia supor que alguém estivesse se referindo a Wilt quando, na verdade, falava-se da sombra. Mas essa é a conhecida subdeterminação das hipóteses sobre outras mentes feitas a partir de dados publicamente acessíveis. Não demonstra nenhuma forma de inescrutabilidade. Em suma, o que Davidson tem a dizer sobre o "dilema" que Quine enfrenta, isto é, o caso da primeira pessoa?

> Talvez alguém (não Quine) sinta-se tentado a dizer: "Mas pelo menos o falante sabe a que ele está se referindo." É preciso resistir a esse pensamento. As características semânticas da linguagem são características públicas. O que ninguém pode descobrir com base na totalidade dos dados pertinentes não pode constituir parte do significado. E como todo falante deve, pelo menos num sentido difuso, saber disso, *ele não pode nem sequer ter a intenção de usar suas palavras com uma referência singular, pois sabe que não há meio de suas palavras transmitirem a referência para outrem.* (p. 235; grifo meu)

Quine tenta evitar o dilema recorrendo à tese da relatividade, mas na concepção de Davidson o dilema nem sequer existe. As características semânticas são características públicas e, como as características públicas estão sujeitas à indeterminação, *não existe referência singular.* Além disso, "num sentido difuso", presume-se que eu saiba disso, de modo que *não posso nem mesmo ter a intenção de me referir a um coelho e não às partes de um coelho; não posso ter a intenção de me referir a Wilt e não à sombra de Wilt*[14].

---

14. Kirk Ludwig chamou minha atenção para o fato de que isso parece levar a um paradoxo pragmático, pois é como se, para expormos a tese, tivéssemos de especificar distinções que, segundo a tese, não podem ser especificadas.

Ora, a meu ver essa opinião é estranhíssima, e proponho examiná-la um pouco mais a fundo. Antes de tudo, vamos supor que, para linguagens "públicas" como o inglês e o francês, exista pelo menos um sentido claro segundo o qual as características semânticas são de fato características públicas. Para mim, isso significa apenas que pessoas diferentes podem entender as mesmas expressões da mesma maneira em francês e em inglês. Além disso, admitamos, pelo menos para poder argumentar, que as características públicas estejam sujeitas à subdeterminação pelo menos neste sentido: eu poderia dar interpretações diferentes, porém incompatíveis, das palavras de uma pessoa, todas as quais seriam compatíveis com todos os dados reais e possíveis de que eu dispusesse sobre as frases que ela sustentou serem verdadeiras. Pois bem, o que decorre daí? Na nossa discussão da concepção de Quine, vimos que a indeterminação, entendida como diferente da subdeterminação, surgirá como consequência somente se negarmos o mentalismo desde o princípio; não é uma consequência da subdeterminação por si só. Mas, do mesmo modo, de acordo com a concepção de Davidson, a indeterminação só procede se supusermos, desde o princípio, que fatos semânticos diferentes devem necessariamente produzir diferentes consequências "publicamente observáveis". É somente por causa dessa suposição que podemos concluir que o significado e a referência do falante são indeterminados e inescrutáveis. Mas, segundo penso, dispomos de indícios independentes que nos permitem concluir com certeza que essa conclusão é falsa; portanto, nem todas as premissas das quais é inferida podem ser verdadeiras. Como sabemos que a conclusão é falsa? Sabemos disso porque, por experiência própria, sabemos o que queremos dizer quando dizemos alguma coisa – por exemplo: Wilt e não a sombra de Wilt, coelho e não estágio de coelho. Quando procuro entender outro falante, tento realizar no caso dele aquilo que já realizo comigo mesmo. Ora, quando entendo a mim mesmo, não conheço somente as condições externas nas quais sustento que determinadas frases são verdadeiras; conheço muito mais que isso. Em poucas palavras: sei o que quero dizer. Aliás, quando outra pessoa me entende perfeitamente ela também sabe o que quero dizer, e isso vai muito além de conhecer as condições nas quais sustento que determinadas frases são verdadeiras. Assim, se o fato de outra pessoa me entender exige muito mais que o mero conhecimento de quais frases sustento serem verdadeiras em tais e tais condições, também o fato de eu entendê-la exige muito mais que o mero conhecimento de quais frases ela sustenta serem verdadeiras em tais e tais condições. O mero fato de conhecer sua atitude de "sustentar que tal frase é verdadeira" jamais será suficiente para que eu a entenda cabalmente. Por que deveria? Não seria suficiente para eu entender a mim; e, repito, como o que preciso realizar no caso dela é o que já realizo no meu caso, essas atitudes não serão suficientes para mim.

Mas o que dizer da afirmação de Davidson de que aquilo que um intérprete não consegue descobrir com base na totalidade dos dados pertinentes não pode fazer parte do significado? Bem, tudo depende do que estamos autorizados a chamar de "descobrir com base na totalidade dos dados pertinentes". De acordo com a explicação do senso comum, realmente descubro, com base nos "dados" pertinentes, que com "Wilt" você quer dizer Wilt e não a sombra de Wilt, e o "dado" é perfeitamente conclusivo. Como isso funciona? Na vida real, entendo a fala de outra pessoa não só dentro de uma rede de pressuposições compartilhadas, mas também, o que é mais importante, diante de um *background* de capacidades mentais não representacionais – maneiras de ser e de se comportar no mundo, constituídas pela cultura e pela biologia, e tão fundamentais para toda a nossa existência que é difícil até mesmo adquirir consciência delas (ver o meu *Intentionality, op. cit.*, cap. 5). Ora, em geral, levando em conta o *background*, quando alguém diz na própria língua "Wilt é alto" ou "Lá vai um coelho", é totalmente descabido julgar, com igual justificação, que ele está falando da sombra de Wilt ou de um estágio na vida de um coelho. Só obtemos esse resultado insólito quando esquecemos a vida real e imaginamos que, para entender a fala de outra pessoa, precisamos construir uma "teoria" que tome como "dados" somente suas atitudes de "sustentar que tais ou quais frases são verdadeiras" ou suas disposições para fazer ruídos com a boca em determinadas condições de estímulo. A linguagem é de fato uma coisa pública, e em geral conseguimos saber o que uma pessoa quer dizer quando sabemos o que ela diz e em que condições o faz. Mas essa certeza não resulta da suposição de que nossa conclusão sobre o que ela quer dizer é somente um resumo dos dados publicamente acessíveis; trata-se, ao contrário, do mesmo tipo de certeza que temos acerca das intenções de um homem quando vemos o que ele está fazendo. Nos dois casos, sabemos o que está se passando porque sabemos como interpretar os "dados". E, nos dois casos, as afirmações que fazemos são mais do que meros resumos dos dados, assim como toda afirmação sobre "outras mentes" é mais do que um mero resumo dos dados "públicos". Mas o fato de a interpretação da fala de outra pessoa estar sujeita ao mesmo tipo de subdeterminação[15] a que está sujeita qualquer outra afirmação sobre outras mentes não mostra que existe *indeterminação*, ou que, de maneira geral, é impossível descobrir exatamente o que as outras pessoas querem dizer com base no que elas dizem.

Concluo que nossa reação à tese de Davidson deve ser idêntica a nossa reação à tese de Quine: em ambos os casos, a conclusão do argumento deve ser interpretada como uma redução das premissas ao absurdo. A concepção de Davidson é, de certa maneira, mais radical que a de Quine, por defender uma ideia que, creio, é literalmente inacreditável. Aplicando sua tese ao caso da primeira pessoa, Davidson afirma que aquilo que nenhum observador externo pode concluir com base nos dados externos não pode fazer parte do que quero dizer. Como esses observadores não podem decidir entre diversas interpretações incompatíveis, e como eu devo saber disso (pelo menos num sentido "difuso"), não é possível nem mesmo que eu tenha a intenção de usar a palavra "coelho" para significar coelho, e não estágio de coelho ou parte não destacada de coelho. Afinal, sei que não há meio pelo qual minhas palavras possam transmitir essa referência a outra pessoa. Isso não me parece nem remo-

---

15. Eis um exemplo dessa subdeterminação na vida real. Até chegar à meia-idade, um amigo meu pensava que a expressão grega *hoi polloi* ("a multidão"), usada em inglês, quisesse dizer a elite das pessoas ricas, mas que era caracteristicamente usada de maneira irônica. Assim, se visse um amigo num bar de classe baixa, ele diria: "Vejo que você está bebendo na companhia dos *hoi polloi*." Como ele falava ironicamente e interpretava ironicamente o que as outras pessoas falavam, não havia diferenças comportamentais entre seu uso e o uso padrão. De fato, ele poderia ter passado a vida inteira sem notar essa excentricidade semântica. Mesmo assim, o que ele queria dizer era caracterizado por fatos muito definidos.

tamente plausível. Sei exatamente o que quero dizer e, embora alguém pudesse se enganar a meu respeito, assim como eu poderia me enganar a seu respeito, a dificuldade está no conhecido problema das "outras mentes" aplicado à semântica.

V

Toda discussão como esta necessariamente envolve questões muito mais profundas do que as que vêm à tona nos argumentos efetivamente desenvolvidos pelos filósofos. Creio que a questão mais profunda que separa a mim, de um lado, de Davidson e Quine, do outro, diz respeito à natureza possível de uma teoria empírica da linguagem.

Quine e Davidson adotam, ambos, o experimento teórico da "tradução radical" como modelo para construir uma explicação do significado. Na tradução radical, um tradutor ou intérprete tenta entender falantes de uma língua da qual não tem absolutamente nenhum conhecimento anterior. Segundo Davidson, "todo entendimento da fala de outra pessoa envolve a interpretação radical"[16]. Mas o modelo da língua estrangeira desconhecida nos permite precisar com mais exatidão as suposições e os dados de que necessitamos para interpretar a fala de outra pessoa.

Note-se porém que o modelo da tradução radical já nos convida – na verdade, nos obriga – a adotar o ponto de vista da terceira pessoa. A questão agora é: Como *nós*

---

16. Radical Interpretation. *Dialectica*, XXVII (1973), pp. 313-28, publicado também em *Inquiries into Truth and Interpretation*, pp. 125-39.

podemos conhecer o significado das enunciações de *outra* pessoa? E a dificuldade imediata suscitada por essa maneira de colocar a questão é que ela envolve uma confusão entre o epistêmico e o semântico; envolve uma confusão entre a pergunta *"Como* você sabe?" e a pergunta *"O que* você sabe *quando* você sabe?". Mas os fatos linguísticos pertinentes têm de ser os mesmos nestas duas perguntas: "Em que consiste o fato de eu entender outra pessoa quando ela diz 'Está chovendo'?" e "Em que consiste o fato de eu entender a mim mesmo quando digo 'Está chovendo'?". Isso porque, repito, o que acontece comigo quando entendo a outra pessoa é exatamente o que acontece com ela quando entende a mim. Mas eu me entendo; assim, tudo o que posso aprender estudando a situação da outra pessoa eu poderia aprender estudando a minha própria situação.

Ainda assim, o experimento teórico da tradução radical pode ser muito útil na teoria semântica, porque põe em foco a questão de como o significado se comunica de um falante para outro. A dificuldade é que tanto Quine quanto Davidson impõem restrições adicionais à tarefa da tradução radical, restrições mais rigorosas que aquelas que todo linguista de campo de fato empregaria. Observei duas vezes o linguista Kenneth L. Pike[17] realizar a "demonstração unilíngue", na qual começa a construir uma tradução de uma língua totalmente estrangeira para o inglês. E parece muito claro a todo observador de Pike que ele não restringe sua concepção de tradução àquela descrita por Davidson e Quine. Por exemplo, a investigação de Pike não se restringe à correlação entre compor-

---

17. A obra de Pike parece ter fornecido a inspiração original para a ideia da tradução radical (ver Quine, *Word and Object*, p. 28).

tamento verbal e estímulos sensoriais, à maneira de Quine, tampouco à atitude de sustentar que uma frase é verdadeira, à maneira de Davidson. Antes, Pike procura descobrir o que está se passando na mente do falante nativo, mesmo no nível das palavras particulares. E, se ele pode fazer isso, é porque pressupõe compartilhar com o falante da língua exótica uma quantidade substancial de elementos da rede e do *background* (ver nota 12).

Ora, admitindo-se que o experimento teórico da interpretação radical seja útil para entender a noção de comunicação, por que o problema da interpretação radical não pode ser formulado na terminologia mentalista de que faz uso o senso comum? Por que teríamos de impor-lhe, ademais, as restrições behavioristas ou "empíricas" que Quine e Davidson tão obviamente impõem? Os textos de Quine contêm observações dispersas do seguinte tipo: "Aquilo que falamos sobre as coisas externas, nossa própria noção dessas coisas, são somente aparatos conceituais que nos ajudam a prever e controlar os disparos de nossos receptores sensoriais à luz dos disparos prévios desses mesmos receptores. No fim das contas, tudo o que nos resta são esses disparos."[18]

Essa observação tem a aparência de uma descoberta, mas creio que ela simplesmente expressa uma preferência pela adoção de certo nível de descrição. Suponha-se que alguém substitua a expressão "disparos de nossos receptores sensoriais" nesse parágrafo pela frase "o movimento das moléculas". Essa pessoa poderia argumentar, então, que tudo o que nos resta é o movimento das moléculas. A versão do "movimento das moléculas" e a versão dos "receptores sensoriais" são igualmente verda-

---

18. *Theories and Things*, p. 1.

deiras e igualmente arbitrárias. Numa tradição filosófica diferente, também se poderia dizer que tudo quanto nos resta é a derrelição (*Geworfenheit*) e a disposição (*Befindlichkeit*) do Dasein no mundo da vida (*Lebenswelt*). Essas observações são características da filosofia, mas é importante compreender que aquilo que parece uma descoberta pode ser igualmente interpretado simplesmente como uma expressão de preferência por determinado nível de descrição em detrimento de outros. As três alternativas que forneci são igualmente interpretáveis como igualmente verdadeiras. Como escolher entre elas? Creio que as três – receptores sensoriais, moléculas, Dasein – são insuficientes, como níveis de descrição, para alcançar certas questões fundamentais da semântica. Por quê? Porque o nível da semântica que precisamos analisar também envolve um nível de intencionalidade. A semântica inclui o nível no qual expressamos crenças e desejos em nossas enunciações intencionais, no qual queremos dizer certas coisas com as frases que usamos e, mais ainda, queremos dizer certas coisas muito específicas com as palavras que usamos dentro das frases. Aliás, creio que o nível intencional já está implícito na citação de Quine quando ele emprega as expressões "prever" e "controlar". Estas transmitem noções intencionais e, segundo a própria versão quiniana da opacidade referencial, criam contextos de opacidade referencial. Ninguém, com a possível exceção de uns poucos neurofisiologistas em seus laboratórios, tenta prever e controlar algo no nível dos receptores sensoriais. Mesmo que queiramos fazê-lo, simplesmente não sabemos suficiente sobre esse nível. Por que, então, Quine declara categoricamente que tudo quanto nos resta é a estimulação dos receptores sensoriais? A meu ver, essa declaração se baseia numa rejeição rígida do mentalismo na análise linguística, com a consequente insistência no ponto de vista da terceira pessoa. Quando admitimos que a intencionalidade é uma unidade fundamental de análise, parece que somos obrigados a admitir também que o ponto de vista da primeira pessoa é, em certo sentido, epistemicamente diferente do ponto de vista do observador de terceira pessoa. A persistente tendência objetivante que caracteriza a filosofia e a ciência desde o século XVII nos manda considerar que o ponto de vista objetivo da terceira pessoa é preferível ao ponto de vista "subjetivo" da primeira pessoa, por ser de alguma maneira mais "empírico". Ou seja, aquela que parece ser a simples declaração de um fato científico – que a linguagem se reduz às estimulações dos terminais nervosos – revela-se, sob exame, a expressão de uma preferência metafísica, preferência essa que, segundo creio, não é autorizada pelos fatos. O fato crucial em questão é que a realização de atos de fala – e o ato de significar determinadas coisas por meio de enunciações – ocorre num nível de intencionalidade intrínseco da primeira pessoa. O behaviorismo de Quine é motivado por uma metafísica profundamente antimentalista que faz que a análise behaviorista se afigure a única análise cientificamente respeitável.

Diversas passagens dos textos de Davidson expõem uma forma semelhante, mas mais sutil, de rejeição do ponto de vista da primeira pessoa. Davidson supõe tacitamente que todos os dados "empíricos" devem ser igual e publicamente acessíveis a qualquer observador capaz. Mas por que é necessário que as coisas sejam assim? Por exemplo, é fato empírico óbvio que estou sentindo dor agora, mas esse fato não é igualmente acessível a um observador externo. Em Davidson, as afirmações cruciais nas passagens citadas aparecem quando ele diz: "Aquilo que um intérprete não pode determinar, a partir de uma base empírica, sobre a referência das palavras de um esquematizador não pode constituir uma característica empírica dessas palavras"; e, antes disso, quando afirma: "O que ninguém pode descobrir com base na totalidade dos dados pertinentes não pode constituir parte do significado." As duas passagens têm um ar de truísmo, mas, na prática, o que elas expressam é uma preferência metafísica pelo ponto de vista da terceira pessoa, preferência que é pressuposta e não proposta a título de hipótese; isso porque, como no caso de Quine, ela parece fazer parte da própria noção de teoria empírica da linguagem, parece ser uma consequência óbvia do fato de que toda linguagem é um fenômeno público. O que Davidson diz parece uma tautologia: o que não pode ser determinado empiricamente não é empírico. Mas ele não usa essa expressão como uma tautologia. Antes, o que ele quer dizer é: o que não pode ser conclusivamente estabelecido por testes objetivos de terceira pessoa não pode constituir uma característica real da linguagem no que diz respeito à semântica. No primeiro uso, "empírico" significa "passível de ser verificado objetivamente pela terceira pessoa". No outro uso, significa "real ou factual". Existem, então, dois sentidos diferentes de "empírico", e o argumento contra o caso da primeira pessoa só será bem-sucedido se partirmos do pressuposto falso de que aquilo que não é conclusivamente verificável por meio de terceira pessoa não é real. Porém, se admitirmos que existe uma distinção entre os dados públicos e acessíveis a respeito do que uma pessoa quis dizer, de um lado, e a afirmação de que ela efetivamente quis dizer isto ou aquilo, de outro – isto é, se admitirmos que a conhecida subdeterminação dos dados no que se refere às "outras mentes" se aplica também à interpretação semântica –, já não restará argumento nenhum em favor da inescrutabilidade.

A concepção alternativa implícita no meu argumento é a seguinte: a linguagem é realmente pública, e não depende do "significado como uma entidade introspectível", dos "objetos particulares", do "acesso privilegiado" nem de nenhuma outra parafernália cartesiana. Contudo, o problema é que, para entendermos a nós mesmos ou a outra pessoa, é necessária – entre outras coisas – a posse de um conhecimento de conteúdos intencionais. O conhecimento desses conteúdos não é equivalente ao conhecimento da correlação entre o comportamento e os estímulos, nem ao da correlação das enunciações com as circunstâncias exteriores. Vemos isso do modo o mais claro possível no caso da primeira pessoa, e o fato de a menosprezarmos nos conduz a um falso modelo de compreensão da linguagem. Pensamos, equivocadamente, que a compreensão de um falante depende da construção de uma "teoria", que a teoria é baseada em "dados" e que os dados devem ser "empíricos".

14. O CETICISMO ACERCA DAS REGRAS E A INTENCIONALIDADE

Em seu livro *Wittgenstein on Rules and Private Language* [Wittgenstein sobre regras e linguagem privada], Saul Kripke[1] apresenta um "paradoxo cético" que atribui a Wittgenstein. A meu ver, sua apresentação envolve, na verdade, uma interpretação equivocada de Wittgenstein, mas isso não importa para os propósitos da presente discussão. Como diz Kripke, ele está interessado sobretudo em discutir "o argumento de Wittgenstein na medida em que afetou Kripke, na medida em que lhe apresentou um problema" (p. 5). Salvo outra indicação, quando eu disser, por exemplo, "Wittgenstein afirma que...", leia-se: de acordo com Kripke, Wittgenstein afirma que....

Começarei expondo o paradoxo e a solução proposta por Kripke. Dados um símbolo ou uma palavra, não há nada em minha história passada, incluindo meus estados mentais passados, que possa explicar e ao mesmo tempo justificar minha aplicação atual de tal palavra ou símbolo. Assim, por exemplo, suponha-se que me seja

---

1. Cambridge: Harvard University Press, 1982.

fornecida a expressão "68 + 57"; suponha-se que eu nunca tenha realizado esse cálculo antes e que, na verdade, nunca tenha feito cálculo nenhum com números tão grandes quanto 57. Não há nenhum fato da minha história passada que faça com que, caso calcule corretamente "57 + 68", eu chegue ao resultado "125" em vez de "5". Não há nada na minha história passada que possa determinar que o sinal "+" não seja interpretado como representação da função "quais"*, sendo "quais" simbolizada por @ e definida como:

$$x \mathbin{@} y = x + y, \text{ se } x, y < 57$$
$$= 5 \text{ nos outros casos.}$$

"Ora", pergunta o cético kripkiano, "que fato a meu respeito fez que no passado eu usasse o sinal '+' como representação de 'mais' e não de 'quais'?" E sua resposta cética é: "Fato nenhum." Segue-se disso que toda aplicação nova do sinal "+" é um salto no escuro. Pois, se eu pudesse tê-lo usado para significar "quais", poderia igualmente tê-lo usado para significar qualquer coisa, ou coisa nenhuma. Não há nenhum fato a meu respeito, nenhum fato da minha história passada, que faça que meu uso presente esteja de acordo com meu uso passado se eu responder "125". Nenhuma instrução que me dei ou que me tenha sido dada no passado exige ou justifica a resposta "125" em vez de "5", pois nenhum fato a meu respeito faz que, quando no passado empreguei o sinal "+", eu quisesse dizer "mais" em vez de "quais".

Note-se que, segundo essa forma de ceticismo, não seria suficiente, para responder, que eu simplesmente ex-

---

* Em inglês, *quus*, para contrastar com *plus* ("mais"). (N. do T.)

plicasse as *causas* que me inclinam a responder "125" em vez de "5". Ao contrário, é condição de adequação da resposta que ela necessariamente mostre como se *justifica* que eu responda "125" em vez de "5". Diz Kripke:

> A resposta ao cético deve atender a duas condições. Em primeiro lugar, deve revelar qual é o fato (referente a meu estado mental) que faz que eu queira dizer "mais" e não "quais". Todavia, além disso, todo fato proposto deve satisfazer a uma condição adicional: ele deve, de algum modo, mostrar como se justifica que eu dê a resposta "125" a "68 + 57". (p. 11)

A solução cética do paradoxo, que Kripke atribui a Wittgenstein, consiste em chamar a atenção para o papel da comunidade, o papel das outras pessoas em minha aplicação de palavras e símbolos. Wittgenstein, a exemplo do cético, sustenta que não há fato nenhum que determine se eu quero dizer "mais" ou "quais". Mas diz então que existem "condições de afirmabilidade" (o termo é de Kripke, não de Wittgenstein) que nos permitem atribuir às pessoas um entendimento do significado de certas expressões. E essas condições de afirmabilidade dependem de um acordo público. Toda aplicação de uma palavra ou de um símbolo necessariamente faz referência a uma comunidade e depende de um acordo geral, dentro da comunidade, sobre o uso correto dessa palavra ou desse símbolo. Essas atribuições são inaplicáveis a uma única pessoa considerada isoladamente, e é por essa razão que Wittgenstein rejeita a possibilidade de uma "linguagem privada". Wittgenstein concorda com o cético em que a afirmação "Quero dizer 'mais', e não 'quais'" não tem condições de veracidade; admite que não existem fatos que tornem verdadeira essa afirmação. Antes, diz, temos de ver como essas afirmações são usadas. E seu uso depende da existência de uma comunidade. A comunidade joga um jogo de linguagem, no contexto do qual atribui a um de seus membros a compreensão de certo conceito. Mas, quando jogamos esse jogo, não estamos atribuindo aos outros um estado mental específico. Segundo essa concepção, Wittgenstein postula que não devemos afirmar que as pessoas concordam com os resultados da adição porque todas elas compreenderam o conceito ou a regra para a adição; antes, só estamos autorizados a dizer que elas compreendem o conceito de adição porque concordam quanto aos resultados dos problemas de adição. A atribuição de compreensão do conceito não explica os resultados; ao contrário, é certa coerência nos resultados que nos possibilita jogar o jogo linguístico de atribuir aos outros a compreensão de conceitos. Kripke chama essa mudança de "inversão do condicional" (pp. 93 ss.).

Quero guardar minhas críticas para depois, mas é importante indicar desde já que identifico uma oscilação, ou melhor, uma incoerência, na maneira como Kripke caracteriza a posição de Wittgenstein. Às vezes, ele fala como se Wittgenstein apresentasse uma forma de ceticismo diante de regras, conceitos, significados e assim por diante. Mas a verdade é que o argumento, conforme o expusemos até aqui, não tem nenhuma implicação cética seja acerca da existência, seja acerca do poder explicativo dessas entidades. O ceticismo diz respeito unicamente às palavras e aos símbolos, e não se refere em absoluto a regras ou conceitos. Essa oscilação se evidencia na discussão da inversão do condicional. Ora Kripke caracteriza as posições de Wittgenstein em função de palavras e símbolos, ora em função de conceitos. Assim, escreve ele: "Se Jones não responde '125' quando se lhe pergunta o resultado de '68 + 57', não podemos afirmar que pelo sinal '+' ele entende adição" (p. 95). Mas também escreve (pp. 93 - 94n): "Não é porque todos nós compreendemos o conceito de adição que dizemos que 12 + 7=19 e coisas semelhantes; é porque todos nós dizemos que 12 + 7=19 e coisas semelhantes que podemos dizer que compreendemos o conceito de adição." No entanto, a segunda formulação, que faz referência a conceitos e não a palavras e símbolos, simplesmente não encontra fundamento no argumento kripkiano. As consequências do argumento – contanto que seja válido – se referem unicamente a palavras e símbolos, não a conceitos e regras. O ceticismo tem por único objeto a existência real de fenômenos mentais suficientes para mediar a relação entre expressões, de um lado, e conceitos, de outro. Mas mesmo a mais ingênua concepção fregiana acerca do poder explicativo dos conceitos (significados, regras, funções etc.) permanece completamente intocada pelo argumento assim apresentado. Dado o argumento, seria perfeitamente correto dizer:

> O conceito de adição explica os resultados da adição.

De fato, nem mesmo o seguinte tipo de afirmação poderia ser objeto de ceticismo:

> A compreensão de Jones do conceito de adição explica seus resultados na adição.

O ceticismo em questão diz respeito unicamente à seguinte afirmação, muito diferente:

> O fato de Jones significar a adição pelo sinal "+" explica seus resultados na adição.

É em relação a esse último tipo de afirmação que o argumento – contanto que seja válido – nos obrigaria a inverter o condicional e dizer, ao contrário:

> O fato de Jones obter certos resultados nos permite dizer a seu respeito que ele significa a adição pelo sinal "+".

Uma vez que Jones obtém o mesmo tipo de resultado que a comunidade em geral, podemos dizer que ele significa o conceito de adição pela palavra "mais" e o sinal "+". Daqui a pouco vou propor a hipótese de que o argumento principal de Wittgenstein também diz respeito às regras, significados, conceitos e assim por diante, mas por enquanto o essencial é chamar a atenção para a distinção em si.

Para nos ajudar a entender melhor esse argumento e sua solução, Kripke compara-o com o famoso argumento cético de Hume sobre a causalidade e a conexão necessária. Hume argumenta que não existe nenhum fato objetivo a que corresponda a ideia de conexão necessária. Quando dizemos que A causou B, a palavra "causa" não corresponde a nenhuma conexão real entre A e B. A solução cética de Hume ao problema consiste em descobrir outra relação, a saber, a "conjunção constante", e então defender que a atribuição de relações causais não se justifica com base numa relação que realmente corresponda à palavra "causa" em todos os casos individuais, mas se justifica, isto sim, pelo fato de refletir uma característica geral: as relações causais sempre instanciam regularidades. Assim como Hume não vê sentido na afirmação de que um acontecimento de determinado tipo causou outro acontecimento de determinado tipo uma única vez em toda a história do universo, também Wittgenstein não vê sentido na afirmação de que um homem usou uma palavra de acordo com determinada regra uma única vez na história do universo. Ao contrário, a noção do uso de uma palavra ou de um símbolo segundo uma regra pressupõe uma comunidade. Contudo, Kripke não comenta uma discrepância que há entre Hume e Wittgenstein. Hume efetivamente nos fornece condições de veracidade para a palavra "causa". Realmente formula uma nova definição de "causa" em função das noções de prioridade, contiguidade e conjunção constante, definição essa que acarreta condições de veracidade perfeitamente estabelecidas, fatos aos quais a atribuição de relações causais efetivamente corresponde. Mas o Wittgenstein de Kripke não nos fornece condições de veracidade para a atribuição do entendimento de palavras e símbolos. Antes, fornece condições de afirmabilidade dentro do jogo da linguagem.

Ora, o que pensar desse paradoxo cético e de sua pretensa solução? Considero-os muito enigmáticos. Suponha-se que, refletindo ingenuamente sobre ele, perguntemos: "Quais os fatos da minha história passada que realmente fazem que, sem faltar à coerência com essa história, eu use o sinal '+' para significar 'mais' e não 'quais'?" A resposta parece óbvia. É fato da minha história passada que aprendi a fazer aritmética de determinada maneira e, como parte desse aprendizado, acostumei-me a usar o sinal "+" para a adição e não para outra função. De acordo com esse aprendizado, se eu agora calcular "57 + 68" e obtiver um resultado diferente de "125", terei cometido um erro. Na verdade, como estamos pressupondo uma memória perfeita, posso dizer exatamente o que aconteceu: foi na Escola Montclair, em Denver, Colorado, que aprendi a somar e a usar o sinal "+" para significar a operação de adição. No caso específico:

Quando vejo um problema como "57 + 68", primeiro somo o 7 e o 8 e obtenho 15; então, escrevo 5 e subo o 1. Depois, somo 5 e 6 e obtenho 11; em seguida, somo o 1 que subi e, então, escrevo os 12 que obtenho como resultado. O resultado final é 125.

Trata-se de fatos óbvios e elementares que têm por objeto o modo como aprendi aritmética e o modo como aprendi a usar o símbolo "+" quando faço aritmética. Daqui a pouco vou defender a ideia de que é exatamente esse o tipo de resposta a ser dada ao cético kripkiano, mas ainda não farei isso. É claro, porém, que o cético não aceitará essa linha de argumentação. Perguntará: "Em que consiste esse aprendizado? Que fato referente aos processos mentais induzidos em você pelo aprendizado faz que a resposta certa seja '125' e não '5'? Acaso os passos que você descreveu não permitem igualmente a postulação de formas de ceticismo semelhantes à do argumento do 'quais'?"

O mais enigmático nessa forma de ceticismo é que, por meios escusos, a resposta do senso comum acaba sendo sub-repticiamente excluída do debate como ilegítima. Entenderemos isso melhor mediante uma comparação com uma forma semelhante de ceticismo. A meu ver, o argumento que Kripke atribui a Wittgenstein tem menos proximidade com o argumento de Hume sobre a causalidade do que com o paradoxo de Russell sobre a existência pretérita do mundo. Pergunta Russell: como sabemos que o mundo não foi criado trinta segundos atrás com todos os nossos fósseis, memórias, bibliotecas e fotografias? É costume dizer que esse problema é epistemológico, mas pode-se igualmente interpretá-lo como um problema ontológico: qual fato do mundo tal como é agora, no presente, me autoriza a supor que ele tenha existido no passado? Nessa forma, a pergunta não é epistêmica porque, como o paradoxo cético de Kripke sobre os significados, admite-se nela que possamos ter um conhecimento perfeito. No paradoxo de Kripke, supomos que nossa memória do passado é perfeita e nos perguntamos qual fato do passado faz que eu signifique "mais" em vez de "quais". E, na versão russelliana do paradoxo cético, podemos perguntar que fato do presente faz que os objetos presentes tenham existido no passado. As únicas respostas que poderiam ser dadas a essas perguntas seriam respostas de senso comum. É necessário que os objetos tenham existido no passado porque eu comprei esse relógio cinco anos atrás em Genebra, por exemplo, ou comi comida chinesa ontem no almoço. Mas note-se que, ao colocarmos o problema cético, nós, de uma maneira ou de outra, excluímos essas respostas de senso comum do debate. Isso é característico de certo tipo de ceticismo filosófico: as respostas do senso comum, as respostas que Moore daria, são excluídas de antemão como ilegítimas. Assim, as únicas respostas possíveis são agora tratadas como inaceitáveis. No caso de Russell, não podemos levar em consideração as coisas comuns que definem a idade de uma pessoa. Do mesmo modo, por meios que ainda não elucidamos, no exemplo de Kripke os modos comuns pelos quais temos conhecimento de como as palavras se relacionam com regras ou conceitos, os quais então podem ser aplicados a novos casos, são simplesmente deixados de lado. A forma da pergunta "Qual fato a seu respeito no passado faz que...?" é sutilmente reinterpretada, impedindo-nos de dar respostas de senso comum, as únicas que poderiam responder às perguntas. A resposta correta seria, por exemplo: "Aprendi a somar e, quando aprendi, aprendi a usar o sinal '+'

para significar a operação de adição." Esse conhecimento me fornece, ao mesmo tempo, uma explicação causal de por que dei a resposta "125" e uma explicação normativa de por que esse resultado é o correto, ao passo que quaisquer outros estarão errados. Ora, por que essa resposta não é considerada válida? E qual é o quadro metafísico que parece excluir essa resposta?

Antes de tentar responder a essas perguntas, passemos ao próximo passo do argumento. Estávamos fazendo certas suposições na apresentação do paradoxo wittgensteiniano original, e Kripke é muito categórico acerca de tais suposições. Supúnhamos que nunca havíamos somado números maiores que 57 e, por consequência, supúnhamos também que jamais somamos estes dois números: 57 e 68. Contudo, pretende-se que o paradoxo cético seja completamente abrangente. Para começar a discussão, Kripke precisa expor o problema como se este dissesse respeito à maneira como os fatos passados justificam meu comportamento presente, mas pretende que o argumento tenha aplicação global e independa completamente de quaisquer considerações sobre o passado e o presente. Para Kripke, o caso específico invocado é mero artifício de exposição para formular o argumento. Mas, uma vez exposto o caso concreto, supõe-se que todos percebam que o argumento é maximamente amplo e se aplica a toda e qualquer aplicação de uma palavra ou um símbolo. Assim, passemos ao próximo passo e perguntemos: "O que aconteceria se renunciássemos àquelas pressuposições?" Suponha-se que eu dissesse que no dia 27 de fevereiro de 1938 um professor de aritmética houvesse realmente me passado este problema, "68 + 57", e me houvesse dito que o resultado correto era "125". Mas aqui, mesmo que eu diga que me lembro do resultado dessa soma e que o resultado correto é "125", essa resposta não será considerada adequada para essa forma de ceticismo. Igualmente, se digo: "De fato, lembro que realmente trabalhamos com o sinal '+' para números maiores que 57, e o resultado não era calculado de acordo com a função 'quais', mas de acordo com a função 'mais'." Quando introduzimos essa modificação, presumimos que as duas pressuposições aceitas para o argumento funcionar não são essenciais. Mas que resposta o cético dá quando lhe dizemos que nós realmente nos lembramos dessa soma particular e que realmente nos lembramos de ter usado a função "mais" com números maiores que 57?

Para responder a isso, parece-me que Kripke tem de apelar a um segundo argumento. Parece pensar que os dois argumentos são um só, mas não acho que sejam exatamente equivalentes. De acordo com o segundo argumento, mesmo que seja dado um conteúdo intencional ou um "fato objetivo", ainda assim essas coisas estarão sujeitas a diferentes interpretações. Mesmo que eu me lembre de que a resposta correta ao problema "68 + 57" é "125", essa observação ainda estará sujeita a diferentes interpretações. Por exemplo: como sabemos que o "+", em "68 + 57 é igual a 125", não deve ser interpretado como a função schmuss, segundo a qual 68 + 57 = 125 na tarde de quarta-feira do dia 27 de fevereiro de 1938, mas = 5 em todas as outras ocasiões? Em suma, todo fato objetivo que possamos introduzir a meu respeito para responder ao problema cético estará sempre sujeito a reinterpretação, e essa reinterpretação será suficiente para reintroduzir o problema cético que o fato objetivo deveria resolver.

Kripke deixa claro que o paradoxo não se refere somente à relação entre o passado e o presente, mas tem a pretensão de ser completamente abrangente. Contudo, a maneira pela qual o paradoxo se torna abrangente não é completamente explicitada no texto. Para tornar o problema completamente abrangente, Kripke tem de fazer apelo a um novo conceito: o conceito de interpretação. A tese, no caso, é a de que os fenômenos intencionais – regras, significados etc. – não são autointerpretantes. O mesmo fenômeno intencional está sujeito a diferentes interpretações. Esse argumento me parece completamente diferente. De acordo com o argumento original de Kripke, simplesmente não existem fatos mentais objetivos que constranjam a maneira como usamos as palavras e os símbolos. Segundo o argumento de Wittgenstein, ao que parece, os fatos objetivos existem, mas todo fato objetivo que diga respeito a significados é passível de interpretações alternativas e diferentes. Agora vemos a importância da objeção que fiz antes.

O argumento de Kripke trata inteiramente de palavras e símbolos. Para ele, a função de adição (a regra da adição, o conceito de adição) é absolutamente clara, precisa e indisputável. O único problema dos céticos é o de saber se os conteúdos da mente são ou não suficientes para garantir que, quando os uso, o símbolo "+" e a palavra "mais" representam essa função ou alguma outra coisa. A meu ver, a discussão de Wittgenstein, diferentemente da de Kripke, diz respeito a palavras e símbolos apenas por acaso. Fundamentalmente, ela se refere às noções tradicionais de regras, conceitos, significados e estados mentais. Os exemplos dados por Wittgenstein parecem-me corroborar meu entendimento de seus textos, e não o entendimento de Kripke. Assim, por exemplo, considere-se um caso típico apresentado por Wittgenstein. Ensina-se uma criança a continuar a série 2, 4, 6,

8...; quando ela chega a 1.000, continua a série como 1.004, 1.008, 1.012... Ora, aqui, pensamos que a criança esteja simplesmente oferecendo uma interpretação diferente de uma regra, uma maneira diferente de aplicar uma função, uma maneira diferente de entender um procedimento. Ela pensa que, quando os números se tornam suficientemente grandes, é preciso "fazer a mesma coisa", mas fazer a mesma coisa aqui significa escrever 1.000, 1.004, 1.008, 1.012... Ou, então, considere-se o exemplo (também dado por Wittgenstein) de somar 3 mais 4. Se pusermos três pontos num círculo e quatro em outro círculo, 3 mais 4 será igual a 7 (figura 1).

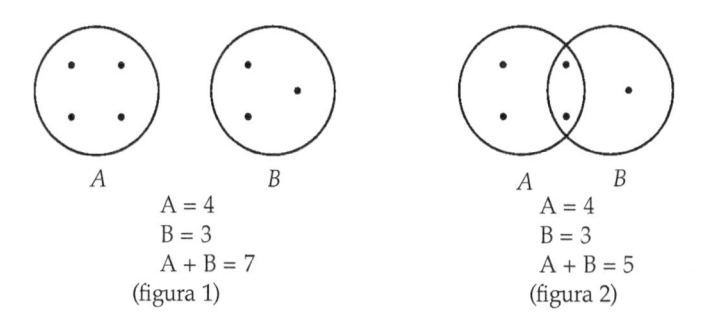

A   B
A = 4
B = 3
A + B = 7
(figura 1)

A   B
A = 4
B = 3
A + B = 5
(figura 2)

Mas, se os dois círculos se sobrepõem de tal modo que dois pontos pertencem a ambos, apesar de A ser igual a 3 e B, igual a 4, A mais B é igual a 5 (figura 2). Ora, essa é uma interpretação possível da regra da aritmética. De fato, fazemos essa interpretação em certos casos. Se peço para somar o número de pessoas na classe que fala francês ao número de pessoas que fala espanhol, você conta os falantes de espanhol que também falam francês uma ou duas vezes? A meu ver, a maioria de nós só contaria as pessoas uma vez, isto é, um falante do espanhol que também fala francês seria contado como uma pessoa, não como duas. Mas as regras da adição não fixam previamente essa interpretação. Pois bem, o que fixa essa interpretação?

Chegarei a esse ponto num instante. Quero agora apenas insistir nesta distinção:

> O problema de Kripke é: supondo um mundo em que as regras, conceitos, funções etc. sejam fixos e indisputáveis, que fatos mentais da minha pessoa fazem que minhas palavras representem uma dessas operações, a adição, por exemplo, em vez de outra, por exemplo, a quadição*?
> E sua resposta é: esses fatos mentais objetivos simplesmente não existem. Todo novo passo é um salto no escuro.

Kripke, então, complementa esse estilo de ceticismo com outro que, creio, está mais próximo de Wittgenstein:

> Existem fatos psicológicos objetivos referentes ao modo como usamos as palavras, mas esses fatos não são suficientes, por si sós, para determinar o uso delas, pois estão sujeitos a diferentes interpretações. Sem dúvida, é exatamente por isso que todo o mecanismo das regras, significados, conceitos, funções e assim por diante é problemático.

Proponho a tese de que a solução de Wittgenstein a seu problema – que não é o problema de Kripke – faz apelo ao que chamo de *background*. Em particular, Wittgenstein preocupa-se em repisar que nem toda aplicação

---

* No original, *quaddition*, termo que contrasta com *addition*, do mesmo modo que *quus* contrasta com *plus*. (N. do T.)

da regra deve ser descrita como um ato de interpretação. O parágrafo crucial aqui é o 201.

> Este era nosso paradoxo: nenhum curso de ação pode ser determinado por uma regra, porque todo curso de ação pode ser entendido como conforme à regra. A resposta era: se tudo pode ser entendido como conforme à regra, tudo também pode ser entendido como contrário à regra. E, portanto, não haveria acordo nem conflito.
> O mero fato de darmos uma interpretação após a outra no desenvolvimento de nosso argumento basta para percebermos que há aqui um mal-entendido – como se cada uma nos contentasse por um instante, até pensarmos em outra que esteja atrás daquela. O que isso demonstra é que há uma maneira de compreender a regra que *não* é uma *interpretação*, mas que se manifesta naquilo que chamamos de "obedecer à regra" e "ir contra a regra" em casos reais.
> Assim, tendemos a declarar: toda ação de acordo com a regra é uma interpretação. Mas devemos restringir o termo "interpretação" à substituição de uma expressão da regra por outra.

Segundo entendo, a finalidade dessas passagens consiste, em parte, em reafirmar que é errado supor que toda aplicação da regra exige um novo ato de interpretação. O ceticismo acerca da possibilidade de interpretações alternativas é bloqueado pelo fato de sermos treinados apenas para agir de certas maneiras. Nenhuma "interpretação" ulterior ou subsequente é necessária. Mas como isso responde ao ceticismo? Voltarei mais adiante a essa questão.

Para a questão que ora nos ocupa é, contudo, desimportante saber se estou certo ou errado em minha interpretação de Wittgenstein. A questão é: como responder à modalidade de ceticismo que Kripke nos apresenta? Para oferecer uma resposta, temos de entender sua forma. E afirmo que, na verdade, há dois argumentos independentes: o de Kripke e o de Wittgenstein.

É difícil aceitar que a solução de Kripke ao paradoxo cético efetivamente o resolva. Se pensarmos o paradoxo do ponto de vista da primeira pessoa (como insiste Kripke) – isto é, se o pensarmos como um paradoxo com a forma: Qual fato a meu respeito faz que, no passado, quando empreguei o sinal "+", eu significasse "mais" em vez de "quais"? –, o problema seria suscitado do mesmo modo no que se refere à minha percepção da concordância das outras pessoas com o modo como uso esse sinal. Se o problema é saber qual fato a meu respeito faz que, no passado, eu tenha usado o sinal "+" para significar "mais", resta igualmente o problema de saber qual fato a meu respeito faz que, no passado, eu tenha usado a palavra "concordância" para significar concordância e não, por exemplo, quacordância. Qual fato ocorrido em meu passado me autoriza a dizer que estou correto ao descrever o comportamento alheio como de "concordância"? Isto é, se não sei qual fato do meu comportamento passado e dos meus estados mentais passados torna válida a presente aplicação de uma palavra, então as palavras "concordância" e "discordância", cujos conceitos são necessários para a minha aplicação da solução do paradoxo cético que Kripke nos oferece, estão igualmente em dúvida.

Curiosamente, Kripke parece reconhecer esse problema, mas é difícil ver em que medida ele faz algo para resolvê-lo. Na última página do livro, em nota anexa à prova, ele escreve:

> Se Wittgenstein estivesse tentando fornecer uma condição necessária e suficiente para mostrar que a resposta "cor-

reta" para "68 + 57" é "125" e não "5", ele poderia ser acusado de circularidade. Com efeito, ele estaria dizendo (segundo certo entendimento) que minha resposta será correta se e somente se concordar com a resposta dos outros. Mas, mesmo que o cético e eu aceitássemos esse critério de antemão, não poderia o cético sustentar que, assim como eu estava errado sobre o que "+" significava no passado, também estou errado sobre "concordar"? Na verdade, a tentativa de reduzir a regra da adição a outra regra – "Responda a um problema de adição exatamente como os outros fazem!" – entra em choque com as restrições de Wittgenstein a "uma regra para interpretar uma regra", do mesmo modo que qualquer outra tentativa de redução como essa...
O que Wittgenstein *faz* é descrever a utilidade de certa prática em nossas vidas. Necessariamente, ele tem de fornecer essa descrição em nossa linguagem. Como em todos os casos desse tipo de uso da linguagem, um participante de outra forma de vida poderia aplicar vários termos da descrição (como "concordar") de maneira "quaisesca"*, ou seja, irregular. De fato, podemos julgar que as pessoas de certa comunidade "concordam", enquanto em outra forma de vida alguém julgaria que elas não concordam. Isso não pode constituir objeção à solução de Wittgenstein, a não ser que lhe seja vedado todo e qualquer uso da linguagem (p. 146).

É difícil considerar adequada essa resposta, porque ela supõe que a solução cética é de fato uma *solução*. Isto é, seguindo o modelo da solução cética de Hume ao problema da causalidade, ela deveria mostrar como se justifica o uso que faço de uma palavra, mesmo aceitando o

---

* No original, "quus-like", no sentido de algo que é semelhante à maneira "quais". (N. do T.)

argumento cético original; é assim que Hume demonstra como se justifica o uso da palavra "causa", mesmo aceitando o ceticismo original diante da noção de conexão necessária. Mas a solução de Kripke não faz nada disso. Não chega a demonstrar que existam verdadeiras condições de afirmabilidade, porque os próprios argumentos em favor da posição cética original dirigem-se igualmente contra toda condição de afirmabilidade. O problema não reside, como sugere Kripke, na dificuldade de postular condições de veracidade em lugar das condições de afirmabilidade. O problema está em definir quaisquer limites racionais para nossas maneiras de usar as palavras, e a solução proposta por Kripke não mostra como isso é possível.

É hora de recomeçar do zero. Como já observei, podemos formular uma versão não epistêmica do ceticismo de Russell sobre o passado, mas parece também que poderíamos formular uma versão não epistêmica de praticamente qualquer forma de ceticismo. E, diante dessa possibilidade, o ceticismo de Kripke definitivamente não soa como uma forma nova. Considere-se:

> Qual fato desta experiência que estou vivendo faz que ela seja a experiência de um objeto no mundo exterior?
> Qual fato desta experiência que estou vivendo faz que ela não seja uma alucinação?
> Qual fato do presente faz que o mundo tenha existido no passado?
> Qual fato deste eu presente torna-me idêntico à pessoa que existiu no passado?
> Qual fato do seu comportamento presente faz que você sinta dor agora?
> Qual fato referente a dois acontecimentos considerados isoladamente faz que o primeiro tenha causado o segundo?

E, finalmente:

> Qual fato das minhas experiências passadas faz que eu tenha significado mais e não quais?

Tudo isso é não epistêmico, uma vez que, *dada a maneira como o problema foi estruturado*, nem mesmo um conhecedor perfeito – digamos, Deus – seria capaz de resolver a questão cética desse modo colocada. Assim, por exemplo, se Deus soubesse tudo o que é possível saber sobre minha experiência *presente*, Ele ainda não saberia se ela é verídica ou não, se é ou não a experiência de um objeto que existe independentemente no mundo. E o mesmo vale para os outros exemplos. Note-se, além disso, que, para que o ceticismo se imponha, temos de entender essas questões de um modo todo especial, que torna inadequada a resposta de senso comum. Assim, por exemplo, a resposta de senso comum à primeira questão é: a experiência aparente de ver uma mesa na minha frente será realmente a de ver uma mesa na minha frente se realmente houver uma mesa na minha frente e se o fato de haver aí uma mesa for responsável, de algum modo, por eu ter essa experiência visual. Mas, então, por que esse tipo de resposta não é suficiente para resolver a forma de ceticismo de Kripke, bem como quaisquer outras formas? Generalizando, essa forma de ceticismo só funciona quando restringe o âmbito das respostas admissíveis, confinando-as numa área estreita demais para que elas possam efetivamente resolver as perguntas formuladas. O único fato presente que torna verdadeira a afirmação de que os objetos presentes existiram no passado é o fato de muitos deles terem existido no passado. Isso parece circular, mas não é. A circularidade se dissolve quando se consideram os casos individuais. Os fatos referentes a este relógio que o fazem ter existido no passado são coisas como: ele foi fabricado na Suíça há cerca de 45 anos, eu o comprei numa loja em Genebra em 1960, desde então é meu, e assim por diante. Qualquer uma dessas verdades é suficiente para garantir que o relógio existiu no passado. É claro que essas respostas cometem uma "petição de princípio", na medida em que recorrem a um tipo de fato que o ceticismo pretendia descartar. Mas por que aceitarmos que seja descartado? Se nos limitarmos a examinar o relógio tal como existe agora, não descobriremos nenhum fato que garanta que ele tenha existido antes. Mas por que deveríamos? Igualmente, quando nos perguntam que fato do meu passado me faz significar mais em vez de quais, não descobrimos nada em meu cérebro ou em meus estados mentais introspectivos que seja suficiente, por si só, para garantir que eu queira dizer uma coisa e não outra. Mas, de novo, por que deveríamos? Note-se que o ceticismo em questão só funciona porque aceitamos tacitamente certa interpretação da questão crucial: "Qual fato referente a x faz que p?" E, segundo essa interpretação, o fato de x ser tal que p não é considerado resposta aceitável. Mas, se procurarmos responder a sério à questão "Qual fato a meu respeito faz que por '+' eu signifique a adição e não a quadição?", teremos de citar fatos como os seguintes: na escola, aprendi a usar o sinal "+" para representar a adição e acabei me acostumando com isso. Simplesmente aprendi a somar. A quadição nunca existiu e nem sequer esteve em questão até eu ouvir Kripke falar sobre ela. O fato passado que me faz significar adição e não quadição é que aprendi a usar "+" para representar a adição e não a quadição. Ponto final. E o fato presente que agora me faz significar adição e não quadição é simplesmente o fato de que é isso mesmo que eu quero significar. Ponto final. É claro que esse fato terá consequências ulteriores. Terá, por exemplo, a consequência de eu ser capaz de identificar as respostas erradas e as respostas corretas a um problema de adição.

Ora, é nesse ponto que o segundo argumento de Kripke entra em cena, e é só então que chegamos àquele argumento que, a meu ver, foi de fato proposto por Wittgenstein. Deste ponto em diante, quando eu disser "Wittgenstein afirma que...", não estarei querendo dizer "Wittgenstein, de acordo com Kripke, afirma que...", embora, para evitar disputas de exegese, seja necessário reafirmar que estou explicando o argumento de Wittgenstein na medida em que afetou Searle, na medida em que lhe apresentou um problema; que não tenho certeza de o que quis dizer o Wittgenstein histórico, a respeito do qual é sempre difícil ter certeza. Enfim, parece-me que, nesse ponto, Wittgenstein diria: Sim, é claro que você aprendeu a somar dessa maneira, mas não teria sido possível interpretar o ensinamento de outra maneira? E qual fato referente ao ensinamento garante que "125" seja a resposta correta? "Nenhum curso de ação pode ser determinado por uma regra, porque todo curso de ação pode ser entendido como conforme à regra." Em suma, aquilo que assimilei do ensinamento não será automaticamente autointerpretante. Sempre me seria possível dar-lhe outra interpretação. Mesmo que eu seja dotado do conjunto o mais rico possível de conceitos, regras, significados, funções e assim por diante, eles não serão autointerpretantes.

A meu ver, os exemplos de Wittgenstein são muito diferentes dos exemplos de Kripke. Nestes últimos, parece não haver nenhum fato objetivo que me permita significar, com uma palavra, uma coisa em detrimento de outra. Por outro lado, os exemplos de Wittgenstein, como o da continuação da série 2, 4, 6, 8... com 1.004, 1.008, 1.012..., são casos aos quais realmente parece corresponder um fato objetivo, mas o fato está sujeito a diferentes interpretações. Parece que os conteúdos intencionais não são autointerpretantes a fim de impossibilitar por completo aquilo que uma pessoa normal chamaria de "má interpretação". Repetindo, creio que o problema de Wittgenstein não é uma forma de ceticismo que nega a existência dos fatos objetivos (aliás, parece-me equivocado entender o argumento de Wittgenstein como uma forma qualquer de ceticismo), mas um paradoxo com que ele chama a atenção para a perene possibilidade de se suscitarem *interpretações* alternativas dos fatos objetivos. Creio que a solução que Wittgenstein efetivamente propõe para essa forma de ceticismo é bastante expedita. "O que isso demonstra é que há uma maneira de compreender a regra que *não* é uma *interpretação*, mas que se manifesta naquilo que chamamos de 'obedecer à regra' e 'ir contra a regra' em casos reais. Assim, tendemos a declarar: toda ação de acordo com a regra é uma interpretação. Mas devemos restringir o termo 'interpretação' à substituição de uma expressão da regra por outra" (parágrafo 201).

A passagem que citei, no entanto, ainda deixa em aberto a questão: "O que permite que haja uma maneira de compreender a regra que não seja uma interpretação, naqueles casos em que somente agimos e em que qualificamos nossa ação como um ato de 'obedecer à regra' e 'ir contra a regra'?" Não tenho certeza de qual seria a resposta de Wittgenstein a essa questão. Mas sei qual é a minha resposta, e acho que ela foi profundamente influenciada por Wittgenstein. Em todo o caso, seja ela a resposta de Wittgenstein ou não, eis a resposta que eu daria: o fato de considerarmos que certos atos constituem a aplicação correta de uma regra e outros não; o fato de considerarmos que certos atos constituem um uso correto da adição e outros não, todos são simplesmente fatos da nossa conduta, fatos referentes ao modo como fomos criados e educados. É verdade que as regras da adição, como toda regra, estão sujeitas a interpretações alternativas. Inclusive, esse fenômeno é verdadeiro em relação a toda intencionalidade. Sempre será possível oferecer interpretações alternativas de todo e qualquer conteúdo intencional. Mas o que fixa a interpretação na prática efetiva, na vida real, é aquilo que chamei, em outro lugar, de *background*[2]. Certas áreas de nossa conduta dependem diretamente do *background*, e nosso entendimento de uma regra ou de qualquer conteúdo intencional sempre se dá em vista desse *background*. Determinado conteúdo intencional necessariamente terá suas condições de satisfação fixadas por determinado *background*, e todo conteúdo intencional é relativo no sentido de que, mediante diferentes *backgrounds*, teria conjuntos alternativos de condições de veracidade; ora, o mesmo se aplica aos exemplos de Wittgenstein de obedecer e violar regras. Em toda situação de aplicação da regra, meu comportamento é fixado pelo fato de eu só conhecer e aplicar a regra diante de um conjunto de práticas e capacidades de *background*. Não sou obrigado a criar uma nova interpretação da regra em cada caso; de fato, concordo com Wittgenstein quando ele diz que,

---

2. John Searle. *Intentionality: an Essay in the Philosophy of Mind*. Cambridge: Cambridge University Press, 1983.

no sentido comum, sequer preciso formular uma interpretação da regra. Simplesmente ajo; e, quando estou obedecendo à regra, simplesmente ajo de acordo com a regra. Como diz Wittgenstein, "'Obedecer a uma regra' é uma prática"[3].

---

3. *Investigações filosóficas*, parágrafo 202.

ÍNDICE ONOMÁSTICO[1]

Åqvist, L., 270
Aristóteles, 95
Austin, J. L., XVI, 231, 241, 255, 292, 325

Bach, K., 267-8
Bartels, A., 77, 82
Block, N., 129
Boyd, J., 291, 299
Braithwaite, R. B., 140

Chomsky, N., 375, 377, 384-6
Churchland, P., 205
Cornman, J. W., 342
Cowey, A., 78
Crick, F., 34, 51, 53, 61, 74, 76, 79, 81

Damasio, A., 53

Darwin, C., 127, 141, 209
Davidson, D., 102, 106, 382, 399-7, 409-15
Davies, M., 204-5
Dennett, D., 347-70
Descartes, R., XII, 28, 33, 71, 95-7, 106, 113-8, 128, 130, 156, 416
Dilthey, W., 138, 211
Dummett, M., 394

Edelman, G., 51, 53-4, 87-8

Freeman, W., 53-4
Frege, G., 181, 383, 421

Galilei, G., 71
Gazzaniga, M., 53, 60
Ginet, C., 267

---

1. O autor agradece a Josef Moural pela preparação dos índices.

Gray, C., 61
Greenfield, S., 53
Grice, P., XVI, 231-4, 243, 267, 282, 301, 308, 366

Hameroff, S., 54
Hampshire, S., 101
Harnish, R., 267-8
Hedenius, I., 255-6
Hobson, J., 53
Hume, D., 396, 422-3, 433

Jefferson, G., 309-11, 313-4
Johnson-Laird, P., 329

Kant, I., 86
Kimchi, R., 180
Koch, V., 76-81
Kripke, S., XVIII, 417-37

Lemmon, J. E., 255-6
Lewis, D., 267, 320
Libet, B., 53
Llinas, R., 61, 83, 87
Logothetis, N., 79
Ludwig, K., 405

Marr, D., 173-80, 190, 207
Mill, J. S., 211
Miller, K., 149
Moore, G. E., 425

Nagel, T., 31, 57, 360
Newton, I., 7, 32

Palmer, S. E., 180
Pare, D., 61

Penrose, R., 54
Pike, K. L., 411
Pribram, K., 54
Putnam, H., 347-70

Quine, W. V., XII, XVIII, 368, 375-7, 379-400, 404-6, 409-15

Ribary, U., 61
Robinson, D., 205
Rorty, R., 128, 335
Russell, B., 424, 434
Ryle, G., 129, 335-9

Sacks, H., 309-11, 313, 316
Schall, J., 79
Schegloff, E. A., 309-11, 313, 316
Schiffer, S., 320
Sejnowski, T., 205
Shaffer, J., 342
Shoemaker, S., 366
Singer, W., 61
Skinner, B. F., 377
Smart, J. J. C., 129, 342
Smith, A., 150
Sporns, O., 87
Srinivasan, R., 88
Stevenson, J. T., 130
Stoerig, P., 78

Tarski, A., 105
Taylor, C., 212
Tononi, G., 87
Tuomela, R., 149
Turing, A., 198

Vanderveken, D., 265

Wallace, J., 382
Weiskrantz, L., 53, 78
Winch, P., 138

Wittgenstein, L., XVI-XVIII, 211, 245, 252, 360, 396, 417-24, 430, 432-3, 437-40

Zeki, S., 77, 82

ÍNDICE REMISSIVO

ação, 134-5, 159-61, 339-40
  determinada por crenças e desejos, 104
  espaço de possibilidades de ação, 296
  grupal, 144-5, 161
  relações "por-meio-de", 158-61
afirmabilidade, condições de, 419, 423, 434
agentes, cooperação entre, 165-9
animais, 93-119
  e a linguagem, 100
animismo, 207
asserção, 238
atitudes proposicionais, 192
atos de fala, teoria dos, 231-46, 251, 256, 295
atos sociais, anteriores aos objetos sociais, 228-9
autorreferência, 224-5

(*ver também* performativo)
  ademais das condições de satisfação, 239
  causal, 135, 158, 237, 239

background, 144-5, 156, 249-52, 322-33, 408, 430, 439
  coletivo, 144-5, 151-5, 159, 168
  comportamento de, 113-4
  e a pertinência, 328
  e a representação, 249-50
behaviorismo, 15-6, 116, 336-41, 375
  e a metafísica antimentalista, 414
  e o teste de Turing, 111
  linguístico, 377-86, 398

cartesianismo, 371-2
  os dois piores erros derivados do, 116-7

causação, 30-1
  intencional, 133-41, 160, 215-20
cérebro, 53-4, 75, 83, 173, 175, 197-9, 204, 207, 342, 371
  causa os fenômenos mentais, 3-7, 28-9, 32-3, 49-53, 62, 68-70, 109-10, 125
ceticismo, XII, 117-9, 417-40
ciência, 43-4, 55, 73, 112
ciências cognitivas, 171-85, 190, 194, 201, 341-2, 370-1
ciências da natureza, 21-33, 71, 213
ciências humanas, 139
ciências sociais, 138, 187
  (*ver também* explicação)
cognição, 171 (*ver também* crença)
comissivos, 239
computação, 15-8, 47, 193-8, 205-10
comunicação, 233-6, 241
conceitos, 421
condições de afirmabilidade. *Ver* afirmabilidade, condições de
condições de satisfação. *Ver* satisfação, condições de
consciência, 1-30, 33-89, 201
  basal, 83
  centro e periferia da, 3, 10-1, 65-6
  como fenômeno biológico, 2, 15, 37, 49, 72, 109
  correlatos neurobiológicos da, 62, 73-88
  definição, 53
  dos animais, 94-8, 108-12
  e autoconsciência, 27, 55
  e computação, 15-8, 47
  estrutura gestáltica da, 11-2, 67
  função evolutiva da, 38-41
  não é um epifenômeno, 35-8
  unidade da, 9, 59-64, 83
convenção, 146, 231, 244-8
conversação, 295-333
cooperação, 145-6, 150-1, 159, 165-9, 225-6
crença, 168-9, 191
  e linguagem, 100-6
  e percepção, 104
  rede de crenças, 103
crenças recíprocas, 149

declaração, 266, 275-85
  e instituições, 277-83
  linguística e extralinguística, 277-81
  definição, 26
desejo, 134-5, 191, 338-9
diretivos, 238
dualismo, 5, 37, 73, 97, 116, 126-7, 130
  de propriedades, 97, 126-7, 342

epistemológico, 116-7
  (*ver também* objetividade)

confusão entre epistemológico e semântico, 411
vs. ontológico, 46, 111
explicação, 32-3, 137-8, 173-4, 183, 206, 211-3, 218
  causal, 37, 44, 136, 171, 185, 188, 209
  do comportamento humano, 133, 138, 215, 219
  intencional, 136-7, 183, 220
  modelo da lei abrangente, 211-2, 220
  não intencional, 207
  nas ciências sociais, 211-9, 229
  teleológica, 139-41

familiaridade, 12-3, 67-8
fatos institucionais, 288 (*ver também* instituições sociais)
fatos sociais, 220-9
  e a linguagem, 107, 226
filosofia, IX-XII, 365 (*ver também* epistemológico; verificacionismo)
  e ciência, 21-4
  seu principal problema, IX
  tendência objetivante, 414
fisicalismo, 116, 132, 342-3
forma aspectual, 201
formal, 355
funcionalismo, 130, 341, 344-57, 364-73
  da máquina de Turing, 347, 355-6, 369-72

humor, 13-4, 66

inconsciente, 182, 205
  profundamente inconsciente, 174, 201-6
indeterminação da tradução, 378-84, 386-9, 398
  e a relatividade da ontologia, 386-7, 389
  e a subdeterminação das hipóteses formuladas a partir de dados empíricos, 282-4, 403-4
inescrutabilidade da referência, 382, 402-6, 416
  e a subdeterminação das hipóteses formuladas a partir de dados empíricos, 402, 404
inferência
  validade da, 203
informação, 190-4
  processamento de, 47-8, 85, 173-80, 190, 198-200, 205
instituições sociais, 231-2, 244-8, 288 (*ver também* declaração)
  e a linguagem, 279
inteligência artificial forte, 110
intenção, 134-5, 339
  anterior, 135
  na ação, 159-61
intencionalidade, 9-10, 64-5, 93, 102, 121-4, 200, 231, 234 (*ver também* causação)

atribuição metafórica de, 123, 189
coletiva, 143-69, 225-6, 320
derivada, 123, 188
e a linguagem, 106-8
formas primárias de, 104
intrínseca, 122-9, 141, 179, 188

jogo, 227

lacuna, 183
linguagem, 416 (*ver também* intencionalidade; fatos sociais; instituições sociais, processo de pensamento)

materialismo, 73, 130, 345
mente, 17, 106, 129, 335-72, 416 (*ver também* consciência)
e consciência, 21-2
representação mental, 190-2
mente-corpo, problema, XI, 3-7, 21, 68, 109, 129-32

neurobiologia, 15, 22, 51-2
modelo de blocos de construção, 62, 76-82
modelo de campo unificado, 62, 81-8
níveis de descrição, 172
normativo, 181

objetividade
epistêmica *vs.* ontológica, 8, 28-9, 63, 73
ofertas, 300

performativo, 255-92
como afirmação ou asserção, 266-73, 284-6, 292
como declaração, 266, 275-87, 292
e a autorreferencialidade, 270-5, 283-4, 289-92
perguntas, 297-8
pertinência, 301, 303-8, 310
práticas sociais, 223, 231-2, 245, 252
problema mente-corpo. *Ver* mente-corpo, problema
teoria da identidade, 129-30
processo de pensamento, 93
e a linguagem, 97-106
propriedade (*ver também* dualismo)
causalmente emergente, 172

qualia, 33-4, 57-8
quarto chinês, 17 (*ver também* inteligência artificial forte)

realidade causal, restrição da, 173, 180-200, 207
rede, 323, 408
reducionismo, 43-7
referência, 387-8 (*ver também* inescrutabilidade da referência)
reflexo ocular vestibular, 204-5
regras, 231-2
ceteris paribus, 183
constitutivas, 225, 244-7
obediência às, 180-4, 201-6, 309-15

relativo ao observador *vs.*
  independente do
  observador, 17-8, 48-9,
  186-8, 191, 340, 345, 369
representação, 190-1, 233-7, 243
  (*ver também background*)
  anterior à comunicação,
  235
restrição da realidade causal.
  Ver realidade causal,
  restrição da

satisfação, condições de, 104,
  236-44, 249
significado, 231-8, 241-7, 249,
  226-34, 237-42, 250-3
sintaxe e semântica, 16-7,
  190-1, 200-4

sociedade, 168
sonhos, 26, 55
subjetividade, 2, 8, 15, 29-30,
  49, 58-64

teleologia, 141
terceira pessoa *vs.* primeira
  pessoa, 15, 33-4, 59, 62, 70,
  72-3, 370, 387, 398-400,
  409-410, 414-6
tradução radical, 410-1

verdadeiro e falso, 102-6
  como predicados
    metaintencionais, 106
verificacionismo, 336, 369

zumbis, 39, 117